声音的替代

乌热尔图 著

内蒙古人民出版社

图书在版编目（CIP）数据

声音的替代 / 乌热尔图著 .—呼和浩特 : 内蒙古
人民出版社 ,2016.4

ISBN 978-7-204-13955-2

Ⅰ .①声… Ⅱ .①乌… Ⅲ .①民族文化—中国—文集
Ⅳ .① K28-53

中国版本图书馆 CIP 数据核字 (2016) 第 077364 号

声音的替代

作　　者	乌热尔图
责任编辑	朱莽烈　郝　乐
封面设计	那日苏　宋双成
出版发行	内蒙古人民出版社
地　　址	呼和浩特市新城区中山东路 8 号波士名人国际 B 座 5 楼
印　　刷	内蒙古爱信达教育印务有限责任公司
开　　本	680×960　1/16
印　　张	15
字　　数	200 千
版　　次	2017 年 1 月第 1 版
印　　次	2017 年 1 月第 1 次印刷
印　　数	1—3000 册
书　　号	ISBN 978-7-204-13955-2/G・2946
定　　价	28.00 元

图书营销部联系电话 :（0471）3946298　3946267
如发现印装质量问题，请与我社联系，联系电话 :（0471）3946120

序言

很早就答应为乌热的文章集子写序，现在他的《声音的替代》这个集子要出版了，我为他高兴。

集子中的许多文章过去我都读过，其中有两篇，还是当年我和陈燕谷办《视界》的时候，专门约他撰写的。现在回头重温这些篇章，昔日初读这些文章时候的惊讶，一下子又跃上心头：这些文笔老练、充满洞察力又学术性很强的文字，真是乌热这样一个以"猎人"姿态为文学界熟识的作家写的？作家写好文章当然不稀奇，但是一个作家能够写出学术和理论文章，特别是写出很地道的学术性文章，那就十分少见和稀罕了，何况乌热是一个真正的猎人，一个鄂温克猎手出身的作家——不熟悉乌热小说写作的人，我建议他们去读读《七叉犄角的公鹿》《琥珀色的篝火》《你让我顺水漂流》等小说集，去认识一下一个猎人的世界，一个猎人眼中的人和大自然。

无论在现代小说还是当代小说视野里，把大自然当作主题，并且在这样一个主题里展现人、发现人、分析人，这样的写作少而又少。乌热在20世纪80年代开创性的写作，为这样的写作树立了一个典范，使"自然和人"这个具有无比重要意义的文学命题深深地嵌入了当代的文学史。这是一个既重要又独特的文学贡献，我认为它的意义一直没有得到足够的认识和评价。现在，这本即将出版的文章集子，是乌热过去小说写作的另一种形式的继续。作家把以往在文学中关切的很多重大问题，在这里以文章写作的方式做了进一步的思考和表达。

我还清楚地记得当年第一次约乌热写文章的情形。大约是 2000 年前后，我和陈燕谷商量，《视界》应该发表一些有关从"环保"的角度批判发展主义的文章，可是，合适的作者很难找到，于是我想到了乌热。我的理由很简单：他能够在 20 世纪 80 年代以"猎人小说"一鸣惊人，并且以独特的写作风格在众星灿烂的小说界独树一帜，那么他对自然保护一定也有独到的深刻认识，还有比这个作家更合适的人选吗？我清楚地记得，乌热听到我请他写这样一篇文章的建议的时候，颇为犹豫，只有当我们讨论到《白鲸》这个长篇，认为它是个不错的"靶子"的时候，他的眼睛深处才闪出几星火花，不过也没说太多的话——乌热从来都是这样，话不多，语速缓慢，字斟句酌。大约过了半年，乌热把一篇题目为《大自然，任人宰割的猎物——麦尔维尔的 1851》的文章拿来了，我读后不由大吃一惊。说实话，尽管我期待一篇好文字，但是绝没有想到是这样一篇文字！尽管和乌热是至交，绝对明白他是个什么人，但说实话，当时我内心还是升起一个对朋友有点不敬的疑问：这文章真是乌热写的？因为这不是一般作家写的那种感想议论式的随笔文字，而是一篇正式的论文，有各种著作的引述，有对 17 世纪以来资本主义发展和"海洋屠杀"之间关系的描述和分析，更有对《白鲸》这部小说细致、深入的批评——这种批评的尖锐和严厉，我猜是这部作品诞生以来从未遇到过的。请看以下文字：

> 1851 年，《白鲸》应运而生。这绝不是一部单纯地叙述发生在海洋上的一个人与鲸生死相搏的传奇故事——麦尔维尔对海洋和海洋生物的严酷态度比故事本身更让人惊心动魄。在他讲述的可怕而残忍的故事里，作家绝无一丝爱怜海洋生物之意，他是为那些来不及洗濯双手的海洋征服者擂响战鼓，为那些以血腥的方式征服大自然的斗士们的疯狂行动，尽最大可能进行合理性辩解。幸运的麦尔维尔成功了：追杀白鲸的血腥故事获得了一圈彩虹的光环，成为一部不朽的著作，成为西方文学的经典，迷倒了一代又一代的读者。

我正是这些"被迷倒"的读者之一。从少年时代起我就喜欢这部小说，甚至是迷恋这部小说，是很少数我乐意不断回头去阅读的一部"经典"，但是乌热在文章里对麦尔维尔和《白鲸》的批判，对我来说是摧毁性的。一篇文章让我永远改变了自己对一部小说的看法，这样的经验在我一生里，以前还从未有过。

现在想来，我对乌热这篇《大自然，任人宰割的猎物——麦尔维尔的1851》之所以吃惊，主要是因为他能够在这么短的时间里就熟悉并掌握了学术性文字的写作，这实在是很少见的。这一类的写作，不要说对于一个以小说为主要写作形式的作家，就是对一个决心选择学术作为未来生涯的学者来说，不仅需要多年的训练，在"读博"期间还要遇到明师。乌热的天赋是罕见的，而且，这种罕见的天赋在后来的《鄂温克民族的起源》的写作开始有关鄂温克历史的研究中，又一次得到了更充分的展现。进入21世纪之后，乌热的写作有了一个让人觉得意外的转型，当我收到《呼伦贝尔笔记》《鄂温克族历史词语》《鄂温克史稿》等著述，并且把它们一本一本摆上我的书架的时候，乌热在我心目中已经不仅仅是以写小说见长的一般性作家，而是一个在历史研究中也能一展身手、有很好的学者素养和气质的作家。

其实，在乌热转入鄂温克民族历史研究之前，已经于20世纪90年代在《读书》《天涯》等刊物发表了一系列理论性很强，又都涉及一系列事关当代很多重大问题的评论文章。其中尤其是《谦卑——难以最终确立的生存姿态》《声音的盗用和声音的替代》《不可剥夺的自我阐释权》《发现者还是殖民扩张者》等几篇文章，无论其思考的前沿性，还是提出问题的重要性，都值得读者特别重视。读这些文章，我们不能不惊讶作家的"先见之明"，他怎么能够在那么早就深入思考，并且挑战性地提出了一系列在今天仍然有着重大的现实意义的问题？如果说《谦卑——难以最终确立的生存姿态》一文，主要还是通过评论美国黑人作家拉尔夫·埃里森的小说《看不见的人》，对少数族群在自卫自保的生存策略中应采取什么样的道德姿态进行了讨论，指出"只要在这个世界上存在着族群偏见、存在着潜伏的种族意识、存在强势与弱势之间不平等的人际关系，'谦卑'——这样一种生存姿态就难以确立"，那么，《声音的盗用和声音的替代》等几篇文章就已经从后殖民理论的立场出发，把批评的矛头直接指向殖民主义发展历史中的文化"盗用"，以及这种"盗用"的当代形式问题。《声音的盗用和声音的替代》一文发表于1996年《读书》第5期，话题是从几位作家对加拿大本土文化的关切说起的。这些作家认为在加拿大这个前殖民地国家的"文学艺术领域中存在'声音被盗用的问题'"，什么是"声音的盗用"？乌热对此做了进一步的阐发：

　　具体一点讲，在殖民扩张的历史过程中，相伴生的一个文学现象，就是殖民者以他们的"白人中心主义""白人至上"的文化地位，利用其语言优势、先进的印刷发行手段，将殖民地居民的历史、神话、传说和民间故事作为自己的创作素材，写入他们的文学作品，进而成为他们的文化组成部分。现在重新审理这一行为，许多第三世界作家认为，那既是对他人创作素材的盗用、声音（发言权）的盗用、文化上的篡改，同时也是对他人自我阐释权利的无视甚至剥夺。

提出"声音的盗用"问题的现实意义在哪里？对此，乌热提出以下意见：

　　在平等相处的民族之间，在以叙事虚构为特征的文学领域中，确实存在着一些相类似的现象，这些现象以对另一民族文化资源的滥用，变为改头换面的占用，以及叙述主体的模糊性替代，从而覆盖或抑制某一民族的"自我阐释权"，造成不应有的民族间情感损伤。对于这样一些并不多见、不常发生的、但不能不引起注意的现象，也许可以给出一个比较和缓的词语——声音的替代。

我以为乌热在这里提出的"声音的替代"的问题，以及对这一问题表达的忧虑，值得我们重视。自世界进入现代化进程以来，特别是殖民主义几百年的横行，世界上的种族、民族、族群之间的关系出现了历史上前所未有的深刻变动，殖民和被殖民，压迫和被压迫，掠夺和被掠夺，歧视和被歧视，解放和被解放，发展和被发展，这一切构成了几个世纪里那些最惊心动魄并且充满悲剧性的历史变迁图画的一部分。进入21世纪，新的资本主义全球化浪潮发动了对全球秩序的新一轮改造，但在新秩序形成的过程中，民族问题不仅在世界范围内变得更为复杂，而且在事实上，新秩序正在构造出更为隐蔽的新型的歧视和被歧视、压迫和被压迫的关系。为此，如何正确认识和处理这些新问题，一方面要有解决实际问题的手段、方法、策略，另一方面，要在理论层面提出适合当今形势的新观点、新理论。乌热围绕"声音的替代"和"自我阐释权"所论及的想法和意见，表面上集中于文化和文学，但如果从理论的角度来看，其意义更为广泛，可以说对如何认识当代民族问题和发展的关系，对如何认识在政治、经济、文化上存在种种差异的大小民族之间的关系，提出了与以往论述不同的新视角，特别是对过去长时间以来被忽略的一些重要问题，做出了很有建设性的理论探讨和说明。可惜的是，无论文学界还是理论界，目前这类讨论和研究都不多。我真希望《声音的替代》出版之后，乌热与此相关的意见和论述能够得到更广泛的重视。

这个集子很重要的一部分，是乌热关于鄂温克民族历史的研究。

乌热大约很早就有意为鄂温克族的历史起源和发展研究做些事情。说起民族历史，我是达斡尔族，乌热是鄂温克族，所以我们在一起的时候，常谈的一个题目就是达斡尔和鄂温克两个民族的过去和未来。每当这时候，乌热的语调就会上升，一股来自民族自豪感的豪气会使他眼光烁烁，情不自禁。大约自 20 世纪 90 年代中期开始，乌热经常和我说起一个人，就是语言学家和历史地理学家乌云达赉先生。作为一个鄂温克族学者，乌云达赉先生学识广博、治学严谨，在北方边疆史、民族史等多个领域都有卓越的贡献，尤其他晚年开启的关于鄂温克民族起源的研究，可以说在北方民族史领域做出了开创性的贡献。但是由于学术偏见和民族身份等问题，其学术成绩和贡献一直没有得到学界足够的认识。乌热每言及此，和缓的语气总是稍作变调，似乎难以忍住澎湃于胸腹的不平之气，同时也让我隐隐感觉到，他似乎暗自在心中谋划，想以手中的笔为自己的民族历史做些什么。2001 年乌云达赉先生去世，乌热十分哀伤，沉痛之余，他立刻做了一个决定：作为一个鄂温克作家，他有责任继承乌云达赉先生未竟之业，把鄂温克族的历史研究继续下去。乌热真正着手做这项研究的第一篇文章，标题是《鄂温克民族的起源》，几乎与乌云达赉的著作《鄂温克族的起源》同名，这显然是有意为之。因为在文章的题目之下，他还专门写了这样一行字：谨以此文悼念历史地理学家乌云达赉先生。很明显，乌热的文章和乌云达赉的著作的题目仅一字之差，其中含有深意，那就是告慰先生，关于鄂温克民族的历史研究不会随人而逝，这项事业已经后继有人。有些遗憾的是，这个后继的工作，在这本集子中并不能被充分地体现，有兴趣的读者，应该去读《鄂温克史稿》和《鄂温克族历史词语》这两本书。如果考虑到鄂温克不过是一个不到几万人的小民族，考虑到和其他几个东北亚少数民族一样，鄂温克族没有自己的文字，因此相关研究的历史材料只能在汉语和其他文字文献中去寻觅，而这些文献不仅提供的材料有限，而且其中充满了相互矛盾和含混不清的叙述，使得研究者不得不在语言学、考古学和地理学等相邻学科中去爬梳、辨析、考证，读者可以想象乌热的工作是何等的艰难。但是，凭着民族的自尊和坚韧不拔的毅力，他最终为鄂温克历史的研究交上了一份自己满意的答卷。我相信，无论未来的历史如何变迁，也无论包括鄂温克民族在内的其他东北亚少数民族遭遇什么样的命运，乌热和乌云达赉两个人共同做出的历史叙述将永远融入历史之中，成为东北亚历史叙述不可或缺的一部分，鄂温克的后人将牢记这些文字，也将牢记他们的名字。

乌热本来是个小说作家，小说写作为他带来了尊严和荣誉，但是为了鄂温克和东北少数民族的历史研究，他放下了自己最拿手也最沉迷于其中的小说，毅然改行，投入历史研究领域。这一放一改就是二十年——这么多年他完全没有再写小说。为此，我常觉得可惜，曾经很多次劝他把手中的笔换换方向，重新转向小说写作，可是他每次都说，还是等完成了鄂温克历史的稿子再说吧。乌热这样做不是没有代价的，一个曾经在中国文学界非常耀眼的小说家，这些年里渐渐从小说领域悄然淡出，到了 21 世纪的今天，几代青年读者的成长完全改变了文学环境，恐怕不少人都已经不熟悉乌热尔图这个名字和他的小说了。每念及此，我总是不免着急，乌热倒是一直淡然。这让我想起他当年一件惊人的举动：1985 年，乌热被选为中国作家协会书记处书记——无论对哪一个作家

来说，这都是个殊荣，何况乌热原本是个鄂温克猎人，却突然一下子成
了全国作家的"领导"。不料，仅仅过了三年，乌热突然坚辞书记工作，
离开北京回到海拉尔，问他为什么，他不愿多说，只说"不习惯"。今天，
这件事情以及当时在朋友中引起的惊愕，都早已往事如烟，但是我却一
直记得，因为这很能体现乌热的性格：做事坚毅，而处世淡然。

在朋友中，能让我肃然而起敬的人不多，几人而已，而乌热是其中
之一。

为朋友写序很难，因为要说实话，我就说这些吧。

李陀

2014 年 5 月 29 日

contents

目 录

谦卑——难以最终确立的生存姿态

——重读《看不见的人》

《看不见的人》①是美国黑人作家拉尔夫·艾里森的一部长篇小说。

这部小说出版于 1952 年，在美国黑人文学中占有特殊位置。小说属于地道的黑人文本，但在美国众多读者心中同样占有重要的位置，也就是说它一直受到不同肤色的读者，包括白人和黑人在内的读者们的喜爱。这部作品展示了黑人的心智，表述了只有在叙事作品中才得以一见的当代黑人种族的内心话语。从宽泛的文化意义上讲，它与代表着统治、权力及主流话语的"多数"相对应，显示了"少数话语"的存在方式。这也是创作者的初衷。显然，艾里森写作的初衷，包含着超越特定环境与区域文化束缚的愿望，寻求的是一种更为广泛的影响性。单纯从文学意义上讲，创作者达到了自己的目标，他巧妙地借用小说的形式熔炼和丰富了黑人种族的生存智慧。

人们常说，"条条大路通罗马"，其实这一比喻另有含义。而进入一部作品的路径也不止一条，阅读作为个体的思维活动也是如此。在此，采用解读文本的方式，从文本提供的水域捕捞作者的意图，把握文本的内涵，以便加深阅读者对这部作品的理解。应该说，优秀的作品常给阅读者带来不可言说的快乐，这一快乐来源于情感认同，来源于自主思维

---

① [美] 拉尔夫·艾里森：《看不见的人》，外国文学出版社，1984 年版。

（或者说思想）的省略。毫无疑问，真正的思想是痛苦的伴生物，而寻求享乐人生的人们远离它也是可以理解的（从纯粹个人角度看）。有人曾指出，缺少主动性思考的人们，实际上在仰仗他人的思想生存。如此这般的见解别有情趣，概括了在大众生活中存在着的世俗乐趣的深层含义——逃避思索。阿根廷文学大师博尔赫斯谈到自己时曾说过这样一段话："叔本华有句名言：我们阅读时是用别人的头脑思索，除了这层意义来说之外，我不是思想家。博尔赫斯曾用休谟、赫拉克利特、贝克莱等人的头脑思索，但我得重说一遍：我不是思想家……" [①] 思想与思想家是一个沉重的话题，连博尔赫斯这样的人物都以其谦虚为盾牌，回避他那以一生的代价为之付出的努力。无论怎么说，阅读的快乐如同写下一张不必偿还的借条。这里留下的借条是：借用黑人作家艾里森的头脑思索。

通常，解读文本的方式是从文本内部提取主要信息和基本营养素，但文本之外的环境作用及连带关系，也是需要关注的。这里的问题涉及20世纪50年代，在这一时间段美国社会种族间的矛盾未见缓解，也就是说，矛盾的双方形成两个极不对等的阵营。一方是由白人社会构成的强势集团。他们的精神与意志是以"白人中心主义"为动力，汇聚成一股咆哮的洪流，形成了历史性的延续。被这可怕病毒感染的个体，表现为以肤色划分人群、歧视同类的病态症候，这些人信奉的生存准则是"白人至上"。当这一肆虐的菌团，吸附在某一社会群体上时，这一群体呈现出弥漫性扩张态势，表现出对同类的冲击和蹂躏。而另一方，是以生活在社会底层的黑人为对象的弱势集团。他们生活在美国社会的最大不幸是必须承受双重折磨，这不幸中的不幸除了遭受生理性外在标志的歧视外，还要忍受经济、文化上的挤压。这一不平等的社会现象，必然要形成社会成员间的对峙，必然会促成被歧视一方的持续反抗。其实，早在20世纪30年代，以黑人作家赖特为旗手的黑人写作，就已经发出了

---

① [阿根廷] 豪尔赫·路易斯·博尔赫斯：《巴比伦彩票》，王永年译，云南人民出版社1993年版。

反抗的声音，并以极度愤怒的姿态，将反抗白人社会的种族歧视作为写作的基调，由此奠定了黑人写作的基本模式。在这一黑人写作传统形成的初期，艾里森出现在起跑线的一端，他对自己有足够的信心，他知道自己想要什么，也意识到自己应该干什么。艾里森为自己设置了目标，采用了新的起跑姿势，随着号令他跃出了文学的起跑线。

引人注意的是这部小说的结构框架，作者采用神话的叙事方式，开篇头一句话为："我是一个看不见的人。"这是神话的叙述语气，在现实生活中这样的人物是不存在的。在此，作者以想象的力量，借用神话手段来构筑现实，模糊了时间的标记，作品形成"从前……有一个别人看不见的人……他待在地下室里生活，后来……他还待在地下室里"的神话叙事构架。借用作者的话来说，"故事的开头里面就包含着结尾"。这究竟是为了什么？创作者到底要告诉读者什么？要理解作者这一奇思妙想的深意，首先要弄清神话传说作为古老叙事方式中隐含的真义。按照人们通常所理解的神话，其深层意味和基本母题都是神圣的，它常常依附在某一宗教的辉光中，成为信仰的载体或陈述方式。在人类创造的语言符号系列中，神话又是词语或故事的代名词。只有在现代用法里，神话这一词语以及它所代表的叙述特性才具有否定性含义，同非现实性、同不可理喻的荒诞融合为一体。按照阿兰·邓迪斯的观点："不真实的陈述并非是神话合适的含义。而且神话也不是非真实陈述，因为神话可以成为真实的最高形式，虽然是伪装在隐喻之中。"[①] 这位学者以简洁的定义概括了神话的功用，艾里森理解并把握了这一功用，将作者深信不疑的伪装在隐喻中的真实故事，以发生在身边的方式讲述给了那些深信不疑的听众。在这部首尾相顾的作品中，主人公蜗居的难以走出的"地下室"，成为其生存环境与社会地位的象征。当这一象征变为主人公最初的遭际与最终的归宿，同他那别人看不见的身份合为一体时，达到了将伪装在隐喻中的最高形式的真实传达给读者的目的。

---

① [美] 阿兰·邓迪斯：《西方神话学论文选》，朝戈金译，上海文艺出版社 1994 年版。

　　"我是一个看不见的人"，作者在小说的开篇亮出了主人公的身份。这不是一句荒诞的玩笑。他不是幽灵，也不是幻影，而是一个具有实体的人，有血有肉，有骨骼有纤维组织，当然还有头脑。一句话，他是活灵活现出没在文本中的隐身人。这是作者借文字的表现力达成的设置，这不同凡响的设置自然来自作家的头脑，来自这一头脑对社会现实的折射，对现实生活的刺激做出的想象性反应。所以说这奇妙的设置并非来自幻觉，而是以隐喻的方式对现实的提取。这位被排除在人们视野之外的正常人述说了自己的处境："人们走近我，只能看到我的四周，看到他们自己，或者看到他们想象中的事物——说实在的，他们看到了一切的一切，唯独看不到我。"这是一种苦不堪言的境遇，这种痛苦与其说被人从躯体上踏过，不如说鲜活的灵魂也在被无声地啄食。这并未宣战的双方无疑是来自两个阵营的代表，也可以说来自两个不同的生存群体，或是两个不同的世界的替身——我与他们。这里的"我"无名无姓，我们知道他肤色黝黑，他所代表的文化可以追溯到遥远的非洲。"我"的祖辈戴着镣铐度过漫长的人生，而"我"自以为在这"人人生而平等"的国度以人的尊严浮出水面，面对的却是别人看不见的命运。

　　一个活生生的人不被别人看见，自然欲哭无泪，其中意味着冷遇、漠视、戏弄、嘲笑、鄙视、欺凌，直至消解了人所应具有的特性，坠入类似于物的状态，陷落在人类社会生活中隐没不见的境遇。"我是一个看不见的人"意味着两个含义：一是"我"作为弱势族群的代表，已被强势集团的"他们"排除在视野之外；另一层含义是"我"已经意识到人的尊严受到漠视，自身的精神处于湮没的状态。这里的"我"既是一个具体的人物，也是一种生存状态的象征，还代表着那些不同肤色处于边缘状态、常常被一些人视为"落后""愚蛮"的人们。而"他们"又具体代表着哪一类人？首先，"他们"可以广义理解为一种文化的代称，或者说是这一文化的倡导者、代言人。这一度在人类活动的某些领域领先的文化起源于欧洲，"欧洲中心论"在一个相当长的时期成为这一文化的标志，而"白人中心主义"若干年来一直占据着这一文化的核心，可以说富有扩张性的"盎格鲁－撒克逊精神"是这一文化的正品。至于"白人至上""种族优越",乃至纳粹党的出现,对犹太人实施的种族灭绝的暴行是这一文化基因的变异,无疑是从中衍生的副品。"他们"是在权势、地位、实力上占了上风的那一部分人,"他们"自以为是大民族的一分子,"他们"自以为代表实力,享有无上的支配权,有权以骄横的姿态对待来自不同文化、不同经济水准的同类,一句话,"他们"在对待同类的态度上怀有难以更改的恶习与偏见,甚而成为一种习惯、一种传统。有关这一点,在文本中"他们"具体的形象是以不同姿态掩饰自身偏见的(潜藏着种族主义意识的)——白人。当不同文化背景的读者翻阅这一文本时,在阅读的过程中难免调动自身的情感认同于作者的心态,而文本中的"他们"作为象征性形象也在给读者带来超出特定文化框架的联想。"看不见"——或者说无视同类的这一意象,无论读者凭借想象怎样将其横移,如何将其拆解与误读,只要人类的生存态势中存在强与弱、贫与富、正义与非正义,便可在那隐藏着偏见、难以对等的社会关系中找到相似的场景。

人们渴望在同类面前平等地展现自身,这是不同种族的人们共同的渴求。艾里森创作思维的焦点始终对准了这一目标,他在作品中构造了真实与想象相互贯通的多维空间,由此获得了一种超越性的力量。文本中的一句话,概括了作者的写作意图:"说来话长,也许有二十来年吧。我一直在寻找着什么,而且我无论走到哪里,总有人要告诉我那是什么。……我明明在寻找自我,却到处问人,唯独不问我自己,而这个问题只有我自己才能回答。为了寻求解答,我花了许多时间,兜了许多痛苦的圈子,最后才了解到别人生来就了解的一个道理:我不是别人,我是我自己。"这是作者痛苦思索后提出并试图解答的难题,在人类共同面对的生存面前我是谁?我是怎样生存的?这样一个看似单纯的图式,无论从文学角度讲,还是从理性角度去分析,都是不同民族、不同种族的人共同思索的母题。法国画家高更客居南太平洋群岛的土著人中间,曾用他的画笔提出过同样的诘问:"我们是谁?我们从何处来?我们向何处去?"确实,这一相类同的严肃话题,难以用一句话来概括,它既包含了人对自我的追寻，同时意味着人在共同创造的社会生活中对自身生存姿态的审理，是一个针对自身抽象命题的具体化思索。简而言之，《看不见的人》从一个侧面勾画出黑人的生存动势，这一动势中蕴含着美国黑人数百年来与不平等的命运抗争的经验、智慧还有伤痛。除此之外，更为重要的是这以文学手段提炼的非对抗性生存策略，也体现出在庞大的强势集团合围下，具有清醒意识的黑人群体对消蚀自我的生存策略的反省。

在人们日常生活中"谦卑"这一词语的使用，常常用来概括某一个体的性情品行。《看不见的人》的中文译者别有意味地选择了"谦卑"一词，用以传达小说文本的原初意蕴。不论这一语言符号的替换是否切中了文本的原意，从段落性阅读得出的印象，"谦卑"一词承担了这一象征性符号所能涵盖的最大数值。在译文中，显示文本灵魂的最敏感区域，"谦卑"一语从以往的定位中挣脱出来，意指的对象由单数变为复数，由个体变为群体。在这里，"谦卑"被异常显赫地凸现出来，成为弱者不得已而用之的姿态，并巧妙地赋予"谦卑者"以"谦卑的灵魂"。这样，为"谦卑"增添了新意，使其从谦让、恭顺的田园扩展到了屈从的荒野。而在充满强权与文化暴力的社会中，任何一种形式的屈从，无论是从其表象还是从其本意来讲，都是或短暂或久远的迷失自我。确实，这里谈及的"谦卑"成了解构《看不见的人》小说文本的一把钥匙。文本的初始源于两代人生存经验的交接，那位黑人长者(祖父)临终嘱托的本意是：黑人面对白人必须反省以"谦卑"为本的生存策略。这位"极为温顺软弱的人"以其毕生的痛苦将自身的行为视为种族的"叛徒"，因此特别强调面对白人时采用什么样的生存策略。他要求年轻的后来人"对他们笑脸相迎，叫他们丧失警惕；对他们百依百顺，叫他们彻底完蛋"。从这位老人嘴里吐出的最后一句话是："叫他们吞食你吧，要撑得他们呕吐，要胀得他们爆裂。"老人的临终遗言对年轻的主人公影响至深，但他将老人懦弱恭顺的一生同其自相矛盾的强硬语气相对照，还是感到迷惑，百思不得其解。他知道"祖父是个沉默寡言的人，从不惹是生非，然而临死之前却把自己说成是叛徒、密探。他处处表现温顺，但他说这是危险的举动"。这言与行的相悖确实是件怪事。这样，缺少生存经验的年轻主人公从根本上误解了祖父的箴言，将其曲解为"谦卑"乃是黑人的生存之道，甚至认为种族进步的秘密在于谦卑之中，并在白人面前以此为主题做了公开演说。演说的成功出乎他的意料，为此他得到的第一份报答是"一张州立黑人学院的奖学金证书"。那来自白人集团的奖励目的十分明确，是"为了鼓励他坚持正确的方向"。如此这般，在"谦卑"这一轴线上，代表一种文化类型、代表一个新生代、代表一种生存姿态的主人公，开始了荒诞而戏谑的生命历程。"谦卑"潜入了他的灵魂，"谦卑"主宰了他的心灵，"谦卑"成为他的行动纲领。"谦卑"之中到底蕴含着什么？"谦卑"对于操持者意味着什么？"谦卑"对于信奉者回报了什么？文本以极大的容量借助人物的连续性动作，给出了令人信服的演示。

在文本中作者捕捉到两个移动的活靶：一位是令人敬畏的州立黑人学院黑人校长布莱索博士（在这里，指出这位大名鼎鼎的教育家的族别有特殊意义）；另一位是刚刚踏入校门，不久又被校长勒令离校随后去纽约闯荡的主人公。令人感兴趣的黑人校长布莱索博士，他是作者推出的第一尊以"谦卑"为材料雕塑的人像。这可是位大人物，有很高的社会声望，照片常常出现在报刊上，并用大号字注明"教育家"，在普通人眼中他不仅仅是校长，还是"一位领袖人物，一个'政治家'"。他常同白人头面人物周旋，表现也是不同凡响。他"……曾陪同总统视察校园……他能使学校的捐款源源不断，奖学金绰绰有余，还能通过报刊渠道使学校声望不断提高……"。他似乎既有学识又有信仰，说来并不奇怪，他最喜欢的圣歌是《为人恭谦赞》。有关他的头脑、他的思想，在一位牧师的演讲中，向读者作了透露，构成他精神世界的主要填充物是——"伟大的谦卑精神"。作为阅读者自然没有必要弄清什么是"伟大的谦卑精神"，而从这位获得白人学位的博士面对白人和对待黑人的态度中，便可有所领悟。在白人面前，他做出的姿态是"常常把帽子拿在手里，走近来宾，低三下四、毕恭毕敬地向他们弯腰鞠躬……他……从不同白人来宾在一个餐厅进餐，只是他们用膳完毕才走进去，而且还不敢落座，始终站在一边，手里拿着帽子，对他们斟词酌句地说这说那，离开之前照例是卑躬屈膝地鞠上一躬……"。他对"……他们——笑脸相迎。他一只手放在他们的臂膀上，不时拍拍他们的背脊……他和白人握手的时候……牙齿总是闪闪发光"。可以说，这是一副光滑的人格面具。那么，这副面具的另一面呢？文本中设置了一个小风波，将这同一颅骨上的另一副面孔勾画了出来。这位校长派年轻学生开车送校方资助人（白人）回家，途中那位先生听说有个黑人校工弄出了乱伦丑闻，便执意"要跟他谈谈"，年轻的学生只能依从他的指令。后来，这件事攮到布莱索博士手中，竟成了不得了的事件，他勒令无辜的黑人青年两天内离校。他认为这个青年不可饶恕的是，让白人看到了不该让他看的，用他的话说："你没有提高我们民族的威望，你给它抹了黑。"他笑着说："好几年我没有收拾年轻黑人了。"他学着白人的腔调称自己的同胞为"黑鬼"，他甚至不放过假意为其写推荐信的机会，用冷酷语言断绝了这位年轻人的另一条生路。而他对白人的真实态度，只能从他无意中吐出的一句话去推断，他说："讨好白人的唯一的办法就是对他撒谎。"这样，文本勾画出这一人物的两副嘴脸：一是他对白人的毕恭毕敬，见了他们牙齿总是闪闪发光；而对自己的同胞他却在扮演着凶神的角色。这就是作者对那"伟大的谦卑精神"的诠释。那么，读者不能不提出一个问题，在这以"谦卑"为材料制作的面具后面，黑人教育家布莱索博士的本相躲在哪里？这确实是个问题，或许心理学家荣格会破解他的心谜，按照其理论，在那虚假的人格面具后面，布莱索博士的自我扭曲了、消失了。这样，"谦卑"二字难以言说的内在含义显露出来，那就是弱势面对强势，面对不公正、不道德时的迎合与屈从。在这里，屈从的姿态成为改写生命程序的主导，捏塑出了心灵卑微的虚伪人格。

文本中另一位以"谦卑"为生存准则的人物，则是那位没有姓名标志的主人公。在展示这位黑人青年步入社会的连续性动作和他无意中牵涉事件所构成的行为，以及他身在其中的都市生活场景中，无时不在地显示他是以信徒般的虔诚奉行"谦卑"的生存准则。但似乎这位匆忙上路的赶路人，最初的抉择就出了偏差。实际上，在生存之路，他每迈出一步都在远离自己追寻的目标，伴随他的不是成功和欢乐，而是连续的挫折、接连的失意，得到的只有嘲笑和不可避免的失落……如此的境遇，难免给人一种被命运戏弄的荒诞感。这位黑人学生遭遇的第一个打击是恭维、顺从校方的赞助人（校长的白人朋友），怀着懵懂之心满足其隐讳的好奇心，得到的却是黑人校长令其两天内离校的勒令；事后他又轻信校长的推荐信，误以为那信中带有同一种族的同情心，结果却被这封用心险恶的短信断绝了一条去路。他在油漆厂做工误入了更衣室，受到例会的工会组织的猜忌、嘲弄，被当成厂方派来的工贼。但他已经养成忍受屈辱的习惯，竟遵从了加入工会的建议。这一随遇而安的行为，得到的第一份报答是那同在地下室烧熔炉的黑人老工友的抗议，由此引发的冲突造成熔炉爆炸，他本人因爆炸致伤住院医治，医治期间又被当作新器械的试验品而失去短期记忆。他本人对这随意处置的反应是——不可思议的麻木。在他急于寻找一份工作来糊口时，却盲目地加入了叫兄弟会的白人组织，并有了新名字。他深信兄弟会跨越了种族障碍将其视为兄弟，因而在社会活动中尽显才华。当他自以为获得了人的尊严与信任时，给他迎头痛击的，恰恰来自兄弟会内部。但他并未领会到，那种猜忌、隔阂已根深蒂固。当他失去可利用的价值，已是身陷双重困境，既被兄弟会抛弃，又被黑人激进团体视为种族的叛徒，不得不为躲避追杀而变换身份，东躲西藏，以至于一次次被当成另一个人，一个完全陌生的人，最终沦为在都市人群中别人看不见的人。就是这样一种盲目、轻信、顺从、忍受、屈辱的生存姿态，导致主人公如此荒诞的境遇。读者可以说，这是作者的精心设置，是为了达到以文学方式观照现实的目的。但这一观照确实超越了现实的局限，在历史与现实之间相互贯通。当然，这以想象构造的情境跨越了社会性抗议、单纯性批判，以一种既可深入内心，又能拉开距离的叙述方式，展示了主人公陷入"生存挫折"的活动图景，最终道出创作者别有意味的告诫性话语。

对于每一位读者来说，要理解那隐含在情节之中的告诫性话语，实现美好的生活愿景，一个基本的前提是，只要在这个世界上存在族群偏见、存在潜伏着的种族意识、存在强势与弱势之间不平等的人际关系，"谦卑"——这样一种生存姿态就难以确立。

　　无论怎么说，要实现生命价值的平等，对任何一个族群来说，求索之路仍然漫长。

写于 1995 年

美国黑人文学的自我确立

1852 年，斯陀夫人出版了她的长篇小说《汤姆叔叔的小屋》。这是一部出自美国白人作家手笔关注黑人生活的作品。作者斯陀夫人，在作品中以大量篇幅叙述了白人奴隶主对黑人的奴役，刻画了众多被奴役的黑人形象。在这位白人作家笔下塑造的被奴役的黑人群像中，尤为突出的是汤姆大叔的形象。这一作品问世后引起美国社会的强烈反响，它的进步意义在于，揭露了南方奴隶制的残暴，激起北方进步力量的义愤，当时的社会影响力远远超出文学本身，成为美国南北战争的导火索。斯陀夫人也曾被林肯称为"发动南北战争的妇人"。

就是这部曾经引起社会变革的文学佳作，成为美国文学的开拓性样板，并以进步的人道主义精神影响了几代人的情感。同时，它也在美国黑人面前树立起一个形象——善良、忠厚、极富忍耐性、善于宽恕他人的汤姆大叔。这一小说文本无疑影响了后来人的写作。

这是斯陀夫人的奉献。那位老黑人的形象产生于她的笔端，源自她的想象，或者说脱胎于那极富观察力、富有同情心的白人妇女的灵魂。

一个世纪过去了，那些接受《汤姆叔叔的小屋》影响的读者，尤其是白人读者，免不了以习惯于阅读小说文本中汤姆叔叔的眼光审度现实中的黑人，而现实中的黑人们却远远地拉开距离，以黑人的心理漠视那变得十分陌生的汤姆。汤姆这一文学形象，在一个相当长的时期内成了白人与黑人之间具有多重影响力的参照物。而黑人的沉默，成了一个生存群体的历史性态度（在公众形象这一领域）。

直到 1938 年（或许更早一些），一位黑人作家的出现打破了这一沉默，这就是理查·赖特和他的小说集《汤姆叔叔的孩子们》。作为第一代有影响的黑人作家赖特，他的创作确实引人注目，其意义并非仅仅限于文学本身。他的出现表明在公共空间这一文化交往领域，黑人开始运用自我阐释权，以不同肤色的读者为阅读对象，认真地塑造黑人自己的形象。这是赖特与他同代人的写作所具有的特殊意义，其社会学与人类学含义超出了文学本身。

黑人作家赖特的初次登场，为美国文坛带来了地道的黑人的声音，但他为何选用"汤姆叔叔的孩子们"为自己的小说集命名？这是个不大不小的谜。是他真的喜欢上了"汤姆叔叔"，还是他早已在内心中默认了这一形象，以沿用这一称谓表达某种同感？或是他借用这一称呼仅仅是表达反讽的情绪，一种隐含着的文化抗议？其中的用意只有作家自己说得清楚。

看得出来，"汤姆叔叔"这一形象在美国黑人的意识中留下了印记，应该说是被迫的，或者说是迫于无奈，带着难言的苦涩。

今天，读者无论从历史角度还是以现实的观点审度"汤姆叔叔"的形象，自然会发现"汤姆叔叔"身上带有不可更改的精神缺陷，那些缺陷难以使人推断为创作者的想象和判断方面的"历史局限"。按照斯陀夫人的设置，汤姆苦难的一生面临过几次厄运，厄运成了验证这位奴隶温顺品性的焦点。譬如，每当汤姆处于性命攸关的时刻，其言行举止在斯陀夫人眼中均被视为入情入理，但在以公正眼光阅读的当代读者看来，汤姆的行为就值得评说。在这里，流逝的时光使汤姆这一形象露出了破绽。在汤姆第一次像头牲口被主人卖掉时，他没有逃跑的勇气，丧失了普通人所应具有的本能的逃避意识；再次被拍卖，他最大的心愿也只是"找到一个称心如意的东家"。这对于当今读者来说，汤姆给人的印象是他在精神上遭到了"阉割"，其灵魂已被偷换，他失去了身为黑人的最主要的品性。这一品性表现为：在承受磨难的同时保持与发展自我。令人不解的是，斯陀夫人在表达其同情时，对可怜的汤姆施以精神上的强制，迫使他的心智朝着另一个方向发展，使他变成在磨难面前手不离"圣经"，高唱"赞美诗"，最终皈依白人宗教的虔诚信徒。如果将这一作品与另一部描写贩卖黑人奴隶的小说相比较（梅里美的小说《塔芒戈》），不能不感到温顺如羔羊的汤姆，只是攥在白人手中的或者说他只是——斯陀夫人寄托过深度同情的幻影而已。

1940 年，理查·赖特出版了他的长篇小说《土生子》①，在开篇的题记上，作者引用了《圣经》中的一段话：

> 如今连我的哀告也成了叛逆，
>
> 我受的打击比我的呻吟更重。

这位黑人作家借用这句名言强调的是什么？是否在暗示他的行为，即使被视为"叛逆"也在所不辞。在这里，"叛逆"的指向是清晰的，那就是对历史形成的、占有霸权地位的白人文化的叛逆。

赖特就这样借用白人的文字符号，面对公众开始了自己的述说，讲述黑人自己的故事。他并非在向白人"哀告"，而是以美国有色人种代言人的身份，运用"形象思维"将黑人的真实情感寄托于虚拟的人物，以文学的形式开始现实意义上的自我阐释。为了争得这一时机，他们等待了很久，沉默了很久。

在这里，复述赖特于 1940 年向美国公众（自然包括白人）讲述的故事，显得十分重要。《土生子》中的主要人物，是一位名叫别格的黑人青年，在小说的开端，他揣着手枪去白人住宅接受救济署分派的工作，作者借此向读者摊开了，黑与白两个以肤色划分的世界之间的距离。别格携带防身器械意味的只是恐惧，一个黑人青年对白人社会的恐惧，这恐惧已经浸透了他的骨髓。这个青年绷紧肌肉，站在富有同情心的白人雇主面前，勉强掩饰了内心的惶恐。但后来一件不应发生的意外事件，使他被自身的惶恐所摧毁——他怀着善意误入了主

---

① [美] 理查·赖特：《土生子》，施咸荣译，上海译文出版社 1983 年版。

人女儿的卧室，唯恐被人发现，失手捂死了那女孩，因此成了凶犯。在这里，促成犯罪的内在动因是恐惧，而造成主人公内心恐惧的根源是"白人至上""黑人低下"的社会环境。坠入深渊的别格，为了逃避惩罚——焚尸（焚尸时割下死者的头颅），他甚至有意残杀无辜的黑人女友……作者在一大段刺激读者感官的描述中，推演出这样一个公式——雾气般弥漫的种族歧视，导致了黑人心灵的窒息，造成了他们无法排解的内心恐惧。当这难以承受的恐惧超出心灵的负荷，人的精神紊乱与失去理智则成为必然。这一苦涩故事印证了这样一句话："黑人是美国的一个隐喻。"就这样，赖特将这不可言说的隐喻裸露于光天化日之下，也就是说，在种族歧视的社会不可能有信任、公正和正义。作者在这部作品的前半部强调了恐惧，后半部突出的则是愤怒和抗议。在别格失手致死白人少女的夜晚，他曾怀有难以确认的朦胧的性欲望，也仅此而已，但他却被白人主宰的法庭判定为强奸杀人。因为这一个案件，报纸广播等传播媒介借题发挥，煽动、围剿，警方"查抄了一千个黑人家庭"。作品的结尾出现这样的情节：在维护人道与尊严的法庭，执法人竟向公众展示了那具黑人少女的尸体以作证据。至此，作者借用小说形式所表达的愤怒和抗议达到了极致，使读者一时难以分辨作者的声音、主人公的声音与源自现实的呼喊，三者已巧妙地融为一体。

　　赖特在作品中表达的情绪，与另一位后来崛起的黑人作家詹姆斯·鲍德温在作品中表述的情感相呼应，他们以共同的立场向美国白人社会发出严正的警告："下一次将是烈火。"①

　　这是在 1940 年，黑人作家向美国公众发出的声音。这声音属于黑人自己，从这声音所传达的情绪、所表述的立场来看，是美国黑人群体在借助虚拟的人物阐释自我。这一自我阐释，清晰地表明——我（我们）是生活在美国的黑人——我（我们）备受歧视——我（我们）充满恐惧——我（我们）已无法忍受——我（我们）满腔怒火。一句话，这是以恐惧

---

① 詹姆斯·鲍德温语。

与愤怒为材料塑造的黑人雕像，他是群体的化身，他的面部肌肉僵硬而麻木，过多的忍耐已使其神经受损。这尊雕像的出现，将那躲在故纸堆里的汤姆挤压成了碎片。

这是赖特与鲍德温这两位黑人作家，为了挣脱白人文化的束缚，为了创建黑人文化而进行的努力。

为什么美国黑人的写作，会给人如此强烈的虚拟环境与社会现实等同性的联想？为什么作品中主人公的个人命运，会使读者联想到一个群体正在面临的相似的遭遇？这种写作方式是否意在抹平虚构与真实之间质的区别？意在冲毁那横亘在人们心中的无形障碍？这是需要认真思索的问题。

阅读小说文本可以得出一个结论，黑人写作显露的主导性动因，源自对自身赖以生存群体的阐释冲动。一个被压迫群体的生存，包括其境遇和命运，注定要成为代表那一群体的作家优先思考的主题。赖特的写作表现了这一特征。在《土生子》中，作者无意间抹去了创作者惯常同主人公保持的心理距离，作者的主体意识由主人公的自我意识所替代，作者的个人情感被主人公所代表的特殊情感所包容。这是作者作为写作主体向幻想的客体之间的转换，转换的成功之处在于，消解了主人公以个体身份存在的意义，袒露了他被指认为某一群体意愿表述人的特质。譬如，作品中表述的情绪、心理、意愿，实际上是与一个群体的生存息息相关的集体意识，这一点同陀思妥耶夫斯基的写作颇有相似之处。巴赫金分析那位俄国作家的创作特点时说：

> 陀思妥耶夫斯基对主人公的兴趣，在于他是对世界及对自己的一种特殊看法，在于他是对自己和周围现实的一种思想与评价的立场。对陀思妥耶夫斯基来说，重要的不是主人公在世界上是什么，而首先是世界在主人公心目中是什么，他在自己心目中是什么。

这是一种视野开阔、志高远大的非个人化写作，美国黑人写作同样显露了这一气质。

与陀思妥耶夫斯基不同的是，赖特的创作思维被集体无意识所牵动，创作者的"创作自发情结"牢牢地维系在群体的命运之上。这涉及创作者的个体无意识，如同心理学家荣格所言："作为一个艺术家，他是一个更高意义上的人——他是一个'集体人'。"美国黑人写作的个体无意识被集体无意识所牵动这一品性，借作家赖特的笔墨显露出来，使他在那特定年代成为整个群体的代言人，面对美国公众借用虚拟的形象成功地阐释了黑人的境遇。

在这里之所以引入自我阐释的概念，是因为自我阐释这一名词，能更好地将窘迫的现实与古老的传统连接起来。这涉足了人类学话题。对于那些极力维护古老传统的群体（美国黑人更能说明如此）来说，特别是那些在压抑的社会环境中延续文化传统的群体，一个古老的动力仍在发挥着不可替代的作用，在他们中间千百年来述说的渴望已转化为不可遏制的力量，用以传播部族的智慧与意志，激励一代又一代的后来人探寻亘古之谜——我们曾经是谁？我们现在是谁？如此这般无休止地追问。在那些群体中由于社会经济的制约，个体意识尚处于低水平状态，或者说覆盖在集体意识里，投射在众多的神灵、英雄、猛兽的阴影下。在他们中间"述说"与"倾听"，早已成为天经地义的事情，成为部族成员所共享的权利。那难以尽数的传说、神话、古老的故事，就在这一权利的反复运作中推演出来，传播出去。因此，可以引出一个结论，述说的渴望与以群体意识替代一切所构成的思维特征，成为富有古老传统的群体（应该包括美国黑人）的文化特性，成为其集体性的思维习惯，这一思维习惯甚至演化为自我保护机制，沉淀在荣格所称的"集体无意识"中。

1952 年，另一位黑人作家拉尔夫·艾里森出现在文坛。他推出的长篇小说《看不见的人》[①]，在《土生子》的基点上朝前跨了一大步。作者在这部作品里，采用自白性的自我表述形式，创造了一种独白与对话的艺术氛围，更好地为主人公提供了自我提示、自我阐明、自我确认的自由空间。艾里森的这部作品，与赖特的《土生子》最大的不同之处是——主人公的自我意识。如同巴赫金评价陀思妥耶夫斯基时

---

① [美] 拉尔夫·艾里森：《看不见的人》，外国文学出版社 1984 年版。

所说："我们看到的不是他是谁，而是他是如何认识自己的。"可以说，艾里森的作品，将黑人写作所带有的自我阐释的特质，引入一个更为开阔的天地。艾里森捕捉到了现实生活中存在的，在以白人为代表的强势集团与以黑人为标志的弱势集团之间，弥漫着的一种屈从与自我丧失的病态症候。作者以自嘲、反讽的笔调，审理了黑人的生存姿态。他借助主人公荒诞的境遇，提出的话题严峻而富有理性，即在不公正的社会环境中如何确立人（黑人）的位置？如何确立人（黑人）的尊严？如何寻找丧失的自我？

从叙述手法看，艾里森向读者讲述的是一个"现代神话"，神话的开端与结尾形成初始的循环，或者说作者借用神话的叙述框架注入"新的社会现实"，这是作者内心感悟到的充满荒诞色彩的现实社会。艾里森捕捉到一个意象——看不见。在这部作品中，不被人们看见的是黑人，是一位"地下室人"，视之而不见者是白人。"'地下室人'想得最多的是，别人怎么看他，他们可能怎么看他；他竭力想赶在他人意识之前，赶在别人对他的每一个想法和观点之前。每当他自白时讲到重要的地方，他无一例外都要竭力去揣度别人会怎么说他、评价他，猜测别人评语的意思和口气……" [①] 一句话，在这部作品中，主人公的"自我意识作为塑造主人公形象的艺术主导因素"，作者借此提示了那不可不正视的美国社会荒诞、悖谬的种族关系。作品中的主人公没有名字，他的叙述是由声音、动作以及丰富的心理感受构成，但他不失为一位有思想有性格的青年，可无论是白人还是有地位的黑人均无视他的意愿，漠视他的存在，并竭力诱使他按照他们的模式生活。在这种状态下，他的名字确实可有可无，在连续的挫折面前，这位主人公最终还是失去自己的社会身份，再次成为隐身人。

艾里森的独到之处在于，他勾画了人们不以为然的病态人格，并以反讽的笔调进行批驳，他将屈从于强权的生存姿态浓缩在"谦卑"二字中，而对在白人面前试图以"谦卑"求生存的妄想，给予了无情的嘲笑。"谦

---

① ［俄罗斯］巴赫金：《陀思妥耶夫斯基诗学问题》，刘虎译，中央编译出版社 2010 年版。

卑",这一表示特定姿态和心理趋向的词语,成了作者借以思考人(黑人)的社会存在及其内在关系的焦点。在特定的情境中,"谦卑"所涉及的是强(强权)与弱(低微)之间相互作用所必然显露的动势,是在精神强制下人(黑人)行为的非常态变异。

作品中主人公的生活信念,来自祖父的临终遗言,那位黑人长者浓缩一生的酸甜苦辣,留下的告诫成为其生存纲领。但主人公并未理解那嘱咐的真意,误解为对白人要笑脸相迎,要百依百顺,并深信黑人"进步的秘密在于谦卑"。在生活中,主人公按这一原则行事,得到的回报却是被无情地戏弄、欺诈、嘲讽、利用……直到失去原有的自己。失去自己,是痛苦中的痛苦,不幸中的不幸。主人公的心灵,布满了伤疤,但他并非一无所获,最终总算悟出祖父那段临终嘱咐的真意:不可盲目承认白人的原则,应该确立的是黑人自己的生存准则。在找到这样一个生存准则之前,起码要讲究自己的生存策略。

在这里,作家艾里森探讨的不只是黑人在当代美国社会所面临的生活困境,正如一位评论家所断言:"《看不见的人》……宣布了(黑人)解放的思想方向……而非斗争战略。"简括起来说,这位黑人作家以自我阐释的艺术表述方式,成功地完成了在以"白人中心主义"为主导的社会状态下,对黑人生存姿态的审理,并将自我批判的精神注入黑人写作,提出黑人如何在白人的精神压制下,重新寻找自我,如何确立自己的人格,如何开发民族心智、创建黑人文化等重大课题。

作家艾里森还在《看不见的人》中借主人公之口,表露了自己的写作意愿:

> "我们的任务就是我们自己变成一个个的个体。一个种族的良心就是那个种族的个体有才能观察一切,评价一切,记录一切……我们在创造自己的过程中创造我们的种族,到后来,使我们大为吃惊的是,我们竟然已经创造出了远为重要得多的东西:我们已经造就了一种文化。"

这一段话意味深长,道出了驱使创作者写作的内在意愿。应该说,由艾里森推出的写作样式超越了单调的声音、个别的呼喊,他以自白性自我表述的语言，使自己的作品朝着在精神实质上成为"黑人规范文化母体内的黑人文本"（小亨利·路易斯·盖斯语）跨出了一大步。

刊载《天涯》1997年第2期，本文标题略有改动

声音的盗用与声音的替代

最近读了一篇很有意思的文章，其题目是《寻回被盗走的声音》，刊登在《世界文学》1994 年第 6 期上。作者申慧辉介绍了加拿大当代英语文学新动态，引出一个惹人关注的争论——声音的盗用问题。这篇文章明显接受了代表后殖民主义批评理论的萨义德著作的影响。令人感兴趣的是文中所介绍的加拿大几位作家对这一批评思潮的反映。出于对加拿大之前殖民地国家本土文化的关切，他们直言不讳地提出在文学艺术领域中存在"声音被盗用的问题"。这一问题的关键是某一种族的人是否有权去写其他种族的故事，在自己的文学作品中使用其他种族的生活素材。换句话说，某一民族或种族的故事应由本族人去说去写，如若他人说了写了，便有一个"盗用"的问题。这一论点听起来有些偏激和狭隘，但仔细一想确有其道理。

具体一点讲，在殖民扩张的历史过程中，相伴生的一个文学现象，就是殖民者以他们的"白人中心主义""白人至上"的文化地位，利用其语言优势、先进的印刷发行手段，将殖民地居民的历史、神话、传说和民间故事作为自己的创作素材，写入他们的文学作品，进而成为他们的文化组成部分。现在重新审理这一行为，许多第三世界作家认为，那既是对他人创作素材的盗用、声音（发言权）的盗用、文化上的篡改，同时也是对他人自我阐释权利的无视甚至剥夺。

印第安作家贝丝·布兰特曾就这个问题，发表了自己的观点。她的态度鲜明而直接：

> 我不认为只有印第安人能写印第安人。但是你们不能偷走我的故事然后把它说成是你们自己的。你们不能偷走我的精神然后把他说成是你们的。这是北美洲的历史；被盗走的财富，被盗走的生命，被盗走的梦想，被盗走的灵性。如果你们的历史是文化统治的历史，你们必须认识清楚并且对这段历史讲真话。你们必须承认这段历史，然后你们才能得到写我的允许。①

在我看来，这一番话不同寻常，它反映了加拿大原住民作家们的新觉醒，是他们意识到并有勇气提出的，争取自我阐释权的积极表现。

以美国为例，便可在最能代表所谓"美国文化"的、形成固定模式的"西部故事"中，看到大量对印第安人生活素材的盗用，对他们民间习俗的恣意扭曲，进而对整个印第安人、印第安民族精神的丑化。那些由白人作者编写的故事给人留下的印象是：印第安人是凶残的、没有正常人的情感；他们以割下陌生人或对方的头皮为荣耀，就连他们的日常分配、习惯使用的决断与评判方式也充满暴力和流血。在以往的影视屏幕、文学作品中我们所看到的更多的是这样的形象。

但这只是白人的殖民者的历史叙述。

美国有个一年一度极为隆重的民间节日——"感恩节"。不了解这一节庆由来的局外人，常常以为它带有某种宗教色彩，是基督信徒对上帝的感恩活动。但是在《简明不列颠百科全书》中将"感恩节"解释为：美国的以庆祝一年收成和吉庆为活动的全国性假日。这样看来，这一节日并没有宗教因素。按照书面的记载，它始于 1621 年。当时的普利茅斯总督 W．布雷德福邀请邻近的印第安人共庆丰收，举行了三天的狂欢活动。到了 19 世纪末，感恩节风行新英格兰各地。1863 年林肯总统正式宣布感恩节为国定假日。就是这样一个早已变为美国全民性的传统假日，带给我们一个历史信息：早在 1621 年，当时的白人移民同土著印

---

① 《世界文学》1994 年第 6 期。

第安人相处得比较和睦。这是有历史根据的。如果查看一下美国地图，对照相关的历史就会发现，普利茅斯海边的港口，无疑是踏上美洲的第一批白人移民的落脚地。就是那批初始移民，当他们面临最难熬、断绝了粮食、坐以待毙的严冬时，意外地得到当地印第安人的无私帮助。后来的感恩活动大致上源自于此，或者说至少包含了这一历史因素。由此看来，印第安人过去不曾凶残，现在也不凶狠，但为什么影视屏幕上很少看到印第安人的真实形象？很少看到延续数百年的对印第安人血腥屠杀、恣意驱赶的那一段真实历史？为什么至今，世人仍感觉不到白人社会对建立在印第安人部族废墟之上，污迹斑斑历史的自觉反省？

显而易见，在两种文化相遇的过程中，特别是在殖民统治与被统治的环境下，那强势入侵并成为主导的文化，与处于弱势的原住民文化之间，确实存在着"声音的盗用"现象。这一度被忽略的文化现象在世界文学史中，在标榜着进步与文明的各种形式的考察中，不同程度地存在着。而那盗用美洲印第安人"声音"的后果，则是扭曲了印第安人的民族形象，甚至歪曲了人类的文明史。

一位研究印第安文化的专家在《文化的边疆》一书中，以翔实的资料证实：

> 印第安人的人际关系是建立在平等友爱的基础上的。夫妻之爱虽缺乏现代人的浪漫多姿，但亦有其动人之处。丈夫为生病的妻子寻找药物，不惜徒步跋涉四十英里以外；丧偶的悲哀能够持续数年；为爱情铤而走险，带着心爱的姑娘远走他乡的故事，也有所闻。亲子之爱在印第安人乃是自然地流露，未成年的孩子受到全体氏族成员的关心爱护。即使那些被掳的白人和异族人，也极少遭到虐待，为部落所收养者为数甚多。他们从不奸淫被掳的妇女，因为这些人一旦获得收养便成为他们的姐妹，而同族之间的性行为，被认为是大逆不道的。据说，一些收养在部落的白人，多不愿重返白人社会，因为他们感觉在部落社会有爱心亲情可依。即使用现在的标准来衡量，印第安人所具有的基本品质也是值得赞美的。他们正直、诚实、勇敢、自尊，热爱自由，注重友情，负有责任感和同情心。……有

些长期在部落生活的白人发现，印第安人的确比白人更仁厚善良，道德水准更高。①

这段简约的文字勾画出印第安人的生活原貌，或者说接近了他们若干年前的真实形象，同那些深含殖民主义意味的话语形成强烈反差。在这里，如果仅仅将同一对象的两种截然相反的述说，理解为在不同时间与地点、来自两个不同文化中心的话语方式，而无视其中的对应关系，无疑令人费解。在这一组不可忽略的对应关系中隐含着强者对弱者的抑制，同时也是一种文化上的强权行为，甚至可以说是造成不同种族之间矛盾与冲突的潜在因素。

为什么在这里提出"声音的盗用"？

我想这一问题的提出，与文学的特性有关。按照文学理论家里蒙·凯南在其专著《叙事虚构作品》中提出的观点，任何民族的文学作品同属于叙事虚构的范围，而她给"叙事虚构作品"下的定义是：叙述一系列虚构事件的作品。她认为："一篇叙事作品所能做的一切就是创造一种幻觉，一种效果，一种貌似'模仿'的假象。"如果以里蒙·凯南对文学的理解，同加拿大籍印第安作家贝丝·布兰特关于"声音被盗用"的言论联系在一起，可以看出一个显而易见的现象——当不同国度、不同种族的作者，使用了另一种族（或民族）的素材（包括历史、神话传说、民间故事、生活习俗），必然按照文学创作的自身规律行事，也就是按照叙事虚构作品的方式去结构。他要把记忆中的现实事件转变为文学意义上的事件，这一转换过程中将要重新安排事件的时间顺序、设置因果关系，注入作者本人的想象、情感、价值判断，并重新勾画人物的形象。这是必不可少的技巧性操作。操作的结果待作品完整呈现时，所推出的一个似是而非，妙在似与不似之间，旨在激发读者的想象与幻觉，是相对于真实现实与真实环境的模拟物。在这一作品中，尽管作者巧妙地使自己成为"隐含的作者"，采用假托或潜隐的方式，不论他借用第二人称或第三人称，仍在潜移默化地变身为某一文化的直接参与（或改写）

① 李剑鸣：《文化的边疆》，天津人民出版社 1991 年版。

者，尽管他用作品构筑了另一种族的生存环境，但作品中张扬的仍然是其所在族群的"声音"。这就形成了加拿大原住民作家指责的"声音的盗用"现象。这样的文学范例并不少见，比如英国作家吉卜林，他虽然出生在印度，并在印度度过大半生时光，以印度生活素材开始自己的文学创作，他的长篇小说《基姆》、短篇小说《越过火焰》《伊姆雷的归来》等大批作品，是以印度生活为原型、以印度的故事为创作材料，尽管他在作品中揭露了印度白人殖民者的嘴脸，对印度民众遭受殖民奴役的境遇投入了或多或少的同情，但他的创作还是英国文化的组成部分，并且与英帝国主义的殖民扩张有着深刻的内在联系。他仍被称为"英国的巴尔扎克""狄更斯的继承人"，他倾注在那些以印度生活为素材的作品中的思想，也打上了地地道道的英国殖民扩张的标记。在诺贝尔文学奖的授奖大会上由奥·威尔森宣读的授奖词，曾以赞扬的口气概括吉卜林的思想，他说："……《七海》（1896）这组诗歌透露出吉卜林是一个帝国主义者，是一个版图包括全球的帝国公民。在所有纯文学的作家里，为加强英国和他的殖民地之间的联系做出了最大贡献的，无疑要算吉卜林了。"这一评语点出了吉卜林思想的精髓，甚至在他受印度神话传说影响而创作的动物故事中，也会看到以鼓吹秩序为主调，强调"奋斗、尽责和服从"的白人殖民者的意志。与此相类同的现象，还可以从英国作家康拉德、美国作家库珀的那长久以来被视为古典精品的长篇巨著中理出大致相同的脉络。不容忽视的是，由此奠定的无视另一种族历史、遮蔽或改写其现实、随意抽取其精神、盗用其文化资源的惯习，形成了随意轻松的写作方式、一种与传统相类似的习惯而影响至今。

谈到当代文学以及相关的文化现象，仍有一些不能不引起特别注意的易于引发冲突的征兆，正如加拿大籍印第安作家贝丝·布兰特提醒世人引以为戒的"声音的盗用"，至今仍相当普遍地存在于以各种符号文字虚构的艺术作品中，其直接后果不啻是盗走某一种族、某一生存群体的"声音"，所触发的或许是远比以往更为激烈的文化冲突。

现在可以明确，"声音的盗用"主要是指某一种族的"自我阐释权"

为他人所盗用。当然这一复杂的话题同样涉及民族情感、民族自尊心等一些不容忽视的问题。那么，下面还有一个与此相似的问题提出：在多民族构成的国度内，不同民族间的文学交往、相互借鉴、相互融通，也不可避免地存在着对另一民族文化资源的占有与借用，这种现象是否含有"盗用"的性质，或者说潜藏着某种麻烦？

这是容易被人们忽略的问题，但又不能不引人深思。近年来在中国文坛曾发生过几起不大不小的纠纷，其中的甘苦令人回味。第一件是汉族作家高建群以哈萨克民族生活为背景创作的中篇小说《遥远的白房子》。这篇作品发表之日，当即激起为数众多的哈萨克读者的反感，引起一部分敏感的青年较为激烈的情绪反应。另一件是内地某家大型出版社在一本出版物中，印发了有辱伊斯兰教教民情感，有辱回族生活习俗的文字，激起信仰伊斯兰教同胞的普遍反感和相当程度的义愤。而内地作家马建以西藏为背景，借用新闻写实手法创作的小说《亮出你的舌苔或空空荡荡》，刺伤了藏族同胞的情感，引发的普遍性义愤至今使人记忆犹新。在这里，小举几件事例，不难看出在同一国度中，在不同民族间，同样存有这样一些易于引发文化冲突、激起民族纠纷的不容忽视的问题。对于这一类话题，按照人们习惯的看法，常常以（无意或无意识）"违犯了民族政策""伤害民族感情""破坏民族团结"等大而空的政治概念一言以蔽之，并没有找到把握其内在缘由，或者说没有找到使人清晰理解或准确概括的词语，没有得到令人心悦诚服的阐释。重新审读《遥远的白房子》，你会发现这是一部并不那么令人生厌的作品。一个汉族作者在他以哈萨克人生活为对象编织的现代传奇故事里，已经含有对这一民族的敬重和向往，对那样一种贴近自然的生活方式以及相对更为自由的民族性格的喜爱。而当时刺激哈萨克族读者的，现在看来是一些极为表面的东西，比如作者对哈萨克女人多少带有挑逗性的文字描述，对哈萨克民族习俗的夸大和曲解。也许当时最使哈萨克读者不能接受的、或多或少感到陌生的，是那浸透在作品中的异己民族的性意识（在其他读者看来，也许是升华了的具有自然美的形象勾画）。几年过去了，这件事几乎被人淡忘，并不喜欢挑剔的哈萨克人也默认了这一作品的存在，但并不等于当年那些敏感的哈萨克青年无端滋事、庸人自扰。也许只有现在，才更清楚地理解了他们最初并没有意识到的一个动因，这就是对"自我阐释权"被他人占有的反感。可以说，那是一个具有自我意识民族的声音，在无任何委托、未经允许情境下的替代。试想，如果鲁迅先生的《阿Q正传》，以及他塑造的"哀其不幸，怒其不争"的、从某种意义讲带有精神缺陷症候的形象，不是源于他的手笔，而是出自中国本土之外某一位作家（譬如写过中国题材的赛珍珠）之手，可想而知，当今的中国人不仅不会接受这一形象，反而感到长久的精神伤害。一个自我意识生成的民族的声音是不可替代的。应该说，在政治一体化的国度里，在享有同等政治地位的不同民族之间，也是如此。

借用"声音的盗用"这一话题，引出如此一番议论的目的，无非是想指出在平等相处的民族之间，在以叙事虚构为特征的文学领域中，确实存在着一些相类似的现象。这些现象以对另一民族文化资源的滥用，或者改头换面的占用，以及叙述主体的模糊性替代，从而覆盖或抑制某一民族的"自我阐释权"，造成不应有的民族间情感的损伤。对于这样一些并不多见、不常发生的，但不能不引起注意的现象，也许可以给出一个比较和缓的词语——声音的替代。声音的替代明显有别于带有殖民扩张意味、造成不同民族政治文化上双重伤害的"声音的盗用"。两者在本质上相区别。但在多民族共存、同求发展的国度，"声音的替代"这一时难以消解的现象，也需要引起更多的人来关注。

刊载《读书》1996年第5期，本文标题及内文略有改动

不可剥夺的自我阐释权

我面前放着两本人类学中文译作，这两本专著的英文原作出版年代不同，彼此相隔数十年，从不同的角度来论述萨摩亚人的文化。一本是玛格丽特·米德的《萨摩亚人的成年——为西方文明所作的原始人类的青年心理研究》[①]；另一本是德里克·弗里曼的《米德与萨摩亚人的青春期》[②]。这两部在立论上截然相反的专著，引起当今读者兴趣的，不只是在人类学领域的发现与反驳，准确一点说，令人深思的是由人类学家的失误所造成的影响，以及在那一时期由个体所代表的强势集团与不同文化群体之间的关系。

米德的英文原著《萨摩亚人的青春期》出版于 1928 年，那是她 23 岁（也就是 1925 年）时，只身一人前往南太平洋萨摩亚群岛进行人类学调查的成果。早在 1923 年，米德在美国哥伦比亚大学攻读人类学哲学博士学位，她的指导老师是著名的人类学家弗朗兹·博厄斯教授。当时的博厄斯教授在人类学领域多有建树，发表了《原始人的心智》等重要著作，成为以文化进化论为框架的美国文化人类学理论领袖。但在人类学领域，这位教授所面临的是生物进化论的挑战。在那一关头，博厄

---

① ［美］米德：《萨摩亚人的成年——为西方文明所作的原始人类的青年心理研究》，周晓虹、李姚军译，浙江人民出版社 1988 年版。

② 德里克·弗里曼：《米德与萨摩亚人的青春期》，李传家等译，光明日报出版社 1990 年版。

斯授意他的研究生米德到萨摩亚群岛实地调查，考察的主旨是"萨摩亚人的青春期行为在多大程度上是由生理因素决定的，在多大程度上是文化因素决定的"。米德带着驳斥从生物学角度解释人的行为的重任，同时维护博厄斯学派的目的出发了。在调查之后发表的《萨摩亚人的青春期》一书的导论中，她说明了自己的调查是出于"美国青年骚动不安的状况"和为此"做出令人满意的解释"的目的。在这里，"解释"一词含有十分特别的意味，浓缩了调查者的本意。

根据弗里曼的考证，米德离开纽约前准备工作十分仓促，没有机会学习萨摩亚语，她于 1925 年 8 月抵达东萨摩亚（当时该地归美国管辖仅 21 年），调查过程中也没住在当地萨摩亚人家中，而是同岛上少数美国移民住在一起。她没有机会参加萨摩亚人的任何政治活动，仅以 25 个萨摩亚少女为调查对象，在 1925 年 8 月 31 日至 1926 年 6 月近 9 个月的时间内结束了调查。当她的《萨摩亚人的青春期》于 1928 年出版后，她向美国社会提供了文化模式上的"反面例子"，其结论性发现成了人类学文库中的耀眼晨星。《萨摩亚人的青春期》以在人类学领域提供的独特例证，列入数十种教科书，成为最畅销的学术著作和人类学经典。而米德的调查结论，也被人类学家和一些学者当作永恒的真实广为流传，影响了美国社会乃至世界上成百万人的思想。

《米德与萨摩亚人的青春期》的作者弗里曼，曾在新西兰惠灵顿的维多利亚大学读人类学，走的正是博厄斯传下来的治学路子，他曾对米德的有关萨摩亚人的发现深信不疑。弗里曼受比格尔厚尔的鼓励，决定到萨摩亚群岛去从事人种学研究时，已是 1940 年 4 月，与米德抵达萨摩亚群岛间隔了 14 年时间。他选取的调查地点为西萨摩亚（萨摩亚人的文化中心，1962 年独立），与当年米德留下的足迹大致相同，但他的个人经历及调查的方式有其独特之处。经过两年的准备，他熟悉了萨摩亚的所有岛屿，掌握萨摩亚语到了"可以丝毫不差地按照萨摩亚礼仪同他们的族长交谈的境地"。他在萨纳普村同年长的萨摩亚族长劳维·凡努乌交了朋友，被收为他的义子，并在该村族长们的集会上被授予具有该村族长地位的头衔。他于 1943 年 11 月结束第一次调查，同时发现米德有关萨摩亚人的论述与萨摩亚人的实际生活有着相当大的偏差。1945年，他先后在悉尼的米切尔图书馆和伦敦的传教士协会，研究那里收藏的萨摩亚历史档案。1965年，他与妻子、女儿一同回到西萨摩亚，在西萨摩亚住了两年多。大约就在这一段时间，一些受过教育且熟悉米德著作的萨摩亚人，要求他以人类学家身份纠正米德对萨摩亚人文化精神的歪曲。他于1966年着手检查米德有关萨摩亚人的全部著作，并于1967年再次前往萨摩亚群岛，同萨摩亚人的族长们一起，就米德那些有关萨摩亚人描写的所有细节进行审理，同米德当年采访的男男女女核实资料，并实地确认米德调查之后的若干年中，萨摩亚人的习俗有没有什么变化。这样，他断断续续花了十多年的时间完成了这项调查。1981年9月，他完成书稿后，专程回到西萨摩亚，将草稿交给萨摩亚的学者审阅，其中的主要章节还请萨摩亚学者认真核对，并同萨摩亚群岛的有识之士进行了讨论，吸收了他们的意见。1983年3月，当他的《米德与萨摩亚人的青春期》出版时，差不多用去了40年时间。这部全面驳斥米德的专著，问世之日震惊了文化人类学领域。

弗里曼凭借第一手的资料，批驳了米德以文化人类学背景描绘的整个萨摩亚人的生活状况，分析了其中的根本性错误。例如：米德将轻松愉快这个观念，描绘为萨摩亚人生活的主调，宣称萨摩亚人生活的"最大特点就是轻松愉快"；萨摩亚社会"充满了轻松愉快地解决一切矛盾的方法"；认为青春期是"最轻松愉快的年龄""两性关系不成问题"；他们婚前可以自由地性交，这是他们"典型的消遣方式"；姑娘推迟结婚"尽可能延长自由谈情说爱的年月""男女之间的性爱是一种轻松愉快的舞蹈"，萨摩亚人"对性的态度是最健康最随便的"。在米德笔下，萨摩亚人成了这样一个民族：他们的青春期少女中的自由性爱是受到"欢迎的"。她将萨摩亚人性格描述为"缺乏深刻的感情""没有炽热的激情""没有心理上的不适应"，他们"社会的人际关系形式完全不必带有任何深深的感情成分"，"他们对待生活的全部态度都表现出这种感情淡漠的特征"。由此看来，米德为美国社会制造了一个反例，她称萨摩亚社会是"非常简单的"，萨摩亚文化是"不复杂的"，萨摩亚是一个"没有竞争或竞争受到控制"的缺乏等级观念的社会；声称族长们的"权威是最小的"；将萨摩亚民族精神概括为"温和""宽厚""温顺"。她还在《萨摩亚人的青春期》一书中断言："整个社会处在一种普遍的漫不经心的状况下，谁也不会为自己的信仰忍受痛苦，或者谁也不会为了特殊的目的拼死奋斗并且不惜为之献身。"

对此种种，弗里曼指出："米德在描绘萨摩亚时提出的许多结论根本上都是错误的，其中有些是极其荒谬的。"他确认米德不了解萨摩亚人的婚礼习俗中久已存在的当众破贞的仪式，并在《米德与萨摩亚人的青春期》中详述了这一习俗的整个过程。这一习俗表明，萨摩亚人将少女的童贞视为圣洁的，赋予童贞崇高的价值，对于这一点，不了解内情的外族人很难理解其中的意义。经过调查他还发现，"萨摩亚的姑娘从她第一次来月经时起，'就受到了严密的看管和保护'。特别是塔乌坡乌，她要受到奥亚卢马（一群主要由一个村落里父系亲属中性成熟的未婚女子组成的监护人）的保护。她一旦处于奥亚卢马之中，就受到这群人中年长的妇女们的热情陪伴，这些人就像西班牙少女的保姆一样，'每时每刻'都与她形影相随。"弗里曼认为，对少女童贞的崇拜是萨摩亚人性道德的核心思想。他发现米德根本就没参加过族长们的"福诺"，所以对族长们正式秘密会议的等级制度无亲身体验和观察的机会。按照弗里曼的研究结果，"福诺是萨摩亚民族精神和一个村落或行政区的具体特征的重要表现，其表示等级地位的法鲁皮加、座次及卡瓦仪式构成了'萨摩亚文化的中心'"。弗里曼引述了大量事实表明，米德抹杀了萨摩亚人的文化特性，将他们描述成没有竞争意识、没有等级观念、没有骨气的人群，而弗里曼的研究结论恰恰证明"萨摩亚人是一个特别刻板且又异常刚毅的民族"。

弗里曼在书中转述了萨摩亚人的态度："米德是在编造谎言。"

米德之所以选取位于南太平洋群岛的萨摩亚人文化为考察对象，目的十分明显，她调查的动机并非向世人介绍完整的萨摩亚文化，而是为了美国本土的利益。她的调查方法存在着很大的问题，沿用的是波普尔批驳的"先入之见的框架"，仅仅是从整体性的萨摩亚文化中切割采样，并在充满文学色彩的叙述中使其转义、变形，进而成为人类学家米德的个人发现，成为美国博厄斯学派的声音，最终转化为倍受赞扬的西方文明中推进社会习俗变革的代表性话语。从米德个人考察—写作—大众媒体推出的（转义性叙述）连贯性动作中，可以看出她以及一个庞大的集团对待异质文化的态度。那高高在上、自以为是的态度，实质上是将一个活生生的文化视为可以随意处置、任意掠取的，无边界又无主体意识的可利用资源。或者说，她与她所代表的集团从未怀疑在从萨摩亚文化"采样"过程中，所行使的权力是否合理。他们忽略与漠视萨摩亚人的情感与权利，致使在这一硬性改写某一民族文化的历史事件中，从最初的研究动机，到后来的整体运作都远离了真实。

弗里曼走的是另一条治学之路，最初接受的是博厄斯学派的文化进化论观点，他敬佩米德在萨摩亚群岛的震惊人类学领域的"天才发现"，但在认真而严肃的调查过程中，他个人的情感与学术态度发生了根本性转变，使他从来自异域的、对萨摩亚文化怀有先入为主印象的旁观者，成为认同于萨摩亚文化，与萨摩亚人沟通情感、平等交流，进而被萨摩亚人视为知己的学者。在他从一种文化步入另一种文化的路径中，所秉持的真诚、平等的心态，使他避开了前辈们隐含着殖民主义意识的覆辙，这也是当今世界跨文化交往中所应确立的道德意识与基本规则。正因如此，他对米德学术著作真实性的怀疑，对其谬误的发现，就成为必然要发生的事情。"检验一个历史的断定，始终意味着追溯源泉。"① 富有责任感的弗里曼，以萨摩亚人的真实生活为依据，踏上了求真证伪的征程。

综上所述，这桩跨文化交往引发的文化纠葛，由（独特发现的）米德—（求真的）弗里曼—（沉默的）萨摩亚人构成了攫取—篡改—抑制的替代性关系。显而易见的是，米德歪曲了萨摩亚人文化，最终难逃"盗用者"的嫌疑；而弗里曼的行为，从某种意义上看，带有"辩护律师"的色彩，其行动得到了萨摩亚人的赞许与非正式授权。

这里提出的问题是：在这一文化纠葛中，在面对世界的讲台上，萨

---

① 卡尔·波普尔语。

摩亚人被置于什么样的位置？他们创造的文化是否属于既无边界亦可共享的资源，外族人是否有权随意攫取？外来的擅自利用者如何以其优势篡改他人的形象的？而在文化交往中处于劣势的被动者，他们有无维护自身形象的权利？

这也是当代人的质问。

毫无疑问，米德的《萨摩亚人的青春期》，将古朴的萨摩亚人置于以文字代码为认知手段的公众面前，使其处于"你有权保持沉默"的被动位置。那么，处于自在状态尚未步入发达社会的萨摩亚人，到底是否意识到并确立了自身的权利？那被一个群体意识到的涉及整体形象的权利到底又是什么？这是问题的关键。

要弄清这一问题，涉及对古老部族文化特征的理解。借助某些人类学知识，人们已经认识到，那些处于人类早期社会形态的以"听觉文化"为特征的民族，无不以口述的部族神话、故事、传说，同步入发达社会的以大众传播媒体为交流工具的现代文化相区别。对于一个古老部族来说，没有属于自己的神话、故事、传说简直是不可思议的。那些为整个部族所共有的、涉及部族起源、创世神话、英雄传说、动物故事，大多指向一个目标——部族对世间万物（包括部族自身）的理解、阐释或探寻其源头。可以说那是以独特形式表达群体意识的"隐形文本"，其旨在阐释整个部族的精神世界，使其更具凝聚力与部族意识，以便同其他生存群体相区别。恩斯特·卡西尔认为："语言、神话、艺术——对从自身创造出自己的形式世界，只能被理解为精神自主性的表现。"当然，那"精神自主性的表现"已有久远的历史。谈到处于人类早期社会生存群体的人的特质，我们从一部部以口头传唱形式流传至今的英雄史诗（譬如中国藏族的《格萨尔》、蒙古族的《江格尔》等鸿篇巨制）、难以尽数的传说故事中，感到一种不可遏制的同生命本身一样顽强的述说的冲动。那是群体的参与过程，无论年岁的大小，不管是传播者，还是接受者，同样表现出高度的自觉性，那强烈的述说的渴望与冲动，远远地超出我们日常性的社会中比较与偏重于理性分析的现代人。因此，我们可以得出一个清晰的结论，强烈的述说与阐释的渴望，使生活在人类早期社会的人们本能地意识到自我阐释的权利，早已存在于他们之中，存在于他们的身心、融入其部族的意识里。

千百年来，处于人类早期社会的成员们以不可遏制的述说的冲动，维系着部族的意志、传递着整个群体的生存经验。在他们中间，自我阐释的愿望与自我阐释权利的运用，是以不同的方式合情合理地存在着的。

可以确认，自我阐释的权利从部族生成之日，一直运用在萨摩亚人的群体之中。

所以说米德的行为，并未得到萨摩亚人的授权与认可，她在《萨摩亚人的青春期》一书中曲解了萨摩亚人的文化。这一文化事件所带来的直接后果，实质上是替代了萨摩亚人的声音，抑制和占有萨摩亚人的自我阐释权，歪曲了本应由他们自己向世人展示的形象。虽说，那一形象的自我展示对萨摩亚人来说，会涉及一个大的社会背景，涉及其主权与民族自决，也包括民族经济发展的水准，但这只是时间上或迟或早的问题。

刊载《读书》1997 年第 2 期

发现者还是殖民开拓者

美国国会图书馆馆长、文史学家丹尼尔·J. 布尔斯廷，1983 年出版了 3 卷本专著《发现者——人类探索世界和自我的历史》。他在序言中写道："本书的主角是人这个'发现者'。我们现在从文明的西方所观察到的世界，即时间、陆地与海洋、天体与人体、植物与动物、历史和古往今来的人类社会等景象，只能是由无数的'哥伦布'为我们而揭示……"在这里，布尔斯廷明确地阐述了一个前提："我们现在从文明的西方所观察到的世界……"对于阅读这部专著和由此引发联想的读者来说，这段话至关重要。它表明以作者为代表的书写者，或者说某一社会群体，占据了历史的制高点，习惯于以"文明的西方"这一视角为基准，观察世界，审视历史。长久以来，这一视角被某些学者理所当然地尊为"历史的眼光"。从这一视点远望，哥伦布的探险业绩自然而然地要同所谓的"人类文明进程"联系在一起，而那改变欧洲人地理观念、拓展其视野的海上探险，必然被推崇为改变人类文明进程的大事，发现者的不朽功勋当然要代代颂扬。哥伦布横渡大西洋之后，西班牙编年史家弗朗西斯科·洛佩斯·德·戈马拉曾有过惊人之语："创世以来的最大事件，除造物主的降生和死亡之外，那就是发现了印度大陆。"甚至著名的史学家也将哥伦布四次乘帆船横渡大西洋，尊为发现美洲大陆的丰功伟业，认为"南北美洲的全部历史都是以他的四次西航为开端的。"

这里提出的问题是，当年哥伦布是在寻找从欧洲通往印度的航路时，偶然发现美洲大陆的。那时的欧洲人自诩占据了世界中心，最初是地理中心，随后是文化中心，然后是权力中心。但是，那井蛙之见早已沦为历史。那么，时至今日，某些学者为何仍沿用以"欧洲为中心"的古老观念，将哥伦布的探险视为推进人类文明的大事？难道当年哥伦布抵达的美洲大陆，如同南极大陆一般是片死寂的荒原？说到底，当年哥伦布面对的毕竟是一块被人类以不同的方式使用着的土地，异样的文明在那片古老的土地上悠然滋长。假如当年哥伦布果真找到了通向印度的航路，步马可·波罗的后尘，从水路抵达了印度、中国、日本，难道也要赋予他"发现者"和推进"人类文明"的盛誉？在我看来，哥伦布应该是一位将欧洲与美洲大陆以海上通道的方式联通起来的人，他的行为改变了欧洲人狭隘的地理观念，也使美洲的原住民领教了以西班牙人为先导的欧洲式的强悍。哥伦布吹响的是殖民者的进军号。

公元 1492 年 8 月 3 日上午 8 点，三艘装备齐整的帆船，从西班牙西南部奥迭尔河口出发，驶向大西洋。统率这支船队的，是刚刚被西班牙国王裴迪南授予海军上将的哥伦布。出航之前，哥伦布曾致信西班牙国王。他在简短的亲笔信中，表述了大西洋探险的个人请求：

　　……授予我大西洋海军上将头衔，委任我为所发现和到达以及在我之后所发现所到达的一切岛屿与陆地的终身总督，我的长子将继承我的一切衔位，世代相传。

这就是哥伦布的理想和心愿。虽然几位传记作家将哥伦布描述为"一个具有巨大精神力量和崇高理想的有教养的人物"，但说穿了，哥伦布大西洋探险的目的是同攫取荣誉、地位和占有他人土地的欲望，紧紧地联结在一起的。然而促成哥伦布大西洋探险的，还有更复杂的社会冲动。曾使哥伦布心醉神迷的《马可·波罗游记》在欧洲产生的片面影响，使贪求财富的人们相信了东方遍地是黄金的神话，而 1300—1450 年之间，西欧各国金矿和银矿的产量缩减，使整个欧洲对黄金的渴求，达到无法遏制的地步。这是膨胀起来的急于扩张的群体欲望，哥伦布在这涌动的大潮中争当了冲浪手。他将个人的追求同一个群体、同整个社会的欲望连接在一起，他有幸成为那一特定时期国家利益的代表。恩格斯对此说过一句话："黄金这两个字变成了驱使西班牙人远渡大西洋的符咒。黄金也是白种人刚踏上新发现的海岸时所追求的头一项重要的东西。"

记载哥伦布首次横渡大西洋的文字资料并不多，只有那部以其名义记述，被历史学家反复引用的《航海日志》。《航海日志》交替使用了"哥伦布将军"和"我"这两种称谓，可见是由哥伦布与他的口述记录人共同完成的。虽然哥伦布在写给西班牙国王的信中谈到："我打算把我在这次航行中的所作所为、所见所闻，如以前所做的那样，逐日记叙下来……"①，但为了特殊目的书写的这一文本隐含了疏漏、忽略与割舍，突出了刻意地炫耀，不过书写者无意中也流露了贪婪和冷酷。至于文本整体的真实性，存有疑点。其实，《航海日志》的原始手稿失踪已久，幸好有个手抄本流传下来。这经由另一只手摘抄的文本，频繁使用了"他""他们"等第三人称，使文本的原创性变得更为复杂。后人已无法复原那消逝的历史场景，除了分析仅存的文本之外，没有其他的选择余地。恰好《航海日志》不乏几处带有真实感的场景勾画，使整个文本耐人寻味而又令人毛骨悚然。

哥伦布横渡大西洋，抵达西半球第一座岛屿的时间是公元 1492 年 10 月 12 日凌晨，抵达的区域位于巴哈马群岛的东海岸，最初登陆的地点包括圣萨尔瓦多等岛屿。来自两个大陆、不同文明进程的人们的猛然相遇，那真是刺激想象的历史性时刻：一方怀有急不可待的目的；另一方处于懵然不知的状态……

这时人们看到了岸上赤身裸体的人群，哥伦布将军乘小船带着马丁·阿隆佐·平宗和他们的兄弟，"尼尼亚"号船长比森特·亚涅斯一起上岸。将军展开王家旌麾，两名船长也展开了作为哥伦布船队标志的有绿色十字架的旗帜，十字架两边各标有 F 和 Y 两个字母，旗帜顶上安有王冠。

登陆以后，船员们见到了青葱的树，各种水果和淡水。将军叫

---

① ［意］克里斯托弗·哥伦布：《哥伦布美洲发现记》，刘福文译，黑龙江人民出版社 1998 年版。

来两名船长和其他登岸的船员以及船队公证人罗德里戈·德·埃斯科维多，还有罗德里戈·桑切斯·德·赛戈维亚，请他们作证，是他以国王和王后的名义最早占有了这个岛屿。

这是难得的特写镜头。

哥伦布的双脚踏上了美洲大陆（其实是美洲大陆的边缘岛屿），他的动作举止近乎程序化，显然谋划已久。他想到的第一件事情，就是请随船的两名公证人作证。他如此迫不及待，竟然视而不见岛上的人群，似乎那些人并不存在；似乎他们根本没有领土意识，尚不具备作为人类生来所具有的归属感；似乎他们根本就不归属于人这一生物种类。哥伦布一直没有弄明白那些原住民的归属，这不显得十分荒诞吗？实际上他所遇到的印第安人，属于阿拉瓦克语系的泰诺文化范畴。泰诺人的祖先从南美洲大陆移民到安第列斯群岛，分支发展到古巴、牙买加和巴哈马群岛。当时泰诺人的文化已相当进步，他们种植谷物、薯类和其他块根植物，用丝兰属植物制作木薯面包；他们纺纱织布，制作雕有奇形怪状人头的棕色陶器，用贝壳制作各式各样的装饰品和用具；他们住的是以木料做屋架、用棕榈叶盖顶的棚屋。这些淳朴的泰诺人，竟使那些入侵者有所心动。

……当地人向岸边涌来，一面向我们呼叫，一面念叨谢天谢地。其中有的给我们带来了水，还带了各种食物。他们发现我们不急于上岸时，有人竟跳下海向我们的船游来，大家知道他们想问我们是不是从天上来的。有一老者登上我的小艇，其他人则高声向后面的人喊叫："快来看呀，他们是从天上来的！快把吃的喝的东西给他们拿来！"就这样，许多男女来到船上，各自带一些东西，嘴里说着谢天谢地，双手举向天空，拜倒在我们面前，然后高声喊叫着，让我们上岸。

……全村的男女老幼都赶来看他们，然后把他们安排到最好的房屋里安歇。大家都来摸他们，吻他们的手和脚，惊叹不已，以为他们是天上的使者。

细心的读者会发现，此时的哥伦布是以"终身总督"的心态，浓墨重笔地赞颂他未来的居民。叙述者还设置了印第安人将闯入者视为"天上的使者"的戏剧性情节。这段勾画他者的文字，将哥伦布和他的船队置于主宰的位置，为其踏入陌生土地，铺设了一条合情合理的通道，也为后续殖民者的大举入侵，做了文本上的准备。这是书写者有意或下意识铺设的文字陷阱。

下面的文字也很重要，可谓"最富感情色彩"的表述。这段文字记述的时间为 1492 年 12 月 25 日，当时哥伦布和他的船队已在美洲大陆东海岸周游了一番，与岛上的印第安人多有接触。《航海日志》抄录了哥伦布写给西班牙国王的信函：

> ……他们是一些那么爱动感情而又不贪婪的人，对任何事情都表现得那么能干，以致我可以向陛下承认，我不相信世上还有比他们更好的人，还有比此地更美丽的土地。他们像爱惜自己一样去爱护别人，他们说话和蔼、亲切，始终面带笑容。他们无论男女，赤裸着身体就像刚从娘胎生下来似的。但是陛下可以相信，他们品德都很好，酋长享有很高的威望，管理也十分谨慎，使人感到满意。他们有记忆力，对什么都感到新奇，总问："这是什么？为什么？"

从字面上看，这是无可挑剔的临场感受，或许是哥伦布得意之时亲笔书写的文字。如此动人的表述，在任何一部游记中都很难读到。但如果将这段文字，同表露哥伦布真实心态的其他文字相对照，不难发现哥伦布是在什么基点上，发表如此感慨的。他不时赞扬印第安人身材匀称、长相漂亮、行动敏捷和具备的种种美德，却同时认为"他们可能成为很好的奴仆和驯服工具"，他一直深信"陛下可以把他们当作自己的顺民，对其可随心所欲"。同时还在预言："这些人将来一定会变成基督教徒，一定能按西班牙王国的良好风俗加以驯化。"如此看来，在同一文本中存在着一个双面人。这一段文字，意味着作为陈述者的哥伦布，相当在意叙述的策略。这不足为怪，因为后者才是真实的哥伦布。

当然，使哥伦布动情的还有其他因素，因为那些日子里"酋长还托这条船给哥伦布将军送来一条腰带，还有一只带两个大金耳朵、金舌头和金鼻子的面具"。慷慨的印第安人告诉他："第二天一早定给将军送来四块拳头大小的金块。哥伦布将军听后很高兴。其后，一个海员从岸上回来告诉他说，上岸的教徒们几乎无偿换到许多金块，这真是怪事，我们的人甚至用一条两头包有铁皮的细绳便从印第安人手里换得价值两千多卡斯利亚币的金块，这和酋长一个月换掉的黄金相比还算不得什么。酋长看到哥伦布将军满意心里也十分欢喜，并知道他希望得到大量黄金，于是用手势告诉他在附近就有大量黄金。他平心静气地对将军说，他想要多少就给多少。据此，将军说，他坚信有这种事情"；还因为"酋长的一位亲信告诉哥伦布将军，瓜卡纳加里已叫人在制作一个和他身材一般大小的纯金塑像，十天后即可运到这里"。在短短的时间里，类似的财运频繁降临，使哥伦布们应接不暇。但这并不等于打动了他们的心，满足的仅仅是他们无休止欲望中的一小部分，或者说美洲印第安人慷慨无私的天性，加倍刺激了他们以满足贪欲为基底的想象。

耐人寻味的是，《航海日志》多处提到了"食人者"，喜欢割人生殖器的"野人"，还有"独眼人和狗面人。他们吃人，抓到人后把喉管割断喝血，然后把人大卸八块吃掉"。文本将这些令人毛骨悚然的故事，巧妙地借他人之口，以所谓"他们讲……"，所谓"听说……"的方式插入叙事文体，并将船员们的恐惧和焦虑做了认真地描述："他们讲这个岛很大，在那里可遇到长一只眼睛的人，也有人称之为吃人肉者，他们都很害怕这种人。哥伦布将军说，他们一看到他往那个岛驶去，吓得连话都说不出来了，因为他们认为这种人会把船员们吃掉，而且他们都有武器。哥伦布将军相信会有这类事情……"这是书写者刻意勾画的印第安人的形象。文化人类学专家泰特罗在他的《本文人类学》①讲稿中，对此做过深刻的分析。他认为吃人肉的野人完全是哥伦布的《航海日志》杜撰出来的："哥伦布完全为其所属的文化体系所建构起来的叙事传统所左右。"泰特罗对此还给出了一个定义："潜藏在头脑中的前提观念。"他指出："休姆曾考证'cannibal'（食人者）一词是怎样由 carib 引申而来，在《暴风雨》一剧中莎士比亚正是在此词的基础上创造出妖怪'Caliban'

① [爱尔兰] 泰特罗：讲演《本文人类学》，王宇根等译，北京大学出版社 1996 版。

这个形象。哥伦布笔下'食人者'的形象实际上是从地中海古老的神话传说中派生出来的。"这句话谈到了要害，按照这一思路，读者会感觉到文本中潜意识的暗流。泰特罗找到了答案，他说："如果我们仔细考察一下日志文本的潜意识运动，我们会发现这个心理转换过程是如何发生的，会发现殖民者们是如何装备停当，正等待着野蛮的殖民行为的发生的。因为哥伦布他们所见到的金子只在印第安人的身体上，所以他们必须受蹂躏与奴役，必须被征服：道理就这样简单。"

置身于天真淳朴的人群中，哥伦布关注的却是周边的地形概貌：

我发现了一个狭长的半岛，看上去像一个岛屿，上面六户人家。尽管它并不是适合修要塞的地方，但经过努力是可以修要塞的。

这段文字看似漫不经心，却是哥伦布的心声，是一个殖民者驻足丰饶土地后，不可抑制的直觉反应。

其后，他又吩咐记述人写道：

在这次航海中，我本不打算在此留下一批人，即便是留下，也不可能给他们提供足够的给养、辎重和构筑要塞的物资装备。然而现在，船队中许多人却向我恳求或托人向我求情允许他们留在此地。眼下，我已命人构筑一座炮楼和要塞，外围有堑壕防护。但我不认为这是必须的，相反，我却相信通过我留下的这些教徒，我将征服整个这个岛屿。它比葡萄牙还大，人口多一倍，但他们都赤身裸体，没有武装，无可救药的怯懦。然而，构筑炮楼并把它作为力量的象征，这种做法是明智的，因为陛下属地如此遥远，印第安人也需要明了陛下的能力，这样他们就会更加崇拜我们的陛下，乖乖俯首听命。

这段明晃晃的文字插在勾画"他者"的段落中，显得极不协调，如同一把露出白刃的匕首。这是哥伦布的内心独白，是他的战略谋划。在这冰冷的文字中，哥伦布明确提出了施加武力和强权的战略，这使他加入了挥舞战刀的恶魔行列。

哥伦布明明听说有位印第安人的国王，他仍"命令从这个口岸出发向西航行，他说要去印第安人所说的国王居住的那个城市"。他不时打探到有关河流和岛屿原有的印第安名称，但仍对所见的岛屿、河流、土地，随心所欲地命名。他命名了圣萨尔瓦多岛、圣玛丽亚岛、费尔南迪纳岛、伊莎贝利亚岛，还有什么圣母海、太子港、玛丽亚港、圣尼古拉港、天堂谷地，甚至还将一个美丽的岛屿，直接命名为西班牙岛。

《航海日志》记述了哥伦布们发现所谓新大陆的一刹那，如何吟咏着《我们的圣父》《万福玛利亚》，高唱着《圣母颂》《万福啊，慈爱的圣母》等圣歌。但在整部《航海日志》，书写者却明显回避了暴力场面，对此用笔格外地谨慎。

恰如那位史学家所言：

> 南北美洲的全部历史都是以哥伦布的四次西航为开端的。这当然是一家之言。不论言说者处于何种语境，从历史和人的遭遇看，确有被其言中之处。所不同的是：美洲大陆浸泡在血与火中的历史，确切无疑地是从哥伦布和他的船队抵达美洲大陆的那一时刻开始的。

哥伦布的继任者巴尔托洛梅·拉斯卡萨斯（1474—1566 年）神父，以亲历者的身份对哥伦布横渡大西洋之后，西班牙殖民者在美洲大陆的可恶行径进行了准确地描述。他在生命的最后二十年，编纂了《印第安人种族灭绝的纪实》《印第安史》等著作，为后人留下了一幅幅真实的历史画面：

> 在这些温驯的善良人的身上，虽然造物主给他们那么好的品质，然而，从认识他们的那天起，西班牙人就像饥饿多天的饿狼、虎和狮子一般向他们扑去。四十多年来，至今仍然是这样，西班牙人把他们当作玩物、虐杀他们、骚扰他们、处罚他们、拷打他们、毁灭他们，所用手段，离奇的残酷，变幻莫测，史无前例，没有记载，没有所闻。我在后面将提到几件事。在西班牙岛上居住的土著人曾有 300 万之多，而今至多只剩 200 多人。
>
> 相当于从巴利阿多里德到罗马距离之长的古巴岛今天几乎是人迹罕见。圣胡安岛和牙买加岛都是大岛，富饶而美丽，而这两个岛也被洗劫一空。与西班牙岛和北部古巴岛相邻的有六十多座大大小

小的岛屿。其中最差的也比塞维利亚的王宫花园漂亮。这些地方都是世界上最圣洁的土地。那里从前有 50 万生灵,而今已无一人。西班牙人杀掉所有的居民,并把他们运到西班牙岛以便看到他们灭绝。

四十年来,有 1200 万生灵,包括男人、女人和孩子死于基督徒们的专制和罪恶之手。这个数字是真实而确凿的。而实际上,我认为——我相信我不会搞错——死亡的印第安人有 1500 万。

……基督徒们骑着马,提着剑和长矛开始对印第安人进行极端残酷的屠杀。他们冲进村寨,连儿童、老人都不放过,怀孕和生孩子的女人被剖腹撕成碎片,他们仿佛是在袭击躲入围栏里的羔羊。他们打赌一刀劈死一个男人,一剑砍下一个人头或剖开一个人腹。他们夺下吸吮母奶的儿童,用脚踢开把头摔向岩石致死。另有一些人将儿童从肩上抛向河里,大笑取乐。在儿童落水时,他们还喊道:"小杂种,你在水里玩吧!"他们做成长长的绞刑架,每 13 人一组,吊在他们面前,以纪念和尊崇我们的耶稣及其十二弟子,然后扔进火堆活活烧死;还有一些人全身被基督徒们用干柴捆缚在一起抛进火堆,也被活活烧死。他们随心所欲地抓人,砍下双手,挂在他们面前,对被害者说:"去通风报信吧!"意思是说让他们去给躲进森林中的人捎个信儿。他们还做一种用棍权做成的烤架,把领主和头人捆在上面,然后在下面加上温火,一点点地烧烤,让可怜的受难者灵魂出窍……

以上文字足以使头脑清醒的读者,对哥伦布们在美洲大陆的暴行留下深刻的印象;足以使读者们对文史学家丹尼尔·J. 布尔斯廷先生"从文明的西方所观察到的世界",对他所推崇的"历史和古往今来的人类社会等景象,只能是由无数的'哥伦布'为我们而揭示"的论断,提出质疑和反证。

1982 年,曾有三十六个国家的代表联名向联合国提议,要求在 1992 年 10 月 12 日这一天,为哥伦布发现美洲大陆五百周年举行世界性的纪念典礼。

时隔不久，另一个强有力的声音在世界范围回响，那声音是以通讯报道的方式向全世界发布的。这一非同寻常的报道，有助于人们认清哥伦布其人，加深对哥伦布横渡大西洋之后产生的"历史作用"的认识。在此，抄录那篇以《审判哥伦布》为题的报道，作为本文的结尾：

1997 年 10 月 12 日，洪都拉斯土著居民组织科平的民事委员会首次引起了世人的注意。当时该委员会主席萨尔瓦多·苏尼拉在首都特古西加尔巴砸毁了一个哥伦布雕像。他在被拘留释放后说，推倒这个美洲发现者的大理石雕像只是一场赔偿运动的序幕。下一步将对 7000 万美洲土著居民死亡的"主要负责人"进行审判。法庭打算今天在洪都拉斯城市拉埃斯佩兰萨举行首次会议。与会的是在洪都拉斯幸存的八个玛雅部族的村长。苏尼加说，对第一个占领者做出的这次判决将是象征性的。但是，审理的第二部分将不是象征性的，将要求对种族屠杀、抢掠、强迫劳动和旧城市的破坏给予赔偿。不仅要求西班牙和葡萄牙，而且要求法国、意大利、荷兰、德国和美国赔偿。要求美国赔偿，是因为它现在还通过"新自由主义"剥削拉丁美洲。据说在拉丁美洲的其他许多城市也将进行这样的"审判"。1972 年参加过玻利维亚总统竞选的塔基尔·马马尼·拉尔卡说，自哥伦布 1492 年登陆以来，三十五代美洲土著居民的每个家族有 175 人被杀害。如果每个受害者赔偿 5000 美元，那么欧洲总共要赔偿印第安人 8750 亿美元。

刊载《读书》1999 年第 4 期

有关 1998 大水的话题

大水刚刚退去，人们正从忧思中醒来。随着大水的消退，除了那些深受大水蹂躏的灾民们，对这场大水怀有切肤之痛，在心灵中刻下抹不掉的记忆外，还有抗洪英雄们的业绩，也在公众心中留下难忘的印象。

为何那泥沙俱下的大水大有吞没山谷、淹没平川之势？那置人于没顶之灾的大水何时还将卷土重来？似乎更多的人无暇思索这些沉重的话题，转眼间便陷入被各种欲望和利益所纠缠的日常生活中。

这一次，人们用"百年一遇"这一宏大词语，描述这场大水，形容其来势之猛，水量之大，灾祸之深。人们接受了这一现实，认可了这一推断，无意之中也将祸根归咎于那循环往复的气候轮回。"百年一遇"是个长时段。果真如此，就将这场不期而遇的大水推托给了历史。历史是过去时，也是由众多的手臂托举过的一片天地。通常说来，那是无人为其承担责任的、仅供现今参照的、由大大小小事件构成的时间系列。

大水到底缘何而来？

谈到那令人猜不透摸不准的大水施虐的缘由，人们大概只是记起一些陌生的名词，什么"厄尔尼诺"，什么"拉尼娜"，这些以"圣婴"之类神奇传说命名的异常气候现象，当然还有温室效应、全球气温升高、季风雨频繁一类专业术语。但无论怎么熟记这些新名词，它还是那么陌生而遥远，似乎那是纯粹的自然现象，与我们的现实，与我们每一个人的行为并无直接的关联。

还是看看中国北方一度平稳、恬静的嫩江之水。

嫩江之水源自大兴安岭，源自那曾一度茂密的崇山峻岭。

今日的大兴安岭，完全有理由成为人们注目的焦点。它沉默已久，忍耐已久，应该说在万般无奈之中显示了某种主宰的力量。或许在山洪逼近的那一时刻，人们才不得不放远目光，从咆哮的嫩江之水上溯其源头，远眺那崇山峻岭。那里到底发生了什么？为何一日之间变得如此陌生？或许在性命攸关的瞬间人们才想到，那衰败的山野中袒露的不是扭曲、破损的形象？明眼人发现，那一形象显而易见地表露着无奈与苦痛。此时此刻，人们总该或多或少意识到在偌大的地域，在整个中国北方大地，唯有它顽强地支撑着生态环境的命脉。

这是条定律，随着大水的怒涛浮出水面。

应该说，远在太古之初，由于地壳与地核的强大作用而形成的持续亿万年的造山运动，使原本贫瘠无物、砾石遍野，更与漫漫黄沙相伴，如同月球一般蛮荒的洼凸之地，缓缓隆起，再隆起。其间经历了无数次震荡、断裂、倾覆，还有无数次的衰亡。当它以北方高原的雄浑气势挺立之时，一切都发生了变化，它竟成为鄂霍次克海、南太平洋湿润季风东进北上的屏障。由此而产生的对气团的阻滞作用，使这如今被称为大兴安岭的绵延山地在亿万年的演化过程中，滋生了一层薄薄的绿色植被，恰如少女柔嫩的肌肤。对动物群体、植物群落来说，这是再生性生命之源。在一段不太长的时日里，大片的森林出现了，一条条河流诞生了，连那大兴安岭西侧绵亘不见尽头的荒漠也因它的新生而披上了绿装，进而有幸被后人称为呼伦贝尔草原——"一片绿色的净土"。一个新的生态环境在亿万年的演化过程中达到了完美。这以大兴安岭为母体的生态环境，自我塑造，自成一体，慷慨地为松嫩平原浇灌雨水，还将连绵的雨露倾洒在呼伦贝尔高原，使其千百年来绿草如茵，生机盎然。森林——草原——丘陵——平原，在这里形成了相互依存，互为依赖，一荣俱荣，一损俱损的生态联盟。

　　这是由森林和草原构成的生态屏障，真可谓浑然天成，其相互作用、其整体感、其附着于地面的表层性、其作用于气候的立体性，还有在人类这一"天敌"（就目前这一时态而论，就一些人所持有的战胜大自然这一观点和随意蹂躏自然环境的心态而论）面前表现的脆弱性（薄薄的植物表层用以遮盖河谷上条条块块的黑土，还有遍野的砾石和无边际的黄沙），生活在这一生态屏障地带以及那些千里之外享受这一福祉的人们，远远未能理解和感悟。无论人们怎样揣摩、如何估价，这一生态屏障营造的生态效应仍然超出他们的想象。

　　大兴安岭至此获取了生命，雄踞于中国最北端，占据寒温带的特殊地理位置。它的广袤与博大，生活在公元1998年的人们无从想象，难以望其项背。原初的大兴安岭东接小兴安岭，南抵数千里之外的古长城脚下，那是一条在中国北方横贯南北，纵横东西的绿色长龙。那曾是何等壮观的景象，长龙舞动，满目绿色，一派生机。

　　可叹的是，历史并未给我们留下有关大兴安岭被肢解和腰斩的文字记载，当代人误以为视野中蜷缩在中国北方一隅的大兴安岭，仍维系着原初的概貌。历史并非如此。依照大兴安岭自身的生命历程来说，它过早地消瘦了、萎缩了、衰老了……历经千百年的沧桑，它退缩为嫩江水系、额尔古纳河水系等几条河流的发源地，沦为被现代人仅以木材蓄积量估算其价值的残存林木的寄生之地。

　　如今，唯有一张由不同色块相区分的平面地图，给我们以有益的提示：在漫漫长夜中迫使大兴安岭森林远远地消退的，无疑是人类活动的炊烟；而紧跟大兴安岭退却脚步逼近的，却是荒漠与流沙，还有其身后仓促撇下的一条条干涸的河床与枯萎的溪流。这并非夸大其词，任何一位登上古长城向北方眺望的细心人都将发现，收入其眼帘的只有光秃秃的山岭和令人不寒而栗的森林远退、风沙逼近的景象。

　　谈到人类活动的炊烟，在这里可以提出一个反问：为什么在漫长的历史长河中，中国最北端竟然幸运地留下如此偌大的"绿色城堡"？难道这里果真渺无人烟？难道这里不是扎赉诺尔人、东胡人、鲜卑拓跋部落、室韦部族的发祥之地？难道这里不是契丹人、女真人、蒙古人、鄂温克人、达斡尔人、鄂伦春人久居的故乡？历史无法更改。大兴安岭确实是中国北方民族生长的摇篮，从那远古开始，这里一度炊烟缭绕，马蹄哒哒……但生活在大兴安岭的早期居民们，以其俭朴的、尚不具有破坏力的生存方式，无意识之中遵循了山地生存的自然定律。那是一条被现代人所忽略和轻视的、古人却以心灵感悟了的自然定律。这一条定律，法国历史学家费尔南·布罗代尔在他的《菲利普二世时代的地中海和地中海世界》一书中做了精辟的论述："山地往往人口过剩，或者对它的财富来说，至少是人口过多。在山区'人口的最佳密度'很快就达到并且超过。因此，山区必须周期性地向平原倾泻它过多的人口。"看来，生活在大兴安岭的早期居民们这样做了，东胡人这样做了，室韦部族也这样做了，他们选取不同方位向大兴安岭两侧运动、迁徙；而智慧的拓跋鲜卑部落则以清醒的意识告别森林腹地，向内陆平原挺进，落脚于中原。这是明智之举。在那漫长的岁月中，经过那流水般的迁徙与漫长的沉寂之后，大兴安岭平静了、歇息了、复原了，也许以百年为一个时段。或许可以说，这是默默无语的大兴安岭向早期居民们提示的应遵循的生存前提，那是无字的契约。而我们的先人领悟了，行动了。就在先人们的无意识动作之中，遗赠给我们后人的并非是第二个塔克拉玛干大沙漠，而是一望无际的森林和绿洲，是满目的葱茏碧绿，是洁净的空气，还有充沛的水源。无论怎么说，我们应该感恩戴德，我们是这笔自然遗产的合法继承人，带有几分清醒更带有几分糊涂的获益者。

还是拉近我们的视点，看看大兴安岭近百年来有些什么样的变化。

无疑，这是一个沉痛的时期。大兴安岭在这一时段忍受的痛苦超出了以往任何一个世纪。这一期间它承受了外国侵略者的疯狂掠夺，至今人们还可从中东铁路的遗迹旁，找寻到当年沙俄、日寇盗伐的一棵棵半人高的残留木桩以及铁路两旁一座座剃得溜光的山岭。那是一个凶残的岁月，贪婪的胃口与侵略者的疯狂主宰了世纪之初。大兴安岭伤痕累累，好在那是历史长河中的瞬间。

近五十年来，发生在大兴安岭的一切特别值得认真思考。这一期间，大兴安岭有幸与一个新生的共和国相伴，这在它生命中是一段绝无仅有的经历。这一历史时期政治上的开创性、发展经济的急迫性，人们谈得太多，公众早已耳熟能详。由此形成了压倒一切的舆论力量，以致人们一度在环境开发领域以合法而不合理的方式无休止地拓荒、砍伐，将征服大自然视为最大荣耀。发展经济、加速现代化建设的大旗，遮掩了决策过程中对生态环境的忽略，遮掩了因某些机构管理水平低下造成的自然生态环境的持续恶化。这一时期，大兴安岭付出的太多（应该说五分之三的可利用资源已被消耗殆尽），它的付出远远超出它所能承受的极限。

简括起来说，数十年间，当一亿多立方米的成品材源源不断地运出林区之日，大体上意味着两倍于这个数字的林木消失了。其中部分原因是落后的、以损耗资源为代价的采伐作业和低水平的资源管理状态；加上百万之众的常住人口拥聚在这个被漫漫长冬所笼罩的寒冷地带，造成了大量的木材被日常生活所消耗。至于六十年代末，突然涌入大兴安岭东麓的数十万移民，他们凿地为屋，砍木为柴，漫山开荒，更为这里带来了无法缓解的人口与环境双重压力。

在这不太长的时间里，大兴安岭的有林地骤减，森林郁闭度锐减，疏林面积大幅度增加，森林面积逐年萎缩。面对这一状况，人们充耳不闻，视而不见。从七十年代起，这一不良态势延续至八十年代、九十年代……人们似乎并不关心生态环境变化所必然产生的后作用。

应该特别指出的是，在这一时期，无论是决策者，还是生产者，对在生态屏障地带开发面向未来的生态农业，缺少必要的准备。而对那古老的、一直以灭绝天然植被为前提的山地农业及其潜在的破坏性，对生态环境产生的难以消解的负面影响，一直没有引起足够的重视。

令人惊奇的是，由于农作物产品的价格上扬，八十年代初骤然兴起一股开荒热，其狂热、其急迫感，令人想起当年美国加利福尼亚州的淘金狂潮。几乎在一夜之间，人们在大兴安岭东麓嫩江上游的水源地带、大兴安岭西侧具有重要屏障作用的森林与草原的过渡地带、大兴安岭西侧呼伦贝尔草原上具有固沙作用的河谷地带，开始了大面积、无规则的毁灭天然植被的行动，一时狼烟四起，满目疮痍。以至有一天，关心这一生态屏障的外国友人，从卫星资料上发现条条块块的黑色污点，惊叹道：呼伦贝尔草原怎么了？

几乎退回到了跑马占荒的年代。祖先遗赠给后人的生态屏障，一时竟成了弄权者和资本占有者的跑马场。弄权人的涂鸦之作——那些写有个人姓氏的白纸黑字，取代了威严的法令法规，而法令法规成了凌空飘荡的装饰气球。陡坡地上有人在开荒；疏林地上有人在开荒；沙质地上有人在开荒；护河岸的草甸上也有人在开荒……自然有人会问，那些资源管理机构处于休眠状态，还是陷入了同谋的洞穴？

生态环境变化的后作用，早已逼近。短短的数年间，大兴安岭森林湿度衰减，风速增大，火灾变得频繁；大兴安岭东麓连续多年持续干旱，冰雹与霜冻不期而至；大兴安岭西侧森林与草原的过渡地带连续三年出现了沙尘暴；呼伦贝尔草原连续多年冬季少雪、夏季少雨，致使西部区域逐年退化；从大兴安岭腹地起源的伊敏河水（额尔古纳河上游支流），在流经呼伦贝尔草原东侧与海拉尔河交汇处，1998 年早春出现了断流。应该记住，自古以来这里一直雨量充沛，是河流纵横的水源充裕之地！

以大兴安岭为主体的生态屏障系统受到侵蚀，自我调节能力衰减，气候的紊乱已经变得十分明显，无需专家向人们阐释。

谈到这里，可以肯定地说，那连绵的大雨在变得光秃和裸露的嫩江水系河源地带，裹挟着千百万吨泥土和沙石奔腾而下，顷刻间吞噬人类的家园，就是必然无疑的事情了。

从某种意义上讲，1998 年盛夏的大水，是我们自己漫不经心撒下的"种子"，也是我们必然要面对的沉重的"收获"。

《濒临失衡的地球》一书作者的告诫值得我们思考："我们每个人都必须作为个人变得更负责任，必须用严厉的眼光检查我们自己身上的哪些思想习惯和行为反映着——而且也导致了——这场严重的危机。"

当我们怨恨无情的洪水之时，更应该深刻地反省我们自己，反思我们那并不光彩的过去，反思我们头脑中隐含着愚昧的观念，反思我们一贯对大自然采取的以自我为中心的态度，还有我们那与长远利益相矛盾、相冲突的行为。一句话，我们应该比以往任何时候都更加关注大自然，加倍地爱护大自然。

早在1939年，法国历史学家勒尼·格鲁塞在《草原帝国》一书中忧心忡忡地指出："在北方，欧亚大陆纵向的草原地带是直接连接于西伯利亚气候支配下的北极森林区域，这个地带包括俄罗斯、西伯利亚中部，以至于蒙古和满洲的北方边境。在它的中部有三个正在沙漠化的中心地区渐渐地变成了不毛之地：在河中地区（乌浒河外地）的克齐尔库姆沙漠与在阿姆河南的哈拉库姆沙漠；在塔里木河所环绕盆地中的塔克拉玛干沙漠；最后是戈壁沙漠，这是一片从西南伸展到东北的广大的地带，它在罗布泊与塔克拉玛干沙漠相接，一直伸展到满洲边境的内兴安岭。就在那里，三个大沙漠像癌扩散似的在蚕食着草原地带，它们从原始史时期起就没有停止过向后者的蚕食。"

这是历史学家的告诫。

不管人们是否愿意承认，大兴安岭森林、呼伦贝尔草原，同那漫无边际的沙漠，两者只有一步之隔，这是无法更改的地质构造。也可以说，人们引以为荣的大草原，不过是大片沙漠上的一块绿洲。这也是人类生活在这个星球上的缩影。既然边远的生态屏障地带面临如此危机，那些生态环境衰败的区域面临的困境，就无须赘述了。

记得负责森林工业的某位官员曾说过一句话："眼下，爷还活不好，管得了孙子吗？"

这句话听起来真让人心惊胆战。

大水之后我们应该如何动作？这是值得我们每一个人认真思考的新课题。作为决策者，有必要反省以往的经济发展战略，在维护良好的生态环境、缓解人口压力、寻求经济发展速度等方面，进行审度和均衡把握。那些以牺牲生态环境为前提的急功近利行为，对于我们的未来而言，真是一种罪孽。作为决策者，有必要将生态屏障地带列为生态战略区域予以特殊保护，在这一影响全局和事关未来的战略区域，无疑要以生态效应作为经济发展的基础和根本，同时作为重要参照系，作为社会发展的长远目标去奋斗、去实现。而每一位有独立思考能力的个体，亟须树立全新的、面向未来的生态环境价值观，用通俗一点的话说，从自身做起，爱护每一棵树木，珍惜每一片绿色的植被，将其视为义不容辞的责任。

从这个意义上讲，人类的未来，我们的明天，已攥在我们自己的手中，我们子孙的命运，也将由我们的行为来决定。

这场大水促使我们思考，我们应该在以往的教训中汲取必不可少的生态智慧。

写于 1998 年，刊载《天涯》杂志

猎者的迷惘——重读《老人与海》

1952 年，海明威发表了《老人与海》，仅仅相隔 9 年之后，他在美国爱达荷州家中结束了自己的生命。无论怎么看，《老人与海》对海明威来说都显得特别重要，他在这部中等篇幅的小说中浓缩了一生的情感，表达了对大自然的深沉的思考。大自然对海明威意味着什么？那曾是他一度迷恋的猎场，演绎人生悲喜剧的舞台，是他所探求的一个大目标，用以验证人类的品性。谈到《老人与海》的创作初衷时，海明威曾说过："我试图塑造一位真正的老人、一个真正的孩子、一片真正的海、一条真正的鱼和真正的鲨鱼。"看来，捕捉真实、自然的状态是创作者的本意，也是他渴望达到想象与现实相观照的艺术境界。海明威以狩猎经验为其想象的基础，他以"精通现代叙事艺术"的简洁笔法，叙述了一位老渔夫的故事，在人与大自然搏斗、索取的简单关系中，演示了一则含义深奥的现代寓言。

无论从历史角度看，还是单纯从文学意义相比较，这有关大海、老人与一条大鱼的故事，毫无疑问成为海明威所处的时代（或者说 20 世纪），以叙事方式思索人与自然关系的重要文本。

与《白鲸》的异同

阅读《老人与海》，不能不联想到麦尔维尔的《白鲸》。

麦尔维尔 1851 年出版了《白鲸》，百年之后海明威发表了《老人与海》。将两部代表不同世纪的叙事作品放在一起进行比较,似乎不合情理,但创作者都以大海为竞技场,用以验证人类品性的旨趣完全相同。另一条理由是,二百年来,人类对待大自然的态度从根本上说没有大的改变,这也使处于不同时空的作家,下意识地采取大致相同的手法来塑造自己的人物。猎者——这使创作者为之迷狂的形象,随着时间的推移,它对人类基本生存姿态的象征和隐喻作用,越发突显出来。而供猎者施展技能的猎场——大海,在人们的想象中也演化为人类赖以生存的特定场景。最为重要的是两位生活在不同世纪的作家,将自身的情感投射在猎者这一形象时(《白鲸》中的捕鲸船长,《老人与海》中的老渔夫)所持的态度、所赋予的灵魂不尽相同,这也是耐人寻味的。

在麦尔维尔笔下,最具代表性的角色是"裴廓德号"捕鲸船的亚哈船长。他捕鲸时被鲸鱼弄残了一条腿,这使他对海洋生物怀有不共戴天的仇恨。他率领船员在大海中漫游,唯一的目的是为了猎取那头被视为邪恶代表的"白鲸"。捕鲸船经过无数个昼夜的海上追捕,最终在遥远的海域同"白鲸"相遇,连续三个昼夜的拼搏之后,猎杀了"白鲸","裴廓德号"捕鲸船和亚哈船长也随之一同沉入海底。在这个悲剧故事中,麦尔维尔通过亚哈这一狂妄、偏执的人物形象,渲染了人对大自然的恐惧,以及无法摆脱的将猎物占有和彻底征服的欲望。作者以当事人和历史评判者的双重身份,勾画出一个时代的病态症候。这一症候与新兴资本主义社会(整个 18 世纪或许要早得多)疯狂地掠夺资源,无节制地向海洋、向所有空间扩张和蚕食的趋势相吻合。麦尔维尔以其胆识和勇气翻裂开一块溃烂的伤疤,但无法将其医治,无意之中反为仇视大自然、将大自然恶魔化的行径,提供了合理性依据。

海明威在《老人与海》中,对大自然的态度有了明显变化,显示出历史性超越。海明威厌烦描述麦尔维尔式的群狼捕食般的围猎行动,他将孤独的老渔夫置于变幻莫测的波涛中,老人独自闯荡大海,独自与海中的鱼类搏斗,这样的场景似乎更贴近作者的心境,他喜欢营造孤单寂寞的氛围。如此这般,海明威下意识地表达出了人类诋毁大自然之后的尴尬处境。具体地说,在其笔下,猎者迫于生存的无奈而行猎,虽然获取猎物仍是其目的，但在猎取过程中，他对猎物施以同情、怜悯，甚至深怀敬意。这位捕鱼老人面对旷野自言自语，向大海倾诉衷肠，他与飞鸟，同大大小小的鱼类唠叨诉说，甚至怀着爱恨交织的矛盾心理，将猎取的对象视为兄弟。在这部作品中，海明威将杀戮与赎罪、必胜的信念与自我怀疑的情感掺杂交融，突出了主人公忧伤、困惑、疲惫、充满内在冲突的心理状态，勾画出一幅人在大自然面前迷惘、失落的画面。毫无疑问，人在大自然面前孤独寂寞的处境，乃是自身的观念和行为引发的必然结果。那种弥漫着的孤独感，催人反思，使人自怜，反而促使读者反观自身的生存姿态，从而加深了对传统自然观产生的质疑，增添了与大自然和谐共处的心理渴求。在漫长的岁月中，人类经过若干个世纪的自我塑造，在大自然面前确立了以自身利益为中心的坚定信念，但与其相伴随的仍是惶惑和疑虑，还有对难以把握的未来的恐慌感。

借这则渔夫的故事，海明威试图破解一道难题：作为猎者的人生追求，最终是否会如愿以偿？等待他的结局将会是怎样的？

天地之间谁为猎者？

那位老渔夫的境遇，演示了一种生存图式：猎者的行动——占有与索取的过程——还有无法把握的结局。在这一图式中，渔夫出海捕鱼是出于生存的需要，他将大海尊为生殖力极强的女性，视海洋中的生物为异类兄弟，但在其梦中显现的仍是一头雄狮。为了猎取一条大鱼，他连续三昼夜拼死相搏，占有的渴望、占有的勇气与毅力，仍同所谓人的尊严，所谓人生的胜负，甚至与人的生命联结在一起。归根结底，这就是猎者，猎者的生存定式，猎者奉行和推崇的道德准则。亘古至今，对这一生存定式人们难以割舍，无论其生存状况发生何种变化，但人的行为却大同小异，始终将大自然孕育的生物作为掠取、占有、蚕食的对象。对此，一位思想家讲过一句精辟的语言："无限地控制自然，使宇宙变为漫无边际的狩猎区，曾是千年的梦想。"从这一抽象角度看，海明威与那位哲人以不同的表述方式，把历史与现实的双重梦想融为一体，将当代人的行为与远古的脚步纳入同一轨道。

为何海明威如此热衷于表达这一人生感受？那位名叫桑提亚哥的老渔夫难道是海明威的化身？这是有趣的话题。按照海明威本人的创作理论，创作者勾画的冰山只有顶端的一角浮出水面，也就是说，他将想象冰山主体的权利给予了读者。

从历史角度看，海明威短暂的人生也是个谜，也是一则有关生存与死亡的寓言。早在 20 世纪 30 年代，他就是成熟的猎手，除在美国本土寻求满足狩猎的兴趣，他还不止一次闯荡非洲丛林，古巴的海域也成为他时常光顾的捕鱼场。他有幸参加二次世界大战和西班牙内战，获得铜质勋章，享受了战士的荣誉称号。作为出色的记者、作家，他的足迹遍布世界各个角落。到了 20 世纪 40 年代，海明威这一名称代表了敏于行动、热衷于享乐的男子汉形象，他成为美国人熟知的杂志封面人物，同好莱坞明星一样出名。总而言之，海明威充满冒险精神的个人经历，对以自我为中心的个体价值观的出色表达，构成了一则美国神话。直至他出人意料地自戕，才为这一个人的神话画上最后的句号。

结识过海明威的英格丽·褒曼，谈过她的印象："海明威代表了一种生活方式。"这一简洁而概括的表达，对解读海明威之谜十分重要。作为现实生活中的海明威，而不仅仅是作家的海明威，他的生活方式也影响了一代人，代表了 20 世纪中期的美国。换句话说，他所奉行和倡导的、以最大限度创造的、最大限度占有和消费为核心的个人主义价值观，与整个资本主义的生产——消费、过度生产——极度消费的社会发展趋势和精神需求相吻合。在人与社会之间，在精神与物质领域，在将大自然仅仅视为消费品、视为有用物而将其占有和挥霍的过程中，海明威最终发现了自己，发现人在大自然中的所作所为不过如此，与一位渔夫的梦想大致相同。他找到了摆脱一切虚假与粉饰、浮华与堂皇，用简洁的符号表达真实感受的艺术形式。他将内心的惶惑、疑虑、憧憬与幻灭，诸多难以言说的情感，一股脑儿投射在一位渔夫的身上。他倾心描述了"一位真正的老人，一片真正的海，一条真正的大鱼"，他以真情实感赋予描述的对象以鲜活的生命，使其似真似幻，如同漂浮在大海中露出尖顶的冰山。

说到底，还是"走得太远了"

命运的结局至关重要。

老人制服了那条大鱼，这是以一次次的周旋、钳制、攻击、占有、绞杀、毁灭为前提，以此换取了第一轮胜局。随后，突如其来的冲击，将这位渔夫拖入可怕的漩涡。那不可预知的第二轮搏斗，使猎者与猎物之间的位置发生了颠倒，一切都变得无法控制，一贯保持进攻态势的猎者陷入困顿无助的境地。转眼之间，他的占有与所得化为一堆垃圾，胜利的喜悦变成迷惘的哀叹。从渔夫的角度看，他惨遭厄运，这一厄运是由一群鲨鱼带来的，如同他的幸运乃是大海的恩赐，厄运则是大海的惩罚。噬血的大鲨鱼如入无人之境，这庞然大物到底意味着什么？或许有人认为，鲨鱼的出现为偶然事件，是超乎想象的意外因素——它不为人的意志所左右，代表着潜在的多种可能性。从象征意义上讲，那横行无忌的鲨鱼，是大自然中具有摧毁性、不容冒犯、不可征服的力量。老渔夫最终有所感悟，他的感叹意味深长：我是"走得太远了"。能够想到自己"走得太远了"，也是了不起的收获，他对此执迷不悟了多久，无人讲得清楚。但他终于还是醒悟了，意识到自己的行为超出了力所能及的范围，猜测自己无意中冒犯了什么，开始猜想惨遭厄运的因由。

海明威讲完了渔夫的故事，将这段真实感人的海上遭遇，提升至一个象征的层面，完成了寓言式的表达。他完整地勾画出猎者的生存图式，其反讽和告诫的意味显而易见：人们固守的猎者的生存方式，必将面对与其意愿相反的结局。这是作家以想象和虚构的方式得出的结论，这一结论似乎有些悲观，但具有思辨性，带有推断未来的味道。如果后来人将这部大作，仅仅作为背运的垂钓者的故事来消遣，海明威一定会大失所望，叹息人类理解力的衰减。假如读者扩展自己的想象，将老人视为当代社会中的一员，把老人与大海的搏斗，理解为人与自然的对峙，并将那场人与猎物的搏斗理解为一种紧张、对立的关系，必然会从维护自身的长远利益出发，反思以占有、蚕食、毁灭为基准的行为，以及这种毁灭性的冲动将要给人类自身带来的恶果。具有了这种眼光，人们不难发现，20 世纪末的今天，森林面积的锐减，大面积的水土流失，沙漠的进逼，大量野生动植物的灭绝，以至于使全球自然资源总量，在近 25 年中耗费了三分之一。你就禁不住要发问：谁来对此承担责任？这是那些贪婪的家伙们以寻求自我满足，并以谋求群体利益为借口，对大自然的蚕食、破坏和损毁。人在大自然面前表现出无休止的冲动，早已超出一般意义上的人的生存理念。在这一方面，以殖民主义为框架的历史造就了极度贫富悬殊的社会状况，而现实正延续和扩展着历史的不公正，使占世界不到 30% 的人占有着全球 70% 以上的财富。人类确实走得太远了，在海洋、陆地、森林、沼泽、草原、湖泊……在一切可插足的领域都在毁损其原貌，将一切可发现、可占有的资源消耗殆尽。很少有人关注大自然能否自我调整、能否自我修复，我们的地球是否处于濒临失衡的临界点？人类破坏性行为引发的后果，已显出恶化的征兆，诸如全球性气温升高，南北两极上空的臭氧层空洞，频频发生的世界性气候紊乱等等。有人预测，全球气候在短期内可能发生巨变。

海明威成功地表达了对当代猎者生存方式的忧虑，他为读者勾勒的最后一幅画面很有意味，那拖着大鱼骨架归来的老人两手空空，可他仍在重温旧梦：

"老头儿正在梦见狮子。"

刊载《骏马》杂志 2000 年第 6 期

生态人的梦想

一

1910 年，法国画家亨利·卢梭展出了新作——《梦》，其后不久他便告别了人世。《梦》成了他的绝笔之作，也是这位从事海关税收职业的"星期天画家"的巅峰之作。对创作现象喜欢归类的评论家们，把这位开创一代画风的巴黎都市画家归入"原始主义"行列，将其推崇为"20世纪朴素派"之父，其作品自然成为人类共有的文化遗产。卢梭的作品确实不同凡响，它使不同时代的观赏者从其画幅中感受到令人惊诧的纯真、稚拙、神秘，还有一种似乎永不被时间侵蚀的诗意。

从《梦》问世的那一天起，迄今已有近百年光景，这幅作品一直以诗意般的神秘感震撼人心，构成神秘感的所有要素毫无疑问源于卢梭的梦境。可以想象，1910 年的某一天，卢梭在巴黎佩列尔街 2 号寓所将自己的梦境再现到画布上的时候，画家的想象一定被燃烧着的激情和某种不可遏制的动力所激发。时至今日，每当我们用眼光触摸这个"梦"的时候，仍然能被这股神秘的激情所感染，而且不由得心中升起另一种激情，渴望探求其神秘的意义。我们不能不问：1910 年的卢梭为何奉献自己的梦与公众共享？他在超越现实的梦境中渴求着什么？他的梦与其生存的社会现实之间有何关联？有人说："一个没有翻译出来的梦就像一封没有打开的信。"那么，卢梭的《梦》究竟是怎样的一封信？

在这个梦里，卢梭描述了他对热带丛林的幻想：皎洁的月光清透恍如白昼，辉映着繁茂似锦的热带植物；在锦簇的花草和枝叶间露出两头狮子、一头大象，还有野牛和黑猩猩的身影；狮子闪动着顽童般的大眼睛，大象悠然自得地高扬着鼻子；在两头狮子之间，站立着深色皮肤的笛手，她悠闲地吹奏着竖笛；倾听美妙笛声的有树枝上的鸟儿，还有侧卧在沙发上的裸体女人；女人安然地欣赏笛声，其身边一头狮子和一条蟒蛇相安无事地打量着她。这是绝妙的构想！在窄小紧凑的二维平面中，人与动物、植物，以及构成这一切的幻象达到了超乎想象的和谐，没有丝毫的紧张感，没有彼此的敌视和戒备，甚至连月光也隐去其阴影。可是在这和谐中，有一点我们不能忽略，画面中女人光洁白嫩的皮肤和那精致的沙发或多或少消损了这一和谐，与卢梭梦境中的大自然形成潜在的对峙与紧张，这使观赏者的思绪不能不与喧嚣的都市勾连起来。为什么画家要把白嫩的皮肤和沙发这两类不同的符号嵌进画面？为什么他非要以具象的符号破坏这梦境中的和谐？

真要揭开这一谜底，把 1910 年这一标志性年份放进具体的历史过程中考虑是必要的。这里所指的历史，是指伴随着资本主义兴起而形成的一个长时段的历史，是以 18 世纪末的工业革命为起始，以垄断、竞争和无休止的殖民扩张为动力，将海洋、森林、湖泊，一切人类可能涉足的疆域占有和掠夺的历史进程。正是在这个历史中，人类疏离大自然、肆意践踏大自然，开始了他们寄居于大都市的现代生活。这一切不能不深刻地影响生活在巴黎这个大都市的卢梭。

心理学家弗洛姆的见解有助于我们理解卢梭。弗洛姆认为有两种类型的痛苦值得注意：一是人在幼年时要承受与母体分离的痛苦，这是个体成长的痛苦；另外，人类必然要承受与大自然分离的痛苦，这是群体性的、潜在的、长期的痛苦。后一种痛苦易于在人的心理上引发焦虑，是一切焦虑的根源。弗洛姆强调，人与大自然分离的根本原因，源于人类无节制地占有的欲望。他同时认为，克服任何一种形式的分离，表达爱的意愿，达到与大自然融合同一的境界，才是人类最深切的需要。从这一思路理解卢梭，解读卢梭的绘画作品，自然会有一种全新、真切的感受。卢梭早年中美洲热带丛林之行的经历，一定在他的心灵上留下了永不磨灭的印迹，致使他后来长期生活在被层层围墙包裹的大都市，生活在那喧嚣而压抑的气氛中，无时不将遥远而静谧的丛林与臃肿、杂乱的都市相比较，这种无意识的比较只能加深他对那尚未被践踏的热带丛林的思念和向往。思念和向往这一情感浸透了他纯朴而敏感的心灵，与大自然分离的痛苦必然缠绕其心头。可以说，这是潜在的情感上的痛苦，完美的大自然在其心中化为剪不断的情结；这是与理想和信念相伴生的痛苦，他隐居于闹市，将完美、优雅、均衡的理念寄托在用记忆勾画的生机勃勃的热带丛林；这是替代性的痛苦，那肆意践踏大自然的恶劣行径，已在他那崇敬荒野的心灵中留下了抹不掉的创伤。为此，他视眼前的现实场景为过眼烟云，唯有梦幻中的热带丛林才是永恒的存在，才是明天的希望，才是人类最终必然回归的家园。

1910 年，不仅仅作为时间的标志，更主要的它是历史长河中不可分割的一部分，它塑造了卢梭的精神世界，同时局限了其行动，使他成为完美大自然的向往者和幻想家。在严酷的现实面前，他孤身一人，力不从心，那被种种机缘塑造的历史仍按自己的轨道行进，完美的大自然、广阔的森林，日复一日地在人们的视野中消退。卢梭似乎意识到大自然的衰败已无可挽救，唯有将满腔的情感，全部的精神寄托，更重要的是对未来的希望，融入用油彩勾勒的画幅之中。毫无疑问，《梦》融入了卢梭深邃的理性思考，尽管从绘画的形式和作品的构成看，采用了超现实和非理性的艺术手段。如果细细品味这幅精美的热带丛林作品，焦点对准那斜倚在沙发上赤身裸体的女人，思索其非同寻常的意味，而不是仅仅将其视为点缀，一个单纯的象征性符号，那么思索者终将发现，在卢梭本人的思绪与这一具象的形体之间有某种关联，其中必然隐含着什么，它若隐若现，烘托着卢梭至诚、至善、至爱的心声：倘若人类达到与大自然和谐同一的境界，必将有所割舍和遗弃，从生存的终极意义上来个脱胎换骨。

由此看出，卢梭的焦虑与痛苦，他的憧憬与幻想，远远超出其所处的时代，他在呼唤一代新人的出现。虽然说，那还仅仅是存在于创作者的幻想之中，以安然的姿态置身于大自然的画中人。

二

1958 年，一部文学作品在法国问世。这是作家约瑟夫·凯塞尔，以非洲肯尼亚皇家野生动物园为背景虚构的故事。在这命名为《狮王》的以写实手法描述的故事情节中，一头被称为"金"的狮子成了主角，与其终日相伴的是位年仅 11 岁的女孩，两者之间亲昵的伙伴关系，构成了整部作品的焦点和趣味中心。它同亨利·卢梭于 1910 年创作的《梦》相比较，虽然间隔了 48 年，但小说家凯塞尔承袭了卢梭的创作思路，思索的焦点对准大自然，将当代人对荒野、对野生动物爱恨相加、充满矛盾的微妙情感，以真实感人的场景再现出来。从某种意义上说，凯塞尔把卢梭的梦想转化为虚拟的现实，精心塑造了一位依偎在大自然怀抱中的新人，为改变当代人的观念和行为方式提供了新的参照点。

凯塞尔的故事听起来并不复杂，叙述者是位来自欧洲的记者，到肯尼亚皇家野生动物园观光，结识了约翰·布利特一家。他在那世界著名的野生动物保护区逗留期间，作为旁观者目睹了发生在这里的一切：布利特一家的情感冲突，其家庭成员与一头狮子至诚至真的友情，以及最终悲剧性结局……

首先，引人注意的是布利特的身世及其家人的精神状态。布利特是皇家野生动物园的总管，他是早期欧洲移民的后代，出生在罗得西亚，在他不到 10 岁那年，父亲就带他远征打猎，灌输了满脑袋打猎和著名枪手的故事。当他立志成为一名职业枪手时，父亲却强制地将其送回英国的寄宿学校学习。他的反抗坚决而彻底，他带着马枪和子弹袋离家出走。多年之后，他的"丛林里的猎杀和海盗行径，早已闻名于印度洋岸到非洲的大湖区"。作为无所顾忌的猎手，他的威猛、他的顽强、他的嗅觉和枪法的精确，到了无人匹敌的地步。他曾获得恶名远扬的屠杀野兽的"刽子手"绰号。他熟悉野兽的习性，是为了更多地猎杀它们。他猎杀得越多，越是喜爱它们，他越是喜爱野兽，越能体会到杀死它们的乐趣。后来，这位杀手幡然悔悟，成为皇家野生动物保护区所有野生动物的"保护神"。他的观念和行为发生了大反转，他认为"野兽享有一切权利"，他希望它们平安无事，有栖身之地，受人类保护。他希望它们幸福，并以十倍的敬业精神履行自己的职责。布利特的女儿帕特里夏有别于父辈。她出生在自然保护区，受到父亲的宠爱，凭借并未受到现代文明观念污染的本能，长年同保护区里的野生动物接触，在兽群中长大，成了它们忠诚的朋友。她了解长颈鹿、大牛羚、小羚羊、狮子、野牛、犀牛、大象的习性，掌握了它们彼此沟通的语汇，获得了与其交流情感的能力，甚至在兽群中拥有权威。尤其她同一头狮子结下的特殊情感，使这位 11 岁的少女显得非同寻常。在帕特里夏童年时，父亲将一只降生后失去母亲的幼狮送给她，由她护理，由她喂养。这位孤独的女孩在幼狮身上倾注了所有的感情，整日与其相伴，同它一起长大。当幼狮在帕特里夏身边长成一头雄狮，放归荒野后，这头兽中之王同帕特里夏的友情依然如故。以至于保护区里的马萨伊人，在荒野中看到它对帕特里夏百依百顺，看到她同雄狮玩耍，惊恐不安，百思不解，称她为"狮子的女儿""野兽的女巫"。对比之下，布利特的妻子成了现实生活中传统和世俗的化身。她向往都市的繁华和绚丽，厌倦与荒野相伴、同野生动物为伍的生活。若不是深爱着自己的丈夫、女儿，她早已逃离这"活地狱"。她的神经紧张到了极点，对女儿终日与一头威猛的雄狮相伴，怀着无法摆脱的恐惧。这一恐惧源于其内心深处，乃是对野生兽类无法消解的畏惧，对整个荒野的敌视，甚至她对阳光都有一种病态的厌恶。这位曾在巴黎接受教育、渴求高雅与华贵的女人，最大的希望是女儿接受都市文明的洗礼。女儿的坚决抵抗，使她的精神几乎到了崩溃的边缘。

　　这是由三个角色支撑的搭在旷野中的舞台，每一个角色都以独特的姿态面对荒野，直面野生动物群体，其幸福、其欢乐、其忧伤和痛苦，及其所有的情感都同荒野，同出没在荒野中的兽类联系在一起。在这相对封闭的空间，人与兽之间已没有距离可言，彼此无丝毫的遮掩，爱还是恨，亲近还是排斥，信任还是戒备，贴近还是退缩，已成为每时每刻的抉择和考验。作者精心设置了偌大的为大自然提供检验的场景，使作品中角色之间的内在矛盾带有象征和寓言的色彩，或者说，作者将20世纪中期人们对大自然的内在情感及其历史性变化，以惟妙惟肖的动作演示出来。

值得关注的还是帕特里夏，这位刚满11岁的女孩，在她身上闪烁着属于明天、属于未来的亮点。她的情感、她的行为，她尚处于发育之中被稚嫩的本性所制衡的精神世界，与其管理保护区的父辈截然不同，她全身心融入大自然之中。她的行为自然而脱俗，最光彩的一笔是她摒弃兽类凶残、无情、低劣的观念，拉近了人与兽的距离，她将野生动物视为亲密无间的朋友，视为生死攸关的生存伙伴。从某种意义上讲，这是历史性的跨越，预示着人与大自然的关系即将发生重大转变。显然，作者在现实生活中生发灵感，将处于萌芽状态的边缘现象，以想象和虚构的方式浓墨重笔地勾画出来。说到底，最终刺激人们想象的，还是视野生动物为同伴，为自己"低一类兄弟"的少女帕特里夏。她并非童话中描述的白雪公主，而是当代社会孕育的，生活在此地或彼处，若隐若现地显露其身影的呼之欲出的新人，一个与生态环境形成和谐关系的新人——我们不妨称之为生态人。

《狮王》揭示的矛盾耐人寻味，这是潜在的矛盾冲突，其焦点已由传统意义上人与大自然的对立，转向人类自身，转向持不同自然观念的人们，转向普通家庭的内部，转向人的心灵深处。当人们被偏狭的心理和无法摆脱的欲念所纠缠之时，大自然以超然的形象挺立，如同那头天性浑然的雄狮：强健、威武、宽厚，还有对人类永远的忠诚。毫无疑问，在这虚拟的叙述空间，大自然成为验证人类的价值观念，检验人们行为优劣凶顽的基石。

似乎任何事物都有结局，其实这是人以自身生命为周期编织的幻象，并将这一幻象投射在其生存环境之中。在虚构的叙事艺术中，通常是以设置结局达到终止叙述的目的。《狮王》的结局并非令人满意，显然作者为了取悦读者，有意设置了用以激化矛盾和冲突的所谓"高潮"。在"高潮"中，人与兽面临生死抉择，两者必舍其一；在"高潮"中，必然要体现"人类优先"的最高原则，无辜的雄狮因此沦为牺牲品。引发这一悲剧的恰恰又是帕特里夏，她出于幼稚的本性，滥用了"金"对她的感情，滥用了她同这头猛兽之间建立的权威，挑起了一场危险的游戏。游戏的结局当然始料不及，她忠诚的伙伴"金"结束了生命，她心灵中最珍贵的一切随之消散，她不再拥有天真、自由和快乐，她不得不挥泪告别荒野、告别荒野中的朋友。故事的结局屈从了一般读者的口味，将布利特家庭内部触发的有关荒野的矛盾和冲突、有关宠爱野生动物引起的纠葛平息了，读者的思绪被巧妙地引向都市，汇入波涛滚滚的物欲之流，皈依所谓众望所归的文明坦途。这一结局似乎隐藏着读者与作者的共谋，或者说，最终显露了凯塞尔本人的情感指向：都市与荒野不可并存，文明与野蛮难以相容。但凝聚了的文字符号具有无法估量的感染力，帕特里夏这位天性十足的少女，给有所感悟的读者以心灵上的震撼，她以最终的沉默和愤恨向人们提示：尽管现实生活中崇拜物质、蔑视自然的风气占了上风，但仍然存在着厌烦那一切、与其对抗的新人，或许她已在痛苦中磨炼、成长，正大步奔向那尚未被人类摧毁的最后一片荒野。

如果单纯从人与自然关系的视角看，亨利·卢梭的绘画完全称得上由色彩构成的预言。他在 1910 年或者更早一些的年份，怀着焦虑和企盼的心情描绘了一幅图景：不久的明天，人类将与大自然、与大自然中的动物和谐共处。五十年之后，卢梭幻想的情景再现了，但不是预言家的梦境，不是叙事作品演绎的场景，而是生活中的真实事例。它发生在非洲的热带丛林，在完全自然的状态下，一位年轻的女性怀着不可动摇的信念大胆地走近了兽群，[①] 她以非凡的勇气和耐力实现了自己的夙愿，为人类与野生动物和谐共处开拓了一条通道。从某种意义上说，她是卢梭梦中所期盼的形象，她是崇敬大自然并以平等、关切的姿态对待野生动物群体的面向未来的新人。她诞生了，她成熟了，她向人们走来，带着她那感人的真实故事，她的所见所闻……

---

① [英]珍妮·古多尔：《黑猩猩在召唤》，科学出版社 1980 年版。

一幅真实的图景至今打动人心：一只长着白胡须的黑猩猩蹲在白蚁巢的红黏土小丘旁，聚精会神地把一根长长的茅草伸进白蚁洞里，慢慢地将它抽出，然后舔食爬到草上的白蚁。草叶折弯了，黑猩猩把它丢到一旁，又从附近的野藤上折下一根枝条。它用手一捋，把枝条上的叶子扯掉，随后用牙将它的一头咬断，用嘴唇把它沾湿，然后又把这新工具伸进洞里继续钓食白蚁。此时，在大约数十米外的地方，一位年轻的姑娘只身藏在草丛中，正细心地观察它。她称这只雄性黑猩猩为"灰胡子大卫"。大卫刚一离去，她马上跑到白蚁丘旁，也把一根草棍伸进洞里，然后抽出来，尝尝爬到草棍上的白蚁——凡是黑猩猩吃的食物，只要被她看到，她都照例要亲口尝一尝。

她是珍妮·古多尔，一位来自英国都市里的姑娘。她看到这只黑猩猩制作工具的时候，已经在坦桑尼亚坦噶尼喀湖畔的贡贝河禁猎区对黑猩猩进行了四个月的观察。之后，她一大早就赶到那一地点进行观察。过了几天，她又一次看到黑猩猩捅开白蚁巢泥封的洞口，把用草或树枝做成的工具伸进去钓取它们的食物。后来，她还发现这群黑猩猩会制造"海绵"，以便从树洞里或它们的嘴够不到的地方取水喝。它们先把树叶嚼成团，再把这种树叶做成的"海绵"浸入水中吸满了水，然后吮吸这团湿漉漉的"海绵"。这是激动人心的发现，在此之前，人们一直认为只有人类才会制造工具。至此，人类之外的生物如何制造工具，如何使用工具，破天荒地记录在案了。

珍妮·古多尔之所以单枪匹马来到黑猩猩的自然栖息地进行研究，与她童年的梦想有很大关系。她刚满周岁时，为了庆祝伦敦动物园降生的一只小黑猩猩，母亲给她买了一个黑猩猩玩具，这可爱的玩具竟成了她终日相伴的朋友，陪伴她度过了整个童年。她8岁时，就已打定主意：一旦长大，一定要去非洲，去和黑猩猩相伴。她中学毕业后，虽然参加了秘书训练班，得到了一份工作，但去非洲的念头却在她心头涌动。之后不久，当中学的女友邀她到肯尼亚的农场做客时，她毅然放弃了新闻电影制片厂的工作，并在餐馆里打工，为这次长途旅行积攒费用。而她与内罗毕自然历史博物馆馆长利基博士的结识以及随同考察队的短期作业，则是她命运转折的关键。她听从了利基博士的劝导，不抱任何成见，不为传统知识所束缚，怀着对野生动物的同情和关爱，将野生条件下的黑猩猩确立为研究课题。

1960 年，珍妮·古多尔抵达坦桑尼亚，进入贡贝河禁猎区，开始了探寻黑猩猩生存奥秘的艰难征程。

人类与灵长类动物分手已有百万年的历史，要与野生状态下的黑猩猩种群接触，真是一件超乎想象的事情，其艰难程度、其不可预知性、其恐怖感，无人能够预测出来。珍妮·古多尔以超人的勇气和极大的忍耐力，向丛林中的黑猩猩走去，她的行动建立在一个基点之上，那就是深信人类有能力与野生动物和谐共处。她将验证这一点，并以此为信念、为动力，坚定不移地开始了行动。最初，黑猩猩在 500 米开外见到人影就逃逸，或者突然相遇时以各种姿态威吓她。过了两年，黑猩猩才允许她在近处露面，四年之后，她获准靠近黑猩猩种群。熬过漫长的考验之后，她成功地消除了人与黑猩猩之间的障碍，平静地走近黑猩猩，以关爱和同情与它们沟通了感情，成为彼此熟识的朋友，甚至黑猩猩将她视为种群中的一员，允许她踩着它们的足迹跟在种群后面。她在坦噶尼喀湖畔的丛林地带，对黑猩猩种群进行了连续十一年的观察。

从动物行为学的专业角度看，珍妮·古多尔的研究和发现确实非同凡响。她实地观察了黑猩猩种群的生活习性、种群内的等级关系、生育和繁殖、母子亲情关系、信息沟通方式、情感的表达以及黑猩猩个体之间行为和性格上的差异。她以细微的观察得出一个结论："在黑猩猩的社会关系中，有许多方面可与人们的行为相比。"她认为"这种相似超过我们所料想的程度"。不仅如此，实际上她的研究成果及学术贡献已超出了动物行为学的范畴。有关专家认为，珍妮·古多尔对黑猩猩的研究对于人类有着重大的意义，她使我们从新的角度看待人类，促使我们改变关于人类自身的概念，重新估价人类与其他动物在行为机制方面的共同遗产，进一步理解人类与其他动物之间的紧密联系。她的研究"有助于我们以应有的谦虚，从现实所能理解的高度出发，评估我们人类在动物世界中所占据的地位"。

　　说到底，珍妮·古多尔之所以由充满梦想的英国姑娘，变成一位出色的动物行为学家，根本的意义在于她的行动，在于她拥有崇敬大自然、关爱大自然的信念，这一信念源于她的心灵，成为激励其行动的永不枯竭的源泉。在这里，谈及人类个体的行动，谈及人们在大自然面前的美妙幻想和各种各样的行为，必然与人的心灵，与人的价值观，与某一群体对金钱和物质的基本态度，与某一种社会风气，与社会经济发展的不同历史时期，概括地讲，最终与整个资本主义体系在全球范围的经济扩张相关联。无论从何种角度看，珍妮·古多尔的行动都具有反叛性。它是向人们津津乐道的传统的价值观挑战，她的行动所带来的后果促使人们反省与沉思——今后与未来如何对待大自然，如何对待野生动物群体？这是人类社会共同面对的问题。人们应该意识到自然资源日益枯竭，生物多样化受到严重破坏，大量的濒危野生动物面临灭绝，人类的生存环境趋于恶化，大自然濒临失衡状态，人类已毫无退路地站在历史性抉择的交叉点，境况如同莎士比亚的那句对白——生存还是毁灭？而弗洛姆的发问，同样振聋发聩——占有还是生存？毫无疑问，人类即将面临或不同程度地陷入了整体性生存危机。

　　此时，认真思考珍妮·古多尔带给当代人的启示，具有特殊的意义。好在当代人已有所觉悟，确立了各自的行动方略。当更多的人遵循珍妮·古多尔的足迹，以全新的姿态和建设性行动面对大自然时，他们将会发现，任何一次新的行动都为时不晚，善待大自然必有丰厚的回报。他们将会深切地意识到，人类的未来与大自然的命运如此紧密地维系在一起，生则共生，死则同死，舍此别无他路。

　　珍妮·古多尔，当年那位充满幻想的英国姑娘，以真诚的行动为关爱大自然、关注未来的人们做出了楷模。

刊载《视界》2001 年第 2 辑

大自然，任人宰割的猎物——麦尔维尔的 1851

1851 年，美国作家麦尔维尔完成了他的长篇小说《白鲸》。
《白鲸》出版后，麦尔维尔曾给霍桑写过一封信。他在信中称："我
刚刚写了一本坏书，现在我感到自己像羔羊一样纯洁。"[①] 自称写了一本
"坏书"，却"感到自己像羔羊一样纯洁"，这话听起来有些玄妙，无论
过去还是现在，这样的自白都不能不给读者带来几分迷惑。究竟是麦尔
维尔本人对如何评价自己的作品缺乏洞见，还是有意以谦卑的姿态，取
悦他所崇敬的作家？从麦尔维尔与霍桑的个人友情看，似乎两者兼而有
之。不过，更有趣也更重要的是，作家无意中在这一段话里显露出的某
种微妙的心理状态：对写出这部大有别于普通读者口味的《白鲸》，带
有几分自嘲，怀着某种歉意，同时又流露出作品脱手后难以抑制的喜悦。
在歉意与喜悦交错相融的情绪之间，这明显地暗示着什么，似乎作家意
识到自己接近了一个宏大的目标，且有充分的把握贴近和捕捉它；并且，
在追寻和捕捉这宏大目标的过程中，他的心灵得到了升华，有一种洁白
如雪的愉悦感。那么，麦尔维尔欲言又止，隐而不谈的到底是什么？

　　深究这个问题，1851 年这个年头决不能忽视，它是一把必不可少的
入门的钥匙。因为今天重新解读《白鲸》，我们不能只关心文本，不能

[①]　[美] 埃默里·埃利奥特：《哥伦比亚美国文学史》，朱通伯译，四川辞书出版社 1994 年版，
第 354 页。

把阅读死死地框在文本的小牢笼里，相反，恰恰应该在一定程度上有意识地放弃在文本的曲折小径里流连徘徊的"细读"方法，让历史回到阅读和批评中来，以便从整体上理解麦尔维尔的写作以及作家所处的时代。

一旦让历史之门敞开，我们就不能不看到《白鲸》绝不是某种象牙塔中的写作，不能不看到这部作品与历史之间的那种曲折隐蔽的关系，并将其视为庞杂历史系统的一部分。这段历史就是 1848—1875 年前后资本主义对全球的扩张和征服。对新兴的资本主义而言，这一时段极为显赫，借用霍布斯鲍姆的话说："资本主义在 1848 年前的 60 年里已经获得历史性的突破，在经济阵线、政治—意识形态阵线上皆取得胜利。"①在其《资本的年代》一书中，霍布斯鲍姆不仅概述了资本主义工业化初期的重要事件，分析了一些事件的正负面影响，还特别强调了这一时期经济和技术方面的成就："全世界浇铸了几百万吨的铁，穿越各大洲的绵延铁路，横跨大西洋的海底电缆，苏伊士运河的开凿，芝加哥等美国中西部处女地上拔地而起的大城市……"历史学家认为："这是一出欧洲和北美强权主演的戏剧，世界被踩在它们足下。"②霍布斯鲍姆还将1851 年前后的移民活动，称为"历史上最伟大的一次移民浪潮"③，他注意到 1846—1875 年之间，约有 900 多万人离开欧洲，其中大部分到了美国。克罗斯比在《生态扩张主义》一书中，分析大约整个欧洲人口的五分之一移居美洲的推动力时，认为主要原因是"人口爆炸及由此导致的耕地短缺，民族间的争斗，对少数民族的迫害"④。对比之下，霍布斯鲍姆的观点比较温和。他认为造成移民大潮的直接原因，涉及当时欧洲都市化浪潮和乡村普遍的贫困化，还因为"有几批移民是从较糟糕的农业环境离开，迁移到较好的农业环境定居"。在这里，霍布斯鲍姆的笔触已经点到了生态环境，但并未把它当成大问题认真探究。不过，这位

① ［英］霍布斯鲍姆：《资本的年代》，张晓华等译，江苏人民出版社 1999 年版，导言第 2 页。
② ［英］霍布斯鲍姆：《资本的年代》，张晓华等译，江苏人民出版社 1999 年版，导言第 5 页。
③ ［英］霍布斯鲍姆：《资本的年代》，张晓华等译，江苏人民出版社 1999 年版，第 259 页。
④ ［美］艾尔弗雷德·W. 克罗斯比：《生态扩张主义》，辽宁教育出版社，2001 年版，第 4 页。

历史学家指出，大批欧洲移民移居美国的后果，在1867—1883年短短的十几年间显现出来，这就是大约1300万印第安人惨遭屠杀（包括欧洲人带入的天花、霍乱等疾病给原住民造成的生态灾难），甚至连印第安人赖以生存的几百万野牛也在新移民的枪口下灭绝。值得注意的是，虽然指出资本主义在全球的扩张及其探险活动，已经将"世界地图上的空白逐渐填满"①，但霍布斯鲍姆还是疏漏了一个广阔的领域——海洋。

　　是另一位历史学家沃勒斯坦在对资本主义体系进行历史性动态分析时，注意到早在17世纪初，或更早一些时间，荷兰在世界经济体系中取得了霸权地位之后，不仅垄断了北海的鲱鱼捕捞业，还垄断了冰岛以及斯匹兹卑尔根的鲸鱼捕捞业，甚至统治了世界海运贸易。当时荷兰的造船业已经十分发达，在阿姆斯特丹"有一系列相互连贯的工业部门——缆绳工厂、面包房、供应船用杂货以及制造航海仪器和绘制海图的部门"②。布罗代尔则在他著名的历史著作《15至18世纪的物质文明、经济和资本主义》中提供了另一幅图景："……阿姆斯特丹总是船满为患，一名旅行者于1738年说：'我从未见过如此惊人的奇景。如果没有目睹，不能想象有2000条船在同一港内的绝妙场面。'1701年的一本旅行指南谈到，港内的8000条船，'樯桅林立，遮天蔽日'。船只数目到底是2000或8000，我们不必深究。可以肯定的是，从丹姆广场放眼望去，只见到处都是船旗……真是让人不能相信，更远处是专门从事捕鲸的大船。"③这是多么庞大的船队。据推测，当时造一艘大船需要2000棵树龄达100年的橡树，而生长2000棵橡树那时需要500英亩的土地。沃勒斯坦认定，早在16世纪，由于造船等其他经济因素"致使西欧、意大利、西班牙和地中海诸岛的森林面积缓慢而稳步地减少"④。其实，征

① ［英］霍布斯鲍姆：《资本的年代》，张晓华等译，江苏出版社1999年版，第184页。
② ［美］伊曼纽尔·沃勒斯坦：《现代世界体系》，吕丹等译，高等教育出版社1998年版，第二卷第49页。
③ ［美］布罗代尔：《15至18世纪的物质文明、经济和资本主义》，三联书店1993年版，第三卷第195页。
④ ［美］伊曼纽尔·沃勒斯坦：《现代世界体系》，吕丹等译，高等教育出版社1998年版，第一卷第33页。

服海洋的行动早已开始，作家法利·莫厄特在《屠海》中对此做了详细描述。从他掌握的资料看，1851 年前后，整个资本主义世界对海洋的征服，对海洋生物的围剿与同一时期惨杀美洲印第安人的行动相比，同等的血腥、同等的疯狂。按照莫厄特的考证，捕鲸人在外海捕杀抹香鲸后，新英格兰人变成真正的捕鲸者。到 1765 年，有 120 多条新英格兰的捕鲸船在外海捕鲸。他们捕杀抹香鲸、座头鲸，还有黑色露脊鲸，捕杀量惊人。新英格兰捕鲸船队组建后，环绕了整个地球，他们在南大西洋、南北太平洋和印度洋巡猎，在 1804 至 1807 年间，共捕杀了 20 多万头鲸。黑色露脊鲸成为被猎杀的目标后，仅在 50 多年时间里几乎在世界范围灭绝。① 按照莫厄特的分析，欧洲人首次到达北美大陆时，仅北大西洋中就有 15 万头格陵兰鲸。莫厄特认为，巴斯克人、英国人、苏格兰人、荷兰人、德国人以及美国人，在百余年内将格陵兰鲸灭绝。1847 年前后，美国人成了捕鲸业后来居上的霸主，它拥有三倍于欧洲的捕鲸船，数量达 700 艘，从事捕鲸的人过 2 万。② 美国的捕鲸船队仅用 50 年时间，完全灭绝了太平洋中的弓头鲸。可以想象，当非洲的黑人被作为奴隶贩卖，海洋中鲸鱼的脑、须、齿被视为昂贵的商品时，还有什么东西不可以成为资本和利润所追逐的目标。新兴的资本主义已如同一头无比贪婪的大怪兽，其无休止的吞噬行径，其盲目、疯狂的掠攫活动，不仅到处制造灾难，而且在它所征服的一切领域留下了抹不掉的血腥印迹。③

　　正是依靠这样一系列残酷的对世界的发现和开发，从 16 世纪至 18 世纪的 200 多年间，资本主义成功地将自己的势力扩展到地球的各个角落。1848 年，马克思和恩格斯对此有过深刻的概括："一句话，它按照自己的面貌为自己创造出一个世界。"④ 这就是麦尔维尔所生活的时代，这就是 1851 年前后处处弥漫着征服和占有气息的社会氛围。麦尔维尔

---

①　[加]法利·莫厄特：《屠海》，北岳文艺出版社 1998 年版，第 260 页。

②　[美]赫尔曼·麦尔维尔：《白鲸》，上海译文出版社 1982 年版，译本序言第 9 页。

③　[加]法利·莫厄特：《屠海》，北岳文艺出版社 1998 年版，第 289 页。

④　《马克思恩格斯选集》，人民出版社 1995 年版，第一卷第 276 页。

这位富有航海经历的作家，虽然不能说正处于新兴资本主义的中心，但他却置身于这一历史发展最敏感的地带，应该感受到那个时代的气息，把握得到其脉搏。在当时，资本主义虽然已经在欧洲、在北美、在东西南北不同的地理区域，"按照自己的面貌为自己创造出一个世界"，但它在如何彻底地控制大自然，如何完整地占有大自然这一事关资本主义未来的重大问题上，还没有为自己的行动找到合情合理的解释，并没有为自己的杀戮和贪欲找到可供减缓心理压力及可资效仿的偶像。或许，麦尔维尔并未真正意识到这是新兴资产阶级的急迫需要，它与资本主义体系的历史命运相联结，是与这一体系共存亡的大主题。但他适时地行动了，并在文学写作中最大限度地发挥了个人想象——这些想象明显植根于阅读前人作品（培根、莎士比亚、埃斯库罗斯、卡莱尔、《圣经》）获得的灵感，植根于那一时代的整体氛围、诸多刺激性因素和普遍性情绪之中。麦尔维尔的写作不可能超越时代。

1851 年，《白鲸》应运而生。这绝不是一部单纯地叙述发生在海洋上的一个人与鲸生死相搏的传奇故事——麦尔维尔对海洋和海洋生物的严酷态度比故事本身更让人惊心动魄。在他讲述的可怕而残忍的故事里，作家绝无一丝爱怜海洋生物之意，他是为那些来不及洗濯双手的海洋征服者擂响战鼓，为那些以血腥方式征服大自然的斗士们的疯狂行动，尽最大可能进行合理性辩解。幸运的麦尔维尔成功了：追杀白鲸的血腥故事获得了一圈彩虹的光环，成为一部不朽的著作，成为西方文学中的经典，迷倒了一代又一代读者。

跳开 1851 年，站在 21 世纪的视点重新审读《白鲸》，细心的读者将会发现，《白鲸》从始到终贯穿一条主线：人一旦置身于大自然中，唯一的选择只有充当征服者，他与被征服对象的关系必然是对立的，两者是彼此仇视的、互不相容的。麦尔维尔对亚哈船长的塑造尤其突出了这一点，使其成为《白鲸》这部书的灵魂。但是在分析亚哈船长之前，还是先看看大海吧。在麦尔维尔笔下，虚拟的大海与真实的大海相去甚远。麦尔维尔的大海永远是变幻莫测、充满险恶的，它是"冷酷恶毒的"，它有"幽灵似的白浪滔滔的洋面"，即使晴朗的天气，"在它那一派蔚蓝的、柔和的底里，隐藏有一种邪恶的魔力"。这就是"大寿衣似的海洋"，一切邪恶皆来自它的最深处，它孕育了凶残无比的大白鲸，还有嗜血的抹香鲸，而大白鲸在大海中横行无忌，简直就像个"蠕动的海魔王"。①总之，在作者的描述和勾勒下，翻动着白色浪花的大海与幽灵般的白鲸，两者在阴险、邪恶的轨道上融为一体。为使阅读者真切地感受大海的险恶，作者从《白鲸》最初的章节起始，竭力渲染紧张、恐惧的气氛，他引领读者走进与棺材谐音的"彼得·科芬"大鲸客店，那装饰古怪的居所处处闪露着凶兆，使人联想到无处不在的死神。连人们寻求心灵庇护的教堂，也无法使你摆脱对死亡的恐惧，面对一座座葬身于大海的海员墓碑，读者直接感受那索取人性命的元凶迫近的气息。神父的布道更是异乎寻常，他"曳长而庄严的声调，有如一只陷在迷雾的海上的船只那种不断敲击的钟声"，他的吟诵将人们的恐惧拖至深渊："大鲸的恐怖和肋骨／困我在阴森可怕中／神光普照的浪涛滚滚而过／把我高高举起／重重抛进毁灭之都……"似乎这还远远不够，神父反复宣讲《圣经》中"耶和华安排一条大鱼吞了约拿"的那一段落，将大海及大海中的生物同基督教历史神话连接起来，将人的恐惧、人的死亡归罪于大海，将人与大海、与大海中那"一条大鱼"的对立与冲突视为历史的必然。甚至那艘以灭亡的印第安部落名称命名的"裴廓德"号捕鲸船，也是隐喻"死亡与决斗"。这艘"用它猎逐到的敌人的骸骨来打扮自己的船只"，竟是用白花花的鲸骨打造的。②这些描写和叙述不仅将大自然恶魔化，而且让不可缓解的仇恨压倒了一切。仇恨的对象具体而明确，就是那头出没于大海中邪恶无比的白鲸，人与大海、与海中巨兽的对立和复仇情绪，已是箭在弦上不能不发。

在此，人们不能不提出疑问，在真实的人类狩猎历史活动中，某一种狩猎活动，在它的准备状态，在其行动的前期阶段，果真要在猎手的心灵中灌输和强化对所猎取对象的恐惧情绪，直至把这种情绪引向仇恨

① ［美］赫尔曼·麦尔维尔：《白鲸》，上海译文出版社 1982 年版，第 262 页。
② ［美］赫尔曼·麦尔维尔：《白鲸》，上海译文出版社 1982 年版，第 100 页。

吗？这是容易被阅读者忽略的常识性问题。答案当然是否定的。作家在这里明显进行了有意的歪曲和改写，其中隐含了作家写作的深层动机和目的。阅读和了解人类学家所记载的狩猎部族习俗，我们将会发现，无论在印第安部落，还是在爱斯基摩人中，在非洲和亚洲曾以狩猎为生的原住民中间，他们与猎取对象的接触或遭遇，更多的是欣喜，同时伴随着久远的敬畏（类似的场景，还能从美国电影《与狼共舞》所复原的印第安部落习俗中看到片段）。假如某个猎手对某种猎物有了怨恨，不管他是部族头人还是首领，都不会把个人的怨恨提升为整个部族的仇恨，那将引发疯狂的滥杀，或退而避之，全部族选择迁徙之路。但这势必危及群体的生存，甚至毁掉整个部族的生计。为此，我们不能不追问，麦尔维尔是否犯了常识性错误，将他所描述的猎手对猎物的仇恨当成人类固有的、原发的、普遍化的共通现象？这里更可能的是，作家并不只是简单地犯下常识性错误。探究其缘由，根本原因恐怕还在于麦尔维尔所处的社会环境的变化，这变化是前所未有的、来势汹汹的、难以抵挡的。1851 年前后的那一时段，一只看不见的大手将历史折为两截：被翻过的那一页，无论其多么漫长（包括所谓封建社会），从总体上说人类对大自然采取一种敬畏的态度，在经济生产和社会生活中都是维持低限度生存水准，以同大自然保持相对协调；翻过的这一页，是以"资本和利润"为推动力的历史新开端，征服和占有大自然成为它的题中应有之义。美国心理学家弗罗姆在他《占有还是生存》（1976 年出版）一书中对此有过深刻的论述，他认定："18 世纪的资本主义逐步地发生了一种深刻的变化，经济行为与伦理学和人的价值观念分离开来。"他认为资本主义已是"一个有着自己的动力和规律的运动着的系统"。他分析了重占有和重生存这两种不同的生存方式，追溯其历史渊源，从中得出的结论是："这两种生存方式的区分以及爱活物和爱死物这两种不同形式的爱，是人类生存的至为关键的问题。"毫无疑问，麦尔维尔全身心地沉浸在类似于"爱死物"的那样一种冲动中，他竭力渲染人与大自然的对立情绪，将这一情绪引向仇恨。这种仇恨一旦合法化，就能为那些追逐利润的人们，为贪婪得发疯的资产阶级，为整个资本主义体系随之而来的在更大的海域、在更广阔的大自然中，进行更疯狂的屠杀，无休止的占有，找到了无所顾忌的行动口实，清除了征服者的心理障碍。

"征服和占有"确实是 1851 年前后那个时代的大主题，麦尔维尔紧紧地抓住了它，又在《白鲸》写作中占有了它。

《白鲸》为读者提供了这样一段有趣的场景，亚哈船长一只手抓着护桅索，一只手高举着一枚西班牙金币，口中高喊着："你们随便哪一个给我发现这条白鲸，就可以拿到这枚金币，朋友们！"在大海中，在航船上，以西班牙金币悬赏第一个在桅杆上发现猎物的人，这样的情景令人眼熟，肯定在哪里发生过。它与某一段历史，某位声名显赫的征服者有关。查一查，《哥伦布航海日志》中就有类似的记述，那应该是 1492 年 10 月至 12 月的某一天，哥伦布乘"平塔"号探险船航行在大西洋上，他就是以同样的姿态、同样的口气，以西班牙国王的名义宣布：第一个在桅杆上发现陆地的人将得到赏金。这是历史的照搬和刻意复制吗？究竟是麦尔维尔无意中设置了这一情节，还是因为大海和航船等相似的场景，使他下意识地套用了当年殖民扩张时哥伦布的焦虑？这一时难以认定。但有一点可以肯定，两个发生于不同时代的故事，既然使用了相同的情节，必然在某些方面有内在的联系：主人公（或当事人）意识到征服和占有是他此行的唯一目的，意识到金钱所具有的无法抗拒的魔力。从这富有象征和隐喻色彩的情节中，读者或许应该不难找到这样一种联系：在麦尔维尔的潜意识中，哥伦布，或这一类人是值得效仿的楷模，他要做一桩大事情，他要完成一个大发现，他要征服一个大目标。这征服欲，也就是弗罗姆所说的"爱死物"的欲望。这一欲望通过麦尔维尔所虚构的人物和故事一点一滴地表露出来。

这里要特别指出，在《白鲸》的整体结构中，麦尔维尔还为表述这一欲望（也是为了迎合某种社会欲望）专门设置了足够的叙述空间。这表现于：在故事的叙述过程中，作家再三再四地中断叙述，造成叙述的间隔，在这些间隔中插入大量的非叙述性文字。而这一堆堆插入的文字如赘生物，明显地使这部作品显得臃肿而庞杂。有意思的是，《白鲸》结构上这种臃肿和杂乱，反被一些评论家认为具有知识的含量、历史的厚度，称其为捕鲸方面的百科全书。然而，这样的评价忽略了这些插入的非叙述性文字其实另具功能，另有意义——在麦尔维尔的心目中，它们与小说中的叙述性文字具有同等重要的作用，这也是显而易见的。

麦尔维尔在"鲸类学"章节中，有意展示了他所掌握的有关鲸类的丰富知识，不仅将不同的鲸进行分类描述，还在描述其形态和习性的过程中，指出哪一种鲸的"商业价值又是最高的；因为它是人们能够从它身上获得贵重的东西，即鲸脑的唯一动物"，从哪一种鲸的"嘴巴里所提炼出来的芳香可口的油是极其名贵的，是珠宝商和钟表匠所竭力搜求的东西"。他出示收集到的资料，还谈到独角鲸的角，声称在古代它是被"当作抗毒的灵剂的，因此，它的制剂售价很高"。但有关这种独角鲸的信息少之又少，只有在 1576 年的文献中有段记载。那是英国的马丁·弗罗比歇爵士探险归来，将一只独角鲸的角献给了伊丽莎白女王。至于鲸类的食用价值，细心的作家并没有忽略，他在"做菜的鲸"一章中津津有味地谈到，300 年前，法国就把"露脊鲸的舌头当作一种珍肴美味，而且价格卖得非常高"。说到小抹香鲸，"把它的脑髓当成一样上等菜。用一把斧头，将这种精巧的脑壳敲开后，肥肥白白的两大爿就折裂开，然后把它们和着面粉，煮成一种最惹人喜欢的食品，味道之芬芳，有点类似小牛脑……"[①] 很明显，作家在这里是向一大批为数众多的隐形读者诉说。这批读者对猎取和屠杀没有兴趣，他们不愿自己的双手染上血迹，但他们却有很高的消费趣味，有很强的好奇心，他们的关注点集中在珍稀物品上。为了满足这些隐形读者的特殊口味，麦尔维尔被"资本和利润"浸透过的商品意识已溢于言表。从这一角度阅读"割油""绒毯""海德堡大桶""龙涎香""手的揉捏""炼油间"等章节，从那大段大段工厂化操作的描述中，被牵着鼻子绕来绕去的读者终会发现，原来这里谈及的，才是远洋捕鲸的真实目的，它与金钱和利润直接挂钩，它是捕鲸、猎鲸、屠鲸的原初动机，与所谓的"复仇"和"仇恨"根本就没有什么瓜葛。在这条轨道上还谈什么正义与邪恶！捅破这一层窗户纸，

---

① [美]赫尔曼·麦尔维尔：《白鲸》，上海译文出版社 1982 年版，第 421 页。

读者或许有上当受骗之感。特别是在"抹香鲸头——对比图"和"露脊鲸——对比图"这两个章节，麦尔维尔引领读者以占有者的姿态把玩手中的猎物，他触摸鲸的唇、舌、须，把玩鲸的头颅，将鲸的"整个头当成一只大提琴，而那些个喷孔，就是大提琴的声板上的壁孔"。他细细地观赏鲸"头顶上的奇特、隆起、鸡冠形的覆盖物——这种碧绿而缠来缠去的东西……"他翻看鲸的牙齿和嘴巴，"这只嘴巴真是多么漂亮雅致呀！从地板到天花板都有镶里，或者不如说是用一层白色薄膜裱褙的，光辉闪烁，宛如新娘穿的缎子。"这情景恰如一只老猫把玩爪下的小老鼠。够了，这到底表现了一种什么心理？与捕鲸手的心态（无论怎么说，《白鲸》还是以捕鲸为主线）是否相符？我们不能不有所质疑。从人类学家泰勒、弗雷泽的专著中不难发现，狩猎部族猎获之后通常是以敬畏的心情抚慰自己的猎物，安慰它，讨好它，并以多种方式为自己的行为开脱、谢罪，这不只是部族成员自觉履行的习俗，而是他们自然信仰的一部分，同他们的生存方式合为一体。这样的习俗在亚洲、在中国的北方、在西伯利亚的密林中一直延续到 20 世纪 60 年代。如今，在世界某些边远地区的部族文化中仍然存留着。美国作家海明威在他的《老人与海》（出版于 1952 年）中，就以令人信服的细节描述了老渔民与一条大鱼搏斗的经过，其虔诚、敬畏的心境和猎取大鱼后的失落感，给人以刻骨铭心的记忆。显然，麦尔维尔清楚地意识到他面对（或者说他感兴趣的）的是什么样的读者：这是一个新兴的强力集团，是特殊的群体，这一群体的行为和心理特征早与传统相悖，特别在对待大自然、对待自己占有物的态度上，同古老的传统有了本质的区别。

现在还是让我们回到 1851 年，回到麦尔维尔和他的《白鲸》吧。虽然麦尔维尔在他的小说的非叙述性章节中，塞进了大量浸透和渲染了占有的快感，也就是"爱死物"的快感的文字，直接表述了带有资本主义原始资本积累时期强烈特征的价值观念，不过这毕竟是构成小说的次要结构因素。麦尔维尔的主要贡献是塑造了一个经典的人物形象亚哈船长。从《白鲸》问世以来，如何看待麦尔维尔笔下的亚哈船长，一直是人们争论不休的话题。1988 年出版的《哥伦比亚美国文学史》，对亚哈船长给予了很高的评价。在谈到这一人物给阅读者带来的历史性联想时，认为亚哈的对手白鲸，是"一条'约伯的鲸'，是和那些原始传说中的恶龙和海怪同属一类的，是那些肆虐于创世之际的混沌力量的象征；而亚哈则是柏修斯、圣乔治式的人物，自愿担当起救世的重任，去实现《以赛亚书》中的预言，去'屠杀海里的恶龙'"。在这样一个神话的映照下，亚哈还是"一位 19 世纪的思想家"。[①] 按照这一思路，亚哈船长俨然是为正义而行动的悲剧性英雄，他在思想与行动上与《圣经》中的英雄神话、英雄人物一脉相承。在这篇短文里，不便讨论基督教早期自然观的利弊得失，引人注意的却是麦尔维尔将亚哈船长，甚至将整部《白鲸》同基督教神话传说联系起来的种种努力。他在《白鲸》冗长的引文里，例数圣典中有关"巨兽""大鱼""大鲸"的记载，借用神话写作的方法，将亚哈船长装扮成半人半神的形象，他的仇敌也被赋予某种超自然的力量，形成了虚拟性叙事与神话性虚拟两种表述方式相互交融的叙述策略。这种写作策略亦虚亦实、亦神亦鬼，容易使阅读者产生类似服用迷幻药那种虚实颠倒的幻觉。亚哈船长一出场，就像"一个刚从火刑柱上解下来的人……一条细长的、青白色鞭痕似的东西，像根线一般从他那簇灰发里蜿蜒而出，直顺着他那焦黄色的半边脸和脖子而下，消失在衣衫里"。作者并不点明造成这副伤残面孔的直接原因，而是引导阅读者按照他的暗示去想象。作者勾画了亚哈船长半倚半站的轮廓，强调的却是他的那条残腿，告知读者它是用"抹香鲸的颚骨加以磨光修整做成的"，省略了造成这位捕鲸船长伤残事件的缘由。将一个饱受伤害的形象推到读者面前，使读者没有机会思考那桩事件的原发过程：究竟是猎手攻击猎物在先，还是伤残了的猎物被动反扑在后？在这里，一个前提，一个必不可少的猎取和占有的动机被悄悄地掩盖了。那头大鲸变成了天生的恶魔，它成了捕鲸手的"天敌"（进而也就成了人的天敌）。而这位受伤害者所

---

① [美] 埃默里·埃利奥特：《哥伦比亚美国文学史》，朱通伯译，四川辞书出版社 1994 年版，第 353 页。

有的仇恨，所有的复仇行动因此变得正当，变成情理之中的事情。作者
轻松地滑过了对那头大鲸、对大海、对整个大自然恐惧和仇恨起因的解
释，以纯粹的复仇掩盖了一切，掩盖了远比宰杀一头恶兽更为实在的图
谋。同时，小说为亚哈的疯狂和偏执，为那些同他的行为相类似的举动，
找了可辩解的理由："他对于白鲸的报复心理可能会多少扩大到一切抹
香鲸……他越多杀巨兽，就越增加机会，因为这样一条条地杀下去，最
后的一条鲸就会是他所要猎击的可恨的鲸了。"[1] 这是推出亚哈这一形象
的图谋所在，也是这一形象的功用和价值所在。无论作者怎样遮掩，这
一人物显然是为"扩张和征服"的目的塑造的，他具备这一目的所需要
的一切特征。他头脑中只有一个目标，胸中翻动的只是一种情绪：他要
彻底毁掉那头鲸，哪怕追杀到地狱的尽头。他成了驰骋于大海之上无所
畏惧的超人；他是"船上的可汗，海中的王，也是大海兽的太君"；他
成了力量的象征，"施行一种随心所欲的霸权"；他是以自我意志为中心
的旌旗手，不顾"裴廓德"号船员的生死，行为完全被所谓的"斗志和
意志"所支配。这位与古代君王同名的捕鲸船长，最终以三天三夜的搏斗，
完成了英雄的征程，按照作者的设计以殉道的方式与白鲸一道沉入海底。
至此，这部虚拟作品释放了全部能量，把紧张、恐惧、仇恨、复仇的极
端化情绪塞进了读者的记忆，进而成为长期存在的公众形象记忆的一部
分。不管人们喜欢还是不喜欢，亚哈船长最终成了一尊在大自然面前不
负任何责任，毫无敬畏和忏悔之心的冷面偶像。在后来相当长的一段时
间里，这一形象助长了在大自然中无所顾忌、疯狂的行动，影响了这一
行为向更大的范围蔓延。这一点，人们可以从 1851 年之后的那一段历史，
从整个资本主义体系在陆地、在海洋的肆无忌惮的扩张中，从陆地生物
和海洋生物大量灭绝的境况中有所感悟。

　　麦尔维尔确实捕捉到了一个大目标，他为早期资本主义对待大自然
的态度，勾画出大体轮廓，也预示了其未来。麦尔维尔在《白鲸》所拓

---

[1]　[美] 赫尔曼·麦尔维尔：《白鲸》，上海译文出版社 1982 年版，第 295 页。

展的母题以及相关的气氛、基调和人物，在后来的文学和艺术发展中被不断地因袭和复制，一个多世纪以来竟然潮起潮落，从未停歇。直至20世纪中叶，美国的电影公司还推出与《白鲸》相类似的海洋恐怖故事，它就是影片《大白鲨》。无论从什么角度看，《大白鲨》都是《白鲸》的现代复制版。我相信，类似的叙述性作品今后还会陆续问世，只不过它的背景很可能不再仅仅是海洋，而是漫无边际的地球外层空间。

可以说，这就是《白鲸》写作的谜底。对人类社会的进步而言，无论它是一本好书，还是一本"坏书"，已是历史的一部分，成为支持资本主义体系的中心话语的重要部分，与当今人们的生活紧密相连，与人类的未来生死攸关。将1851年的麦尔维尔与资本主义体系捆绑在一起，进行批判性思考，有如翻弄一本陈年旧账，但只要能给眼下被生态环境问题困扰不安的人们，带来一些有益的启示，就是值得的。

刊载《视界》2002年第7辑

鄂温克民族的起源

谨以此文悼念历史地理学家乌云达赉先生

在内蒙古东部的呼伦贝尔市境内，乃至俄罗斯远东的西伯利亚地区，在这两个不同的国界内，生活着自古以来以 ewenki（鄂温克）自称的人们。他们拥有共同的语言、共同的文化习俗、渊源的历史关系，他们就是人们通常所说的鄂温克人。

中国的鄂温克民族虽然人数较少，但形成了传统的狩猎业、牧业、农业等自然经济文化形态；俄罗斯境内的鄂温克人，散居在西伯利亚700万平方公里的土地上，活动的区域曾占西伯利亚全境的十分之七。

鄂温克人在保持 ewenki 民族自称的同时，曾以索伦、通古斯等响亮的名称著称于世。

鄂温克人最大的特点：无论他们相距多么遥远，不同部落间即使形成了方言上的差别，彼此在生产方式、经济形态上存有多大的差距，千百年来还是牢牢地固守着 ewenki 这一历史称谓。有趣的是，不同部落、不同姓氏的鄂温克人，在过去还不时为谁是真正的 ewenki 人而争辩。可见，他们将继承 ewenki 这一古老族称视为至尊至上的荣耀。

ewenki（鄂温克）究竟为何意？如何准确地诠释它？解释 ewenki 人固守这一古老称谓的历史缘由，包括沉淀在这一群体中的集体无意识，毫无疑问，这对鄂温克民族来说已是一道难题，也是一个与诸多历史问题相关的历史之谜。

我们是谁？我们从哪里来？我们向哪里去？同样也是鄂温克民族绕不开、说不尽的话题。

有关鄂温克民族的起源问题，是摆在鄂温克民族面前，同时也是史学家面对的历史课题。

最初，试图破解这一历史之谜的是一位内地的学者，他的名字叫吕光天。吕光天先生是中国北方民族史专家，多年来专注于鄂温克族历史方面的研究。他在 1963 年刊印的《鄂温克族简史简志合编》中发表了自己的研究成果。之后不久，他又在《鄂温克族简史》（1983 年出版）一书中，进一步阐述了自己的历史见解。

吕光天认为："鄂温克族的祖先大体分布于贝加尔湖周围和以东地区直至黑龙江中游以北地区。早在公元前二千年，即铜石并用时代，鄂温克族的祖先就居住在外贝加尔湖和贝加尔湖沿岸地区。"他确立这一观点的主要参考文献为俄文的《西伯利亚民族志》《西伯利亚古代文化史》等史料，还包括那一段时期可供参阅的考古发现资料，以及古代贝加尔湖沿岸居民的服饰、头盖骨等其他装饰物。这些考古资料为这位历史研究者确立自己的历史见解起到了辅助作用。使吕光天坚信自己推断的另一信息是，鄂温克人关于祖先起源的传说。这是流传在敖鲁古雅河畔鄂温克人中间的有关"拉玛湖"的神话传说。在这一传说中提到，在一条大河附近有个"拉玛湖"，共有八条大河流入该湖，说湖里长着许多美丽的水草，水上漂着许多荷花。从湖边看去，离太阳很近，太阳似乎从湖边升起。那里的气候很温暖，湖的周围山很高。传说中指出，鄂温克人的祖先是从这"拉玛湖"边的高山上起源的。① 吕光天对此引证分析，将其列为鄂温克民族起源的佐证。他认为有关"拉玛湖"的神话传说中包含重要的历史信息，进而断定传说中的"拉玛湖"就是贝加尔湖。为此，他提出了鄂温克族的祖先起源于贝加尔湖沿岸，之后向东发展的学说。

这是有关鄂温克民族起源的第一个猜想。

---

① 吕光天：《鄂温克族简史》，内蒙古人民出版社 1983 年版，第 5—6 页。鄂温克族起源于贝加尔湖说，为北方民族史学家吕光天先生的历史推断。

　　吕光天先生治学严谨，为人勤勉，令人敬重。他在文献考证与民族学研究的基础上，提出自己的历史推论，他的著述成为正式的文本，在一段时间内被读者（包括鄂温克族）广泛接受。这对在一个特定的时期，开拓鄂温克民族的视野，启发其心智，发挥了不可低估的作用。

　　之后的一段时期，随着历史研究的深入，信息交流的广泛，一个显而易见的缺陷显露出来，这就是"迟至唐初，大致说来，额尔古纳河、呼伦湖、贝尔湖、达里诺尔湖一线以西，为突厥语族地理区，属匈奴—突厥文化地理区"①。这一历史现象在史学界达成共识。无疑，这也涉及重新思考、定位鄂温克族的起源问题。一个简单的问题是，鄂温克族人使用的语言属沃沮—通古斯语支，他们的祖先应在通古斯语族共生的文化地理区中生存，而不可能孤单地生成于匈奴—突厥文化地理范围。因此，鄂温克族起源于贝加尔湖的学说，至20世纪90年代初，显露出难以自圆其说的缺陷。

　　此时，另一位历史学家开始思考鄂温克民族的起源问题，他就是历史地理学家乌云达赉先生。乌云达赉以其扎实的语言学修养和多年积累的古地名考证的实践经验，加之他本人对鄂温克民族古老姓氏保持着独特的敏感，致使他以交叉的视角切入历史，破译古地名中北方河流命名的原意，审定其方位，精心梳理古籍资料中被人们忽略、误读的信息。经反复论证、分析，他终于有了自己的发现。他为鄂温克民族断裂的历史找到了源头，确立了准确的方位，使这条干涸的古河道上下贯通，首尾相连。

　　乌云达赉从古地名研究入手，充分利用民间口传资料，以古鄂温克语为参照，审理被误读的有关鄂温克族的历史资料。他认为，有关"拉玛湖"的神话传说不容忽视。他从语言学考证的结果是，传说中所称的"拉玛湖"一词是古鄂温克语对"大海、大湖"的泛称。鄂温克古语称大湖为 laamu，称小湖为 laamu haan、amji。那么，传说中所称的大湖（laamu）

---

①　乌云达赉：《鄂温克族的起源》，内蒙古大学出版社1998年版，第3页。在此，需要特别说明的是，本文系为纪念乌云达赉先生而作。在本文中，作者重点整理、摘录和大段引用了这位鄂温克族史学家的主要学术观点，原文见乌云达赉著《鄂温克族的起源》一书。

原本位置到底应该在哪里？乌云达赉推断，传说中的大湖是指兴凯湖。
兴凯湖为完达山脉、锡霍特山脉所环抱。乌云达赉将传说中所提示的地
理环境与兴凯湖相对照。传说中称"laamu 里长着许多好看的草，水上
漂着荷花"，"这里，冬天很暖，但是一过 laamu 就很冷了"。确确实实，
在兴凯湖里长着各种美丽的水草，盛开的荷花、睡莲漂在水上，有一种
睡莲叶子特别大，其直径约两米。兴凯湖这个地方的冬天，南岸暖，有
的年份无积雪；兴凯湖北岸冷，有积雪，有些年份还很厚，所以一过湖
就很冷了。传说中称"laamu 的周围有很多大山"，"有大小八条河流入"，
这也符合兴凯湖这个地方的情况。兴凯湖周围确有许多大山，如北有完
达山脉，东为锡霍特山脉，西岸是霍罗尔山，其南有锡霍特山脉余脉西
尼山与霍罗尔山余脉相接。兴凯湖有大小十三条河汇入，其中的五条属
季节性河流和沼泽径流。按古代人的地理知识，按沃沮—通古斯人的地
理概念和习惯，季节河（olgun，意为"干滩"）、没有源头的河道（elgen）
和沼泽径流（setke）不算河，有源有流的才是河，所以只能说有大小八
条河流入 laamu，这是合乎情理的。这样，神话传说中的 laamu 的主要
地理特征，在兴凯湖的地理景观中得到了印证。令人惊奇的是，在这么
一个极其古老的原始神话中，竟然对兴凯湖即 laamu 的描述如此接近地
理真实，真是出乎人们的意料。

乌云达赉还对误读的鄂温克传萨满教口头经典进行认真的诠释，从
中确认鄂温克祖先的住地、迁徙的路径。

那段经鄂温克萨满之口代代相传的唱词是：

> 我们是从 siwoo-hat（锡霍特山）之阴，
>
> 顺着 silkir（乌苏里江）而下的，
>
> 我们在乌苏里江有根源，
>
> 锡霍特山有家园，
>
> 阿穆尔有营地，
>
> 萨哈莲有分支。

这段经典的萨满经诗章，是由生活在雅鲁河支流济沁河畔的卜勒基
尔氏·福合音（fu kin）老人吟诵的。乌云达赉认为,萨满"遵照神的旨意"

忠实地将祖先的信息代代相传。诗章所称的"siwoo-hat","siwoo"意为"森林","hat"意为"山",指乌苏里江与日本海岸之间的锡霍特山脉。乌苏里江,水呈混浊,所以鄂温克先人称其为"silkir","silki"意为"洗","-r"是复数词尾,引申之意为"浊水"。乌苏里江发源于锡霍特山脉南端主峰,鄂温克人从这个地区出发,顺锡霍特山脉之阴走去,渡过了黑龙江,表明这一部分鄂温克人是从南向北迁徙的。在这首萨满经诗章中,"萨哈莲"为满语,表示黑龙江中游上段(包括松花江口地区)。"阿穆尔"(angi-mur 变读为 amur)是鄂温克人命名的,意为"右水",与结雅(jieyi,意为"左")河相对称。"阿穆尔"最初只表示黑龙江上游河段,后来才表示整条黑龙江。从"阿穆尔有营地"这一句来看,这首萨满经诗章是在鄂温克人移居黑龙江上游流域不久形成的。他们眷恋着在东流松花江口分离的骨肉同胞,他们怀念着在锡霍特山脉南段的美丽富饶的家园,念念不忘远在乌苏里江上、中游流域的故乡。由此可见,这首萨满经诗章,与流传在敖鲁古雅河畔的有关"拉玛湖"的神话传说,真可谓异曲同工,相互印证,将鄂温克族的发祥地指向日出的东方——兴凯湖周边地区及锡霍特山脉。

经过缜密的研究,乌云达赉认定,沃沮是鄂温克人最早的历史称谓,鄂温克人是古沃沮人的后裔。

据《三国史记·高句丽本纪》(公元前 28 年,西汉河平元年)记载,高句丽"伐北沃沮,灭之,以其地为城邑"。这是一段有关"沃沮"最早的资料,这一历史信息恰好与阿伦河畔鄂温克人的民间传说相吻合。传说中称:"我们的祖先原先跟高丽人一起居住,有自己的文字,也有自己的国家。有一年,敌人占了我们的国家,在战乱中我们的祖先向四下逃散,有许多人来到了黑龙江上游的地方。"这一传说表明,鄂温克人历史上曾与高丽人为邻。

那么,古沃沮的地理区域在哪里呢?

西晋初期(公元 265—280 年),在我国东北部地区,大致来说,从乌第河、谢列姆扎—结雅河、汤旺河、第二松花江一线往东,东至日本海,为肃慎—沃沮语族地理区域。从这一线往西,西至嫩江、辽河一线为扶馀—高句丽语族地理区域。再从嫩江、辽河一线往西，西至大兴安岭西麓地区为鲜卑—蒙古语族地理区域，再向西便是匈奴—突厥语族地理区域。

肃慎为满族的先人。那么，如何在肃慎—沃沮语族地理区域中，划分出肃慎—满语支与沃沮—通古斯语支的大致分界线？《后汉书·东夷列传》记载："挹娄，古肃慎之国也……南与北沃沮接"，这个"挹娄"说的是完达山脉以北的挹娄本部；又记载："北沃沮……界南接挹娄"，这个"挹娄"指的是分布于鸭绿江上游"U"形地区的白山部。因此确知，北沃沮的领土在完达山脉（再向东至日本海）与图们江之间，是个呈不规整的平行四边形地区。《后汉书·东夷列传》记载，南沃沮（又称东沃沮）在盖马大山之东，东滨大海，北与挹娄接。这里的"挹娄"也是指白山部，"盖马大山"即咸镜山脉。据此，进而得知，沃沮—通古斯语支地理区域的大致范围是指自完达山脉东至日本海一线以南，南达朝鲜半岛东北部的咸兴地区。这个沃沮—通古斯语支地理区域，与沃沮国辖境基本相当。沃沮是文明古国，使用铁器很早，善制巨舟，长于航海。这就是历史地理学家乌云达赉为我们考证的古沃沮、沃沮—通古斯语支的大致地理区域。

沃沮—通古斯语称烧水时锅底翻花、沸水漩动状态为 olgi，所以把翻花矿泉、漩流矿泉也叫作 olgi。沃沮就是 olgi 的译音。原初所指的 olgi 矿泉，位于乌苏里江上游右侧小支流 tam-gu 河 ① 河口左岸。因这里是鄂温克族最古老的萨玛伊尔（samanyir）氏族的祖籍，又被称为沙玛伊尔矿泉。这个矿泉地区属于古沃沮国，沃沮因这个矿泉而得名。

olgi 的首音"o"，介于 o 与 u 之间，相当于满文第六个元音字母的发音。因此，历代译音交替使用 o 韵字和 u 韵字。olgi 的形动式是 olgider，其变读音有 hulgider、kulgider、hulidur、kulidur 等。

olgi（沃沮）的变读音 olgilu，–lu 是复数词尾，olgilu 意为"沃沮人们"。而 onki、honki 则是 ewenki 的变读音。从语音转变的角度溯源，ewenki

_____

① 今按俄文音译为塔姆加河，其河口在列索扎沃茨克市东南。

是由原初的 olgi 转化而来的。

《三国史记》高句丽西川王十一年（公元 280 年，西晋太康元年）记载：
"冬十月，肃慎来侵，屠害边民……王子是遣达贾伐之。达贾出奇掩击，
拔檀卢城，杀酋长，迁六百余家于扶馀南乌川。"这是有关沃沮人的重
要历史信息。乌云达赉认为，是高句丽先侵占了北沃沮的领土，过了
三百零八年，北沃沮才收复了这块失地。高句丽之所以将北沃沮误为肃
慎，是由于对肃慎和沃沮在语言、民族方面的差异以及地理、疆界方面
缺乏知识而造成的。史料所称的乌川，即第二松花江西岸的伊通河与饮
马河之间的雾海河。

移居雾海河（乌川）流域的那六百余家檀卢城人户，以及后续迁移
而来的部落支系，《北史·勿吉传》称之为安车骨部，唐代写安居固部、
安居骨部。"安车"是对 ewenki 的最早的汉语音译。《新唐书·黑水靺鞨传》
记载，唐高宗灭高句丽时，"王师取平壤……泊咄、安居骨等皆奔散"。
在这次战争中，第二松花江西岸地区包括雾海河（乌川）流域曾为战场。
战火不曾波及远在乌苏里江上、中游和绥芬河流域的安居骨本土。由此
可知，经这次战争而奔散的安居骨部，指的正是从乌苏里江移居雾海河
的檀卢城人后裔以及后续移来的部落支系，而不是指远在乌苏里江、绥
芬河本土居住的安居骨。安居骨（乌苏里江）为北沃沮地。安居骨部属
沃沮族，而不是肃慎。《后汉书·东夷列传》称："北沃沮界南接挹娄。
挹娄人喜乘船寇抄，北沃沮畏之，每夏辄藏于岩穴，至冬船道不通，乃
下居邑落。"这说明了挹娄人自乌苏里江下游乘船，溯江穿过完达山脉
峡谷，就到乌苏里江中游的北沃沮地方。由此推测，安居骨可能是对乌
苏里江中游的叫法，那么，乌素固应是对整条乌苏里江的叫法。至于所
谓北沃沮夏天上山穴居，冬天才敢下山的说法，曲折反映了沃沮人早在
秦汉以前就已分为山上人（oroonki，乌梁海、乌里彦海）和山下人（ewenki，
安车、安居、鄂温克）两个部分，同时实现了农渔业与狩猎业（附属驯
鹿牧养业）的社会大分工。这些记载和分析都已证明，乌素固部、安居
骨部和檀卢城人，是沃沮人。

凡西迁第二松花江流域的沃沮，即安居骨部、乌素固部、檀卢城人，

唐代统称为粟末部。被强徙移居营州(今辽西朝阳)的粟末部首领大祚荣，于公元 696 年率其部东返故地的途中，在海城河上游一带留下了许多部民。《辽史·地理志二》"海洲"条称他们为沃沮，进而称其地为沃沮国地。这一点表明，粟末乌素固部和檀卢城人乃沃沮人。

檀卢城在松阿察河口南面，位于乌苏里江上游右侧小支流 tam-gu 河河口左岸。tam 的复数形式是 tamlu，是"tam-gu(河)人们"的意思。"檀卢"是 tamlu 的译音。檀卢城因 tam-gu 河而得名。檀卢城是北沃沮人的首府。

从 3 世纪末到公元 697 年，遍布于第二松花江流域的沃沮后裔安居骨部、乌素固部，后来被统称为粟末部，或粟末乌素固部落和扶馀乌素固部落，是他们为乌苏里江命名，是他们建立了唐朝的系縻国渤海。

第二松花江流域为鄂温克族先人的第二居留地。这一点，也被鄂温克族的民间资料所证实。在阿伦河畔的鄂温克人中流传着一首说唱形式的古老民歌。民歌中称 : 古时候，"松嘎里毕拉" ① 有个鄂温克猎村，村里住着名叫"苏瓦扬"的猎人，他是远近闻名的猎手。他射中了一头母鹿，受伤的母鹿带着箭逃入林中，临终前给小鹿留下嘱托。这一拟人化的母鹿之歌，通篇是母与子忧伤的对话。在这首世代传唱的民歌中，给出的地理方位系第二松花江西岸的山岭。所以说，鄂温克族的先人确实曾在第二松花江流域居住，并对其部落与氏族的形成产生历史性影响。

隋开皇中期（公元 590—591 年），在伊通河下游流域，沃沮与高句丽进行决战失败，致使沃沮人向西迁徙，开始了 ewenki 人的大规模迁徙运动。乌云达赉以概括的语言描述了这几个批次的迁徙波 :

> 安居（ewenki）人向亚洲北部的辽阔广大地域的迁徙，是推动亚洲北部社会历史进步的运动。这个运动，是通过横贯亚洲北部的天然历史通道进行的。这条天然历史通道分为四段 : 第一段，从安居故地（锡霍特山脉南段和乌苏里江、绥芬河、图们江等流域）通

---

① "松嘎里毕拉"为鄂温克语译音，指松花汀。其原初的地理方位应在第二松花江西岸地区。这是一首在鄂温克族中广为流传的《母鹿之歌》。此民歌由哈赫尔先生记录，戴福祥老人口述。

过长白山北麓通道，到达第二松花江西岸地区；第二段，从第二松花江西岸地区通过洮儿河、哈拉哈河通道进入呼伦贝尔；第三段，从呼伦贝尔通过音果达河、乌达河通道抵达贝加尔湖东岸地区；第四段，横渡贝加尔湖，顺安加拉—叶尼塞河通道，西达叶尼塞河中、下游流域，一部分人到了鄂毕河下游东岸，北抵北极地区。这第四段通道，在贝加尔湖西岸分岔，顺勒拿河而下，至阿尔丹河口又分岔，一路东达鄂霍次克海岸，另一路北抵北冰洋岸边。安居人顺着这条大通道，将自己起源地、发祥地的文明传播到了整个亚洲北部。

由此看来，由外力等综合因素所推动的部族性迁移运动，在鄂温克族历史上占有相当大的分量，它是研究和把握鄂温克民族历史的前提和关键一环。

公元 590—591 年，沃沮人从伊通河下游流域向西转移，溯洮儿河进入了呼伦贝尔和蒙古高原东北部地区。他们在嫩江下游和洮儿河、乌拉根河（在乌珠穆沁旗境内）流域流散了一部分人。大部分军民抵达呼伦贝尔，形成了三个部落，占据了北起根河流域、南达哈拉哈河流域、西至克鲁伦河以北的广大地区。如《旧唐书·室韦传》记载，"乌素固部落，当俱轮泊之西南"（"俱轮泊"即呼伦湖，"西南"指克鲁伦河北岸地区），"次东有移塞没部落"（"移塞没"即伊敏—海拉尔河），而西室韦则分布在根河流域与海拉尔河之间的地区。这些部落带着祖籍名称"乌素固"、第二故乡名称"乌古"落脚在新的居留地，被辽代统称为乌古，表明他们来自雾海河流域。契丹人还把室韦乌素固部叫作温纳何剌（onhor），这个叫法与达斡尔人称鄂温克人为 onkur（honkur），蒙古布里亚特人称鄂温克人为 onkot，拉施特在《史集》里有时把弘吉剌记为 honkut 是一致的，均系安居、鄂温克的变读。

由于隋末炀帝亲征高句丽，削弱了高句丽在第二松花江西岸地区的势力，唐朝便于武德初（公元 618—619 年）在第二松花江左岸流域设置慎州（州治在今吉林省辉南县辉发城屯）来安置留居原地的粟末部（乌素固部），并加以管理。

五十年后，慎州的粟末乌素固部落及其支系，于公元 666—668 年又一次被战火（第二次唐朝与高句丽战争）侵扰而"奔散微弱"。他们的一些部落支系又一次溯洮儿河西越大兴安岭，加入了乌素固部、移塞没部和西室韦。唐朝于载初二年（公元 690 年）将原慎州的吉林哈达岭以北的地方分出来，设置黎州（州治位于今吉林省伊通，《金史·地理志上·咸平路》"玉山"条称"乌速集"），妥善安置了依然留居第二松花江西岸地区的粟末乌素固部落。此外，在原慎州境内，柳河—辉发河流域和东辽河上游的渭津河流域，居住着人多势众的三个近亲部落。

遭受上述两次打击之后，粟末乌素固部这座"部落大厦"，只剩下了这么几个支柱和基石。公元 698 年，粟末乌素固部人大祚荣（"大"是 daayir 的译音），依托上述几个部落及其支系，开创了文明、繁荣、昌盛的渤海国。

公元 926 年，渤海国亡。渤海人即粟末乌素固人，掀起了第三次向西移民的浪潮，其规模是空前的。俄罗斯伊尔库茨克市西北约一百里，在安加拉河左岸有 usuly-sibirskoe 城，如果仿照唐代译音就是"乌素（固）室韦"城。粟末乌素固人西渡贝加尔湖到达叶尼塞河中下游的年代，当在 11 世纪初，原居贝加尔湖东岸地区的突厥语族部落"鞠部"西迁之后。公元 1013 年，辽国北院枢密使耶律化哥率契丹兵追踪"鞠部"，得知"居翼只水，化哥徐以兵进"。翼只（ijil）水，即伏尔加河。鞠部是 kuibi 的译音。伏尔加河下游的古比雪夫(kuibisev)中的"古比"是 kuibi 的译音，–s 是复数词尾，–ev 是按俄语习惯加的。kuibi，《蒙古秘史》译音为"客亦别"。由此可知，鞠部、客亦别、古比是一名三译。鞠部早在十一世纪初就已移居古比雪夫一带地区。所以，（室韦）乌素固部落才得以移入贝加尔湖东南地区，并履冰西渡贝加尔湖，推进到了叶尼塞河中下游和勒拿河上游等流域。

乌素固人西迁时，将"通古斯"这个名称带到了叶尼塞河流域。鄂温克语称"柳条丛林"为 tung，现代汉语东北话吸收后称之为"柳条统"或"条统"。将 tung(柳条丛林)译音为"通"，是在公元 975 年。《辽史·地理志二》"通州"条记载：通州，"本扶馀王城，渤海号扶馀城"，保宁七年（公元 975 年）"以黄龙府千余户置"。扶馀王城位于吉林农安稍南，东濒伊通河，辽代通州就设在这里。伊通河的"伊"是 ii 的译音，鄂温克语意为"上"，伊通河（iitung-gu）表示"上通河"之意。伊通河左侧只有一条支流，是条季节性小河流，下雨有水，无雨断流，辽金时代无名。由此推知，伊通河在辽金时代就叫 tung-gu，即通河。之后，那条季节性支流被命名为新开河，这时才在通河前头加上"伊（ii）"而为伊通河。清朝，伊通河两岸还有柳条林子。这一点足以说明，辽代通州的"通"就是 tung 的译音，通州是因 tung-gu（通河）而得名。那条季节性小河，是弘吉剌 olgunuut 部落的故乡。原居 tung-gu（通河）的部落支系迁至叶尼塞地方，他们自称 tung-gu 人。他们的邻居哈卡斯人、吉尔吉斯人、克特人便在 tung-gu 后面加上突厥语复数词尾 -s，称他们为 tun-gus，即通古斯人。五百多年后，于十六世纪末或十七世纪初，俄罗斯人向东推进到叶尼塞河流域，得知了"通古斯"这个名称，并传播到了欧洲。

综上所述，由东向西大跨度的迁徙运动，构成鄂温克民族早期历史（明清之前）的大致脉络。

写于 2003 年，收入 2006 年出版的《蒙古祖地》

鄂温克人的早期迁徙，他们与河流的关系

三个民间传说

在历史上，鄂温克人的祖先历经了多次大迁徙，这些迁徙活动与民族的起源及文化的由来关系紧密，但那些早期记忆已经断裂，流传下来的传说和故事屈指可数，因而显得十分珍贵。

生活在中国境内的鄂温克人中，至今流传着三个古老的传说，在这些传说中，包含着鄂温克民族的起源以及鄂温克族群迁徙的重要信息。

第一个传说，是大湖的传说。

> 传说，有一个很大的湖，叫"拉玛"（laamu）湖。八条大河流入这个湖里，湖里长着许多美丽的水草，水上漂着许多荷花。站在湖边望去，离太阳好像很近，太阳就像从湖边升起来。那里气候温暖，但一过湖就冷了。湖的周围山很高，鄂温克人的祖先都是从"拉玛"湖的高山上起源的。①

这个"大湖的传说"，主要流传在中国境内饲养驯鹿的鄂温克分支，而在另一支骑马狩猎的鄂温克人中也有流传。千百年来，一代又一代的鄂温克人讲述着这个传说，但对于那大湖的地理方位却一点也不清楚。

在中国有两位历史学家曾先后对这个传说产生了浓厚的兴趣。一

_____

① 《鄂温克族社会历史调查》，民族出版社 2009 年版，第 150 页。

位历史学家名叫吕光天，他在 20 世纪 60 年代撰写了《鄂温克族简史》。在这部专著中，吕光天凭借个人的知识积累，参照了当时苏联方面的部分考古资料，并以"大湖的传说"为基本依据，提出了鄂温克人起源于贝加尔湖沿岸地区的假说。这一假说在当时产生了一定的影响，但到了之后的 80 年代，这一假说的缺陷就显露出来，因为更多的考古发掘以及学者们的研究都在证实，最晚至唐代以前，贝加尔湖周边地区为匈奴—突厥文化地理区，而属于满—通古斯语族的鄂温克族群，是不可能孤零零地在那里起源的，那里只能是鄂温克族群的迁徙地。

　　另一位历史学家名叫乌云达赉，是鄂温克人，他是一位学识渊博的历史地名学家、民族语言学家。乌云达赉在 20 世纪 90 年代认真地分析和研究了"大湖的传说"，出版了专著《鄂温克族的起源》。在这部著作中，乌云达赉从多种角度去分析和印证，提出传说中所谓的"大湖"，应该是位于乌苏里江源头的兴凯湖。他认为，兴凯湖周边地区及乌苏里江流域，才是鄂温克民族的起源地。这是重要的研究成果，它将鄂温克民族的历史朝前推进了一大步，有记载的可考证史已达公元前二世纪，鄂温克民族的起源地纳入了满—通古斯语形成的文化地理区域。

　　第二个传说，是一段萨满的祭祖之辞。

　　这段祭祖之辞，是生活在雅鲁河支流的萨满"遵照神的旨意"，一代代口口相传下来的：

　　　　我们是从 siwoo-hat 之阴，

　　　　顺着 silkir 而下的，

　　　　我们在 silkir 有根源，

　　　　siwoo-hat 有家园，

　　　　amur 有营地，

　　　　萨哈莲有分支。[①]

　　这段记忆十分重要。它是在 20 世纪 60 年代初采集的，之后便被误

[①]　《鄂温克族社会历史调查》，民族出版社 2009 年版，第 14 页；最新诠释文参阅乌云达赉著《鄂温克族的起源》，内蒙古大学出版社 1998 年版，第 9 页。

读，成了鄂温克人起源于贝加尔湖学说的一条证据。当时，有学者把silkir 翻译成了阿穆尔河上游的分支——石勒喀河。到了 90 年代，乌云达赉重新翻译，校正了这段祭辞，祭辞所称的 "siwoo-hat"，"siwoo" 意为 "森林"，"hat" 意为 "山"，是指乌苏里江与日本海之间的锡霍特山脉。silkir 的鄂温克语原意为 "洗"，"-r" 是复数词尾，引申之意为 "浊水"。"amur" 是 angi-mur 的变读，意为 "右水"，它与结雅（jieyi，意为 "左"）河相对称。amur 最初只表示黑龙江上游河段，后来才表示整条黑龙江。"萨哈莲" 为满语，表示黑龙江中游上段（包括松花江口地区）。

这段萨满祭辞，是在鄂温克族分支移居黑龙江上游流域后形成的。他们是从祖先的故地锡霍特山脉南端出发，从南向北迁徙，顺着锡霍特山脉之阴走去，渡过了黑龙江，然后逆流而上，来到了黑龙江上游的北岸，并称 "阿穆尔" 这条大河为 "右水"。

第三个传说，是鄂温克人渡海的传说。

在很早的时候，鄂温克人就开始迁徙了。

据老人们讲，我们的祖先是朝着好几个方向迁徙的，其中的一部分是沿着海边往北走的。沿着海边往北走的这些人，一边走，一边打貂。后来，他们一直走到了大陆的尽头，不能再往北走了，再走下去就要往西拐了。这个地方有三角形的海岸，海岸像箭头似的朝前伸出去，鄂温克人称它 "纽热"（niuer）。而海水围过来，就像一把弓，鄂温克人称它 "白令希敦"（behring xiden）。（这个地方就是白令〈Behring〉海峡）

当时，好几个氏族一同迁徙，走到这儿，人们开始犹豫了，是顺着海岸往西拐呢，还是掉过头来往回走。这时候，萨满做了一个梦，他梦见一个白胡子老头儿，白胡子老头儿对他说，这可是像弓箭一样的海岸呀，从这里渡海就像射出去的箭，一下子就能到对岸。对岸可是一个好地方呀，那个地方的名字叫 "阿拉希加"（alaxijia，鄂温克语 "等待你" 的意思。这里是指美国的阿拉斯加 Alaska）。

一连几天，萨满都做了这同一个梦。萨满请大家共同商量这件事，因为有人愿意渡海，有人却想往回走。鄂温克人并不怕海水，他们会游泳，也会造大船，能渡海。过去，鄂温克人用扎大木排的方法横渡过宽宽的海峡。

最后，萨满拿出了一个主意，他说："往回走的人，晚上头朝回去的方向睡；想渡海的人，头朝大海的方向睡。"第二天早上，萨满一看，人们真的分两个方向睡了，这促使他下了决心，要领着朝大海方向睡的人渡海。临行前，萨满说："现在就让我们分手吧，以后我们会离得很远，我们的后代怎样彼此相认呢？要记住，大拇指上戴箭环的人，就是我们鄂温克人。"这样，他们就分手了。

渡海的鄂温克人用圆木扎大木排，用桦皮桶盛淡水，他们准备好了食物，就往海峡的对岸渡过去了。

多少年过去了，一直没有渡海那部分鄂温克人的消息。往回走的鄂温克人，记住了那海峡的对岸叫"阿拉希加"，鄂温克语的意思是"等待你"。[①]

这传说中提到的渡海故事，应该是鄂温克族先人的一次重要迁徙，但它所发生的年代，已经无法考证。讲述人是何耶恩氏族的后人，她出生在一个萨满世家。这传说的重要性在于，它所提供的历史信息是，那次迁徙是从鄂温克人祖先居住的故地出发的，起始地位于濒海一带的山区。这一点很重要。俄罗斯人类学家谢尔盖·米哈伊洛维奇·希罗科戈罗夫（史禄国），在他的《北方通古斯的社会组织》一书中谈到，"原通古斯人本来是一个海洋封锁了出路的大陆民族"。他认为原通古斯人，也就是鄂温克人的祖先居住地在濒海的山区。

谈到鄂温克族先人居住的故地，乌云达赉的研究十分深入。他在《鄂温克族的起源》中提醒我们，让我们注意乌苏里江上游右侧小支流 tam-gu 河（今按俄文译为塔姆加河，其河口在列索扎沃次克市东南）。在这条小河的左岸，分布着矿泉资源，在早期历史上，这个矿泉地区属于古沃沮国。沃沮是 olgi 的译音，它是因这个矿泉而得名的。沃沮的族称，出现在中国史料中的时间很早。鄂温克人是沃沮人的后裔。乌云达赉从

---

① 何秀芝女士讲述，乌热尔图根据录音整理，刊载《鄂温克族研究》2004 年第 1 期。

语言学角度进行了分析，鄂温克语称烧水时锅底翻花、沸水漩动的状态为 olgi，所以把翻花矿泉、漩流矿泉也叫作 olgi。从语音转变的角度溯源，ewenki（鄂温克）是由原初的 olgi 转化而来的。①

　　这样，作为鄂温克人就心领神会，为什么他们的父辈无论迁徙到了天涯海角，都要坚守 ewenki 这古老的称呼，因为这一称呼与他们祖先的故地、与他们祖先的灵魂是连在一起的。

以河为名的鄂温克氏族部落

　　在鄂温克族的早期历史阶段，族群大跨度的迁徙活动十分频繁，乌云达赉归纳出了七次大迁徙。

　　族群的第一次迁徙特别重要。这是由于战乱的原因，鄂温克人的祖先告别了故土，也就是乌苏里江流域、绥芬河、图们江、锡霍特山脉南段地区，被迫开始了由东向西的运动。他们是在公元三世纪末，分几个批次抵达了第二松花江西岸地区。

　　第二松花江流域的地理位置，在今吉林省境内。第二松花江上游共有五条支流，包括了辉发河、伊通河、饮马河等。在这片丰饶的土地上，从乌苏里江流域迁来的鄂温克人休养生息，发展壮大，他们为这里的山川河流命名，也借这里的山川河流之名来称呼彼此的氏族。在这里，鄂温克人繁衍、发展，成为三个支系、六个部落，各有自己的名称，其中最为显赫的要数弘吉剌六部。应该说，第二松花江西岸地区是鄂温克民族的发祥地。②

　　大约在公元 590—591 年间，在第二松花江流域的鄂温克族群开始向西迁徙，他们朝洮儿河上游行进，翻越了分水岭，进入呼伦贝尔和蒙古高原东北部。这些迁徙的鄂温克人不忘故乡的那条大河，他们对外自称是乌苏里江的人，所以在《旧唐书》中称他们为"乌素固部落"。需要解释的是，鄂温克语称水为 mu，转译时就变为"固"或"古"的发音了。

---

① 　乌云达赉：《鄂温克族的起源》，内蒙古大学出版社 1998 版，第 42 页。
② 　乌云达赉：《鄂温克族的起源》，内蒙古大学出版社 1998 版，第 33—37 页。

　　对于生活在呼伦贝尔和蒙古高原东北部的鄂温克族群，在拉施特的《史集》，以及《蒙古秘史》这两部经典巨著中，都有记载。这也使鄂温克的弘吉剌部落显得赫赫有名，其中最重要的原因是，成吉思汗的母亲诃额仑来自弘吉剌六部。这位伟大的母亲属于弘吉剌六部中的"olgnu"部落。"olgnu"部落因河而得名，那是一条干河床，属于第二松花江流域的一条季节性小河。在《蒙古秘史》，中"olgnu"部落被写为"斡勒忽讷兀惕"。在蒙古族群崛起的初期，弘吉剌六部发挥了重要的作用，就在那一时期，大批的鄂温克部落融入了蒙古集团。[①]

　　祖籍乌苏里江流域的鄂温克人，在一千多年前迁徙至贝加尔湖周边地区。这里涉及如何来解释"通古斯"这一历史称呼的问题。

　　对此，历史地名学家乌云达赉给出一个恰当的解释。他认为，居住在贝加尔湖东岸巴尔古津河的鄂温克弘吉剌部落分支，西渡贝加尔湖，深入突厥语族地区，他们对毗邻而居的哈卡斯人、吉尔吉斯人、克特人，自称是 tung-gu 人。这些突厥语族的人便在 tung-gu 后面加上了突厥语复数词尾 -s，称他们为 tun-gns，即通古斯。tung-gu 指的是第二松花江流域的一条季节性小河，那是他们氏族部落的诞生之地。五百多年后，于 16 世纪或 17 世纪，俄罗斯向东推进到自称 tung-gu 鄂温克人居住的地方，他们得知了"通古斯"这个称呼，并将其传播到了欧洲。[②]

　　时至今日，生活在中国境内的鄂温克分支，仍保留着以居住地河流的名称来自称，来区分彼此的古老传统。

　　总体上说，鄂温克民族的历史波澜壮阔，是无法用简短的语言表述清楚的。对于历史上，鄂温克民族横贯亚洲北部的大迁徙，历史学家乌云达赉有段简要的描述，他将其分为四段："第一段，从安居（鄂温克）故地（锡霍特山脉南段和乌苏里江、绥芬河、图们江等流域）通过长白山北麓通道，到达第二松花江西岸地区；第二段，从第二松花江西岸地区通过洮儿河、哈拉哈河通道进入呼伦贝尔；第三段，从呼伦贝尔通过

<hr>

① 乌云达赉：《鄂温克族的起源》，内蒙古大学出版社 1998 版，第 33—37 页。
② 乌云达赉：《鄂温克族的起源》，内蒙古大学出版社 1998 版，第 30 页。

音果达河、乌达河通道抵达贝加尔湖东岸地区；第四段，横渡贝加尔湖，顺安加拉—叶尼塞河通道，西达叶尼塞河中下游流域，一部分人到了鄂毕河下游东岸，北抵北极地区。第四段通道，在贝加尔湖西岸分岔，顺勒拿河而下，至阿尔丹河口又分岔，一路东达鄂霍次克海岸，另一路北抵北冰洋岸边。安居（鄂温克）人顺着这条大通道，将自己起源地、发祥地的文明传播到了整个亚洲北部。"①

写于 2012 年 11 月

---

① 乌云达赉：《鄂温克族的起源》，内蒙古大学出版社 1998 版，第 26 页。

鄂温克族称的含义与其他历史称谓

鄂温克（ewenki）族是古老的民族。谈到鄂温克民族的历史特点，可以这样来概括：民族人口较少；居住地分散；历史上经历过多次大迁徙。另外，鄂温克人习惯于以居住地的河流代称，来区分彼此，由此形成了诸多的自称和他称。本文重点分析这些称呼的含义和由来。

一、怎样解释"鄂温克"一词的含义

1956 年至 1958 年，中国社会科学院少数民族社会历史调查组对中国境内的鄂温克民族进行了社会调查，将"鄂温克"这一族称的原意及由来列为研究课题。在调查中，阿荣旗查巴奇的鄂温克人称："'鄂温克'的意思是指'住在山南坡的人们'。"额尔古纳旗使用驯鹿鄂温克人对此的解答是："鄂温克人对西伯利亚一带的大山林，其中包括兴安岭、勒拿河、阿玛扎尔河等地区的大山林，都叫'俄哥登'（大山林），而在这些大山林中居住的人们都叫'鄂温克'。因此，'鄂温克'的意思就是'住在大山林中的人们'。"

截至目前，在中国境内，人们已经习惯于说"鄂温克"一词的含义，就是"住在大山林中的人们"。

随着社会的发展以及人们历史意识的提高，更多的人发现，以往对"鄂温克"一词的阐释中存在着一些矛盾，一些无法解释的历史偏差。

例如，阿荣旗的鄂温克人称"鄂温克"的意思是"住在山南坡的人们"。这个"山南坡"到底指的是什么山？其地理位置是不清楚的，但它绝不可能指的是大兴安岭。这一"山南坡"的观点，代表了鄂温克索伦分支残缺的早期历史记忆。而称鄂温克的含义是"住在大山林中的人们"的说法，具体所指是西伯利亚阿玛扎尔河一带的大山林。这一观点，代表了使用驯鹿鄂温克分支的集体记忆。这一记忆也带有明显的缺陷，因为鄂温克人迁至西伯利亚地区只有一千多年的历史。所以上述两种记忆，也就是这两种说法，不足以解释"鄂温克"一词的原有含义。

1989年，《鄂温克族的起源》一书正式出版，作者是鄂温克族学者乌云达赉先生。在这部专著中，这位历史地名学家对鄂温克族的起源问题进行了深入的研究，并对"鄂温克"一词的含义，进行了全新的阐释。乌云达赉先生的历史观点清晰、深刻，与俄罗斯著名人类学家谢尔盖·米哈伊洛维奇·希罗科戈罗夫的推断基本一致。

简括起来说，乌云达赉先生认为，鄂温克这一族称是由olgi生发而来，olgi是沃沮—通古斯语，鄂温克人是古沃沮人的后裔。沃沮—通古斯语称烧水时锅底翻花、沸水漩动的状态为olgi，所以把翻花的矿泉、漩流的矿泉也叫作olgi。olgi的原本之意指的是鄂温克先祖聚集地的一处矿泉，具体是指沙玛伊尔矿泉。那么，沙玛伊尔矿泉到底在哪儿？这个沙玛伊尔矿泉位于乌苏里江上游右侧，其具体的位置和名称，今按俄文音译为"什马科夫卡"。历史上的沙玛伊尔矿泉，是鄂温克先人的聚集之地，"鄂温克"这一称谓是因olgi而得名。[①]

这是历史地名学家乌云达赉先生的研究成果。

由此说来，把"鄂温克"一词直译为"翻花的矿泉"并不能代表其原意。因此，笔者遵循乌云达赉先生的思路，提议将"鄂温克"一词解读为"居住在沙玛伊尔矿泉的人们"。具体地说，所有以鄂温克自称的人们，都是"居住在沙玛伊尔矿泉的人们"的后裔。这样，将鄂温克人的先祖与先祖的世居之地相互联系在了一起，便可进一步唤醒和重新确

---

① 乌云达赉：《鄂温克族的起源》，内蒙古大学出版社1998年出版，第42页。

立鄂温克民族起源于乌苏里江流域的历史记忆了。

另外，在鄂温克人的记忆中，鄂温克这一称谓还含有从山上"下去"或"下来"之意。乌云达赉认定，这里所指的"山上"，原本是指乌苏里江流域锡霍特山脉的某处山岭。

二、谈谈"沃沮"这一称呼

沃沮是 olgi 的汉文标注，也就是说，沃沮是最早进入历史记载的鄂温克民族的代称。沃沮一名最早出现于中国的汉代，在《三国志·东夷传》中提到了沃沮，距今已有大约 1800 年的历史。

中国学术界对沃沮的看法不一，其主要问题是误将沃沮划入高句丽语族。这是一个历史误判。

沃沮是世代居住在兴凯湖及乌苏里江流域的族群，在秦汉时期，沃沮人数不多，"户五千"，"国小，迫于大国之间"。当时，他们分为北沃沮和南沃沮，史书中也有称呼东沃沮的，可见当时沃沮人分布在广阔的地域。有学者认为，北沃沮的活动中心在绥芬河流域，他们的北面是挹娄人，也就是满族的先人，东面是高句丽人。而按照流传下来的鄂温克人的古老传说，鄂温克人的祖先确实同高句丽人比邻而居。在中国史书中记载，公元前 58 年高句丽征服了南沃沮，北沃沮于公元前 27 年被高句丽所侵占，但这两部分沃沮直到后汉三国时期并未融入高句丽，而被独立列传。沃沮的历史命运坎坷，一些部落长期臣服于高句丽，饱受高句丽的奴役和欺压，也受其影响，因此被一些史学家误认为同属于高句丽语族。

乌云达赉先生认为，因沙玛伊尔有许多疗效极佳的矿泉，各地的沃沮人每年来此治疗各种疾病，久而久之，将这一带地方建设成为北沃沮的经济、社会、文化、政治、军事的中心，也是萨满教的中心。这一矿泉，是以鄂温克族最古老的萨玛伊尔（samanyir）氏族命名的。①

可以确切地说，历史上的沃沮属于通古斯语系，而鄂温克人是沃沮

---

① 乌云达赉：《鄂温克族的起源》，内蒙古大学出版社 1998 年出版，第 42 页。

人的后裔。

三、谈谈"弘吉剌诸部"

"弘吉剌诸部"在鄂温克族的历史上占有重要的位置。具体谈到弘吉剌，首先涉及鄂温克族群的迁徙。大约在西晋以前，也就是大约1700年前，沃沮国的鄂温克人，也就是史书中所称的"安车骨部""安居人"，他们与高句丽之间发生了一场战争，安居鄂温克人先胜后败，被高句丽掳去六百余家，大约三千人，迁到第二松花江西岸地区。这是一次重要的部族迁徙，这次迁徙使鄂温克人在第二松花江流域繁衍生息，在那里发展成为三个支系、六个部落。这些部落的名称均得自当地的山川河流。

第一支系，名曰"双河"，沃沮—通古斯语称 juur lup lgu，意思是"两条径直流过的河"。这两条河，就是第二松花江流域的饮马河上游，现在仍叫双河。双河系，是弘吉剌三个支系中的本支，六个部落中的正支，所以也称他们为弘吉剌。"弘吉剌"（honkir），其词干 onki、honki 是 ewenki 的变读音，-r、-t 是复数词尾。这一支系的一些分支西迁后，主要分布在呼伦贝尔、蒙古高原东北部，也有的散居贝加尔湖以东地区。

第二个支系，名曰"渤海（雾海—奢岭）"，沃沮—通古斯语称 buhai-seer。渤海（雾海）—奢岭系，派生两个部落，一个叫 ii-kir，另一个叫 olgun。olgun 部落的原意为干河床。这个部落的一些分支西迁后，元初居住在根河与海拉尔之间的地区，并在《蒙古秘史》中记载为"斡勒忽讷兀剔"。成吉思汗的母亲诃额仑出自这个部落。

第三个支系，名曰"柳河—大氏"，沃沮—通古斯语称 tungu-daayir。"tung"之意"柳条丛林"。这个"柳条林子河"，指的是第二松花江流域柳河—辉发河上段河道柳河。"daayir"的"daa"，表示"原本的""原有的""最初就有的"意思。"daayir"的"ir"，意为"洞穴"，有时当词尾来用。家族中的嫡长房，氏族中的本支家族，部落中的正支氏族，都叫作 daa-ir，在中国史料《旧唐书》《新唐书》中译音为"大"，在《蒙古秘史》中写为"歹亦儿""答亦儿"。柳河—大氏派生三个部落，其一gorol，其二 oiheen，其三 haran。

历史上的 gorol 部落，曾出过两位重要的人物。一是在 gorol 部落的一些分支西迁后，他们的氏族到达贝加尔湖东岸，与蒙古人相邻而居，在《蒙古秘史》中称其为"豁罗剌思"。对此，拉施特在《史集》中称，铁木真的第十二世祖母阿阑豁阿出自 gorolas 部落，其家族曾在贝加尔湖东岸巴尔古津河流域居住。二是留在故乡柳河上游流域的 gorol 部落，他们经过繁衍，发展成为强大的部落。渤海国（公元 698—926 年）的开国君王大祚荣（daayir）就出自这个部落。

oiheen 部落，分布在东辽河上游的渭津河的地方。oiheen 的意思是"大森林"。oiheen 部落的若干分支西迁后，拉施特在《史集》中称其为"额勒只斤"。

haran 部落，分布在海龙河流域及今辉南县一带。haran 的意思是"山口""鞍部""岭口"之意。haran 部落的若干分支西迁后，拉施特在《史集》中记载为"合剌讷惕"。①

上述对弘吉剌诸部的起源及历史变迁的简要描述，是历史学家乌云达赉先生最重要的研究成果，也是他本人对鄂温克民族做出的极其宝贵的贡献。

四、解读"通古斯"一词的含义

可以说，"通古斯"一词是鄂温克民族最重要的代称。但是，这些年来，各方面人士对"通古斯"一词的解释偏差太大，令人不解。

乌云达赉先生对"通古斯"一词的解释合情合理，因此具有权威性。他认为，通古斯是 tunggus 的译音。tunggus 是沃沮—通古斯语，"tung"意为"柳条林"，"gu"意为"河"，"–s"是蒙古语、突厥语复数词尾。通古斯是鄂温克（ewenki）人的别称，是大约于 11 世纪初，移居叶尼塞河流域 ewenki 人的自称。

11 世纪初，乌素固（鄂温克）部西迁时，将"通古斯"（tunggus）这一名称带到了叶尼塞河流域。tung-gu 的原本之意是指第二松花江下

---

① 乌云达赉：《鄂温克族的起源》，内蒙古大学出版社 1998 年出版，第 33—36 页。

游支流伊通河（iitung-gu，今称"一统河"），伊通河在辽金时代就称tung-gu，即通河。这条由鄂温克先人命名的季节性小河，原意是"岸边长满柳树林的小河"，小河两岸是弘吉剌（olgunuut）部落的故乡。原居tung-gu（通河）的部落支系迁至叶尼塞河流域后，他们自称 tung-gu 人（"柳河人"或"〈伊〉通河人"），其近邻哈卡斯人、吉尔吉斯人、克特人便在 tung-gu 后面加上突厥语复数词尾 –s，称他们为 tung-gus，即通古斯。[1]

之后，"通古斯"一词被广泛应用，由特指鄂温克的部落称谓转入语言学及人类学领域，成为外延丰富的多义概念。

五、"索伦"的含义

索伦是鄂温克（ewenki）支系部落的自称。早在明清时期，索伦一度成为中国境内鄂温克诸部的代称。

索伦是 sologu-ni 的变读，solun 的译音。sologu-ni，是沃沮—通古斯语，"sologu"意为"东方""河流的左方""河流的上方"，"ni"意为"人"。sologu-ni(solun)通常是"东方人""东夷"的意思。sologu 所指的"东方""河流的左方""河流的上方"，最初原意是指辽河以东的地方，也就是第二松花江西岸地区。大致在唐代之前（大约 1400 年前），那里是鄂温克人繁衍生息之地，是鄂温克民族的发祥地。[2]

sologu-ni（索伦）这一称谓，最早见于拉施特的《史集》（成书于1310—1311 年）。汉译者将其译注为"速勒都思"（solongg-hos）部落，"solongg"是 sologu 的变读音，"-hos"是蒙古语的复数词尾。

在汉译《蒙古秘史》中，"索伦"被译为"速勒都思"。

《蒙古诸汗黄金史纲》（蒙古文，1604 年成书）和《蒙古汗统宝贵史纲》（蒙古文，1663 年成书）中称"索伦之渤海"或"渤海之索伦"，准确地记述了索伦源自渤海国。

在清代，索伦部落出了一位威震四方的大将军，他被称为"一代战

---

① 乌云达赉：《鄂温克族的起源》，内蒙古大学出版社 1998 年出版，第 30 页。
② 乌云达赉：《鄂温克族的起源》，内蒙古大学出版社 1998 年出版，第 11—12 页。

神",曾为大清帝国立下赫赫战功,他的名字叫——海兰察。

　　总括起来说,"鄂温克"(ewenki)这一称谓的原本含义——"居住在沙玛伊尔矿泉的人们",重新确认了鄂温克民族起源于乌苏里江流域。"鄂温克"这一族称的内涵,与其他古老民族称谓的含义,原则上相一致,那就是所传递的信息中隐含着先祖的身份,以及先祖的居住地,以此在子孙后代的心灵中奠定了崇尚的情怀。

写于 2011 年

蒙古民族的发祥地

谈到蒙古民族的发祥地，人们必然要提及大兴安岭这片广袤的森林。如今，从史学家到普通的蒙古族牧人，基本认同了一个历史结论——大兴安岭是蒙古民族的发祥地。

从地理学角度讲，大兴安岭是一个相对广阔的空间。大兴安岭以洮儿河为界，分南北两段，北段长约670公里，有伊勒呼里山、雉鸡场山等，南段称苏克斜鲁山，长约600公里。在如此空旷的地域，蒙古民族的先人在什么年代居住在哪条河畔？他们与谁为邻？何时告别了那片土地，迁向了何方？那些关注蒙古民族历史的人们，随时可能提及这些话题，都渴望得到一个清晰的答案。因此，融汇蒙古史学研究家们的最新成果，将蒙古民族的早期历史演变过程梳理出大致清晰的脉络，还是很有必要的。

对于人们一向关注的历史，哲学家持有自己的见解，他们认为历史在本质上是对人类生存环境无休止的探询。那么，这篇探索历史之谜的短文，也可以说是对呼伦贝尔早期历史，特别是对蒙古民族早期生存环境的一次探询。在进行这一有益的历史探询之前，有必要厘清与这片土地相关的地理环境。

大兴安岭是两条大河的发源地，一条是额尔古纳河，另一条是嫩江。额尔古纳河由西向北奔腾东流，环绕着大兴安岭，它与石勒喀河汇流后，以黑龙江这一响亮的名字奔向大海。而嫩江则从大兴安岭南麓径直东流而去，蜿蜒穿过松嫩平原，宽阔的松花江成为它的主流河道。在大兴安岭西侧，便是呼伦贝尔草原。在这里，边缘林带与河谷草甸舒缓地交接，河流的支系与湖泊穿插或镶嵌其间。

在呼伦贝尔草原的呼伦湖畔，出土了一万多年前的古人类头盖骨化石，被考古学家命名为"扎赉诺尔人"。在额尔古纳河源头的两个支流，也就是伊敏河与海拉尔河畔，星散地遍布着旧石器时代晚期人类活动的遗址。以此来推断，早在远古时期，呼伦贝尔草原乃至大兴安岭山地，已有古人类活动，他们在此繁衍生息。后来，这些早期人类到底是稳定地生活在这一区域，还是迁徙游动，移居他乡？这是难以破解的历史之谜。历史在这一悠长的时段出现了断裂，其空白一时无法填写。

早在春秋时期，"东胡"这一称呼即已被中原知晓，之后出现在史籍中，大兴安岭山地与呼伦贝尔草原以及周边广阔的地域，才有机会跻身于有文字记载的书面历史。东胡，是华夏人对内蒙古东部地区族属相同或相近的各部落的总称。东胡大约与匈奴同时见于史乘。东胡"在匈奴东，故曰东胡"。① 蒙古学专家亦邻真认为："东胡人及其后裔的居地大体上就是内蒙古东部地区。从昭乌达松漠到额尔古纳河流域，是以东胡人和他们的后裔——鲜卑人、后来的契丹人、室韦——达怛人为主体的语言相同或相近，地域相连，风俗习惯也相似的各个部落的居住地，可以称作东胡及其后裔历史民族区。"② 毫无疑问，这一历史民族区对研究蒙古族族源至关重要。

东胡人属于蒙古人种，考古—人类学资料没有提供可以另作异议的情况。历史地理学家乌云达赉，为东胡及其后裔的历史民族区划出了大致的地理范围，他指出："西晋初期（公元 265—280 年），在我国东北部地区，大致来说，从乌第河、谢列姆扎—结雅河、汤旺河、第二松花江一线往东，东至日本海，为肃慎—沃沮语族③ 地理区域。从这一线往西，

---

① 司马迁：《史记》卷一一〇《匈奴传·索隐》。
② 亦邻真：《亦邻真蒙古学文集》，内蒙古人民出版社 2001 年版，第 556 页。
③ 肃慎，为满族的先人；沃沮，为 ewenki（鄂温克）人的先人。这两个彼此相邻、相互影响、历史久远的族群，早在西汉之前，共性多于差异。乌云达赉以西汉之初这一时段为界，谨慎地将两个在语言上有着千丝万缕关系的族群区分开来。肃慎—沃沮语族的历史断代为西汉之前，西汉之初，大致上形成了沃沮—通古斯语支与肃慎—满语支两个不同的分支。

西至嫩江、辽河一线为扶馀—高句丽语族地理区域。再从嫩江、辽河一线往西，西至大兴安岭西麓地区为鲜卑—蒙古语族地理区域，再向西便是匈奴—突厥语族地理区域。" ① 这一大致的地理区域的划分，与亦邻真的历史推断基本吻合。

亦邻真以其审慎的研究，提出关于东胡人及其后裔语言归属的独到见解：

> 东胡人的语言是古老的阿尔泰语系语言。根据文献记载，鲜卑人和室韦人、契丹人的语言有一脉相承的遗传联系，保留下来的语言资料虽然为数不多，还是指示了某些语言的个别特征，使我们可以对东胡后裔的语言做个大体的判断。做过较深入研究的学者常常认为东胡后裔的语言属于蒙古语。这种说法有其合理性，但是容易造成误会，好像这些语言就是现代蒙古语族各语言、方言的古代形式。东胡后裔各族的语言同现代蒙古语族各语言的关系并不是简单的古今之别。东胡后裔各语言自成一个古老的语言集团，经历了已经无法确知的多次的分化、融合过程，它曾有鲜卑、拓跋、契丹、室韦等许多语言和方言，但大都灭绝了，现代蒙古语族各语言只是从其中一两种语言、方言分支发展起来的。如果把东胡后裔诸语言比作一棵古树，那么可以说树干和好多枝梢都已枯死了，只留下个别树枝移植在新的土壤上，又长出新的树干和枝梢，形成了现代蒙古语族。所以不能简单地说东胡后裔诸语言就是古代的蒙古语。②

亦邻真这一段有关蒙古族语言渊源的简述极为重要，是目前我们所能读到的有关大兴安岭这一文化地理区域内所生成的古老的语言集团，其从属承袭关系的简洁、清晰的阐述。

那么，在这大片的地域上，由不同的部落构成的古老的语言集团中，蒙古族的先人处于什么地理位置？如何来指认他们的踪迹？这是长期以来困扰史学家的一道尚未破解的难题。

---

① 乌云达赉：《鄂温克族的起源》，内蒙古大学出版社 1998 年版，第 40 页。
② 亦邻真：《亦邻真蒙古学文集》，内蒙古人民出版社 2001 年版，第 556 页。

要解开这一难题，首先要弄清"室韦"这一历史称谓的来龙去脉。

室韦一名始见于北齐天保五年（公元554年）成书的《魏书》。"失韦"与"室韦"同音，隋代以后，史书统称为"室韦"，是六世纪以后中原人对居住在大兴安岭及嫩江流域（包括其他一些区域）北方诸部的泛称。伯希和认为室韦的译名根据和鲜卑相同。当代的史学家认同了伯希和的观点，认为从音韵学角度看，室韦与鲜卑的原文确实是同一个，进而断定，史书中的"室韦"就是鲜卑的别称。这是值得注意的学术观点。应该指出，"室韦"与"鲜卑"最大的不同之处是，室韦这一称谓已变为地域性、囊括了不同族属和不同部落的泛称。总括起来说，室韦自北朝见载史籍，隋代记录有五大部落群，唐代有具体名称的室韦部落二十个。中唐以后，突厥人又称室韦为达怛，唐末、五代，中原人也接受了这一称谓。契丹人又开始称迁入蒙古高原腹地的室韦为阻卜。从室韦一名的初现到消失，在历史上绵延了六百余年。[①] 由此看来，历史上被不同朝代的史学家所指认的室韦，其发展与演变，无疑是以大兴安岭为地缘中心的。

谈到室韦的大致地理方位，也是史学家探究的焦点，一些专家的见解大体上趋向一致。但区区短文难以详述那一跨越诸多朝代的庞大族群，及其所居地域的流变，只能择其要点，略述一二。简而言之，学者张久和的观点值得注意，他认为：

北朝时期，见于史乘的室韦人主要在嫩江中下游及以西各支流间活动。隋代，室韦分布区西部和北部已达额尔古纳河和黑龙江上游沿岸，东部、南部仍傍嫩江及以西支流而居。唐朝初期，室韦各部主要分布在霍林河南北、嫩江流域东西、呼伦湖周围和额尔古纳河及黑龙江上游两岸。此后，室韦活动范围逐步向南、向西扩大。8世纪初，一些室韦人已在土拉河、色楞格河及鄂尔浑河一带活动，被突厥语族部落称为九姓达怛。突厥人还称原居区的室韦人为三十姓达怛。随后，室韦人逐步南移，日益与唐朝北部边界接近。室韦庐帐已在契丹牙帐以北的百里之地。在河北滦河以东，辽河大凌河

---

① 张久和：《原蒙古人的历史——室韦—达怛的研究》，高等教育出版社1998年版。

以西地区也有了室韦人活动。8世纪末9世纪初，部分室韦人已到达今内蒙古伊克昭盟东北部、乌兰察布盟南部及巴彦淖尔盟乌加河东岸一带。9世纪中叶，回鹘汗国衰落以后，室韦人大批涌入蒙古高原和阴山地区。中原人受突厥语族部落影响，对室韦始称达怛。10世纪以后，室韦—达怛人几乎遍布蒙古高原，契丹人、女真人又泛称之为阻卜。①

这就是大约六百年间，室韦人大致的迁徙游动、扩张与发展的脉络。

专家凭借现存的史籍，还对室韦人的习俗，包括其不同部族的语言，进行了大胆的推断。亦邻真认为："语言属于东胡后裔诸语言的总要占室韦人的主要部分。"他的这一判断，已为当今多数史学家所接受。而干志耿、孙秀仁两位学者提出的观点同样不容忽视，补充了亦邻真的观点，认为在室韦分布区，"中部室韦属东胡系统，而东部、东南及北部室韦则属勿吉—靺鞨系统"②。两位学者特别提到：室韦中"包含有不同的族属，即主要是通古斯北支的东进和南迁，还有东胡鲜卑的孑遗，可能还有别的族系，如北突厥等"。其实，"勿吉—靺鞨系统"与"通古斯北支"，在乌云达赉的专著中已被认定为同一语族，即"沃沮—通古斯语族"。他指出唐朝所称的西室韦，如《旧唐书·室韦传》记载的"乌素固部落，当俱轮泊之西南"（俱轮泊即呼伦湖），"次东有移塞没部落"，这两个部落乃"沃沮—通古斯语族"。乌云达赉在其专著中考证了"乌素固部落""移塞没部落"的迁徙路径，以令人信服的研究成果，阐述了这两支部落大约于公元5世纪，来自第二松花江、乌苏里江流域。

总之，可以断定室韦这一复杂的地域性历史名称，是以东胡后裔为主，包括了通古斯、突厥等诸多语族的分散的部落群体。显而易见，中原人凭借边疆使者的口碑材料命名的地域性族群的名称，带有极大的模糊性，甚至含有难以避免的历史误断。

但是，室韦这一地域性历史称谓还是为后人寻根问祖提供了重要的

① 张久和：《原蒙古人的历史——室韦—达怛的研究》，高等教育出版社1998年版，第79页。
② 干志耿、孙秀仁：《黑龙江古代民族史纲》，黑龙江人民出版社1987年版，第195页。

线索。史学家们经过数十年的探索，终于把目光投向北室韦的蒙兀部落，认定蒙古民族的祖先源自这一部落。

早在 1966 年，亦邻真提出了自己的历史推断：

　　蒙古民族的名称起源于蒙古地区东北部的一个唐代室韦——达怛部落——蒙兀室韦。"蒙兀"是蒙古一名的最早的汉文译写，见于我国历史文献《旧唐书》。《旧唐书》上说：望建河（额尔古纳河）"东经蒙兀室韦之北"。《旧唐书》所依据的材料大约是七八世纪唐代人的记载，当时，额尔古纳河下游居住着蒙兀室韦部落。[1]

这是蒙古族学者对历史的认同。但是，额尔古纳河下游吸纳了数十条河流，还有数不尽的山岭，蒙兀部落的居住地到底在何处？这仍是一个待解之谜。

直至 1998 年，乌云达赉以其扎实的语言学修养、古地名学的知识积累，破解了这一历史难题。他以《北史》记载的"北室韦分为九部落，绕吐纥山而居"的文献为依据，重点考证了"吐纥山"的地理方位，认定大兴安岭北端的"伊勒呼里山"即《北史》中所称的"吐纥山"。伊勒呼里山，即嫩江与呼玛河之间的分水岭，东西走向，主峰海拔高度为1528 米，位于今鄂伦春自治旗境内。"伊勒呼里山"是沃沮—通古斯语，"伊勒"的"伊"（ii）为"上"的意思；"呼里"（或称"库里"）是"松塔"（kulir）之意，其意表示山势陡如松塔。"吐纥"是 tugur、tukur 的译音，指伊勒呼里山；伊勒呼里山主峰如今仍叫 tukur。[2]《金史》称吐纥山各

---

[1]　亦邻真：《亦邻真蒙古学文集》，内蒙古人民出版社 2001 年版，第 507 页。

[2]　这里存在一个问题，既然认定"伊勒呼里山"（吐纥山）为蒙兀部落的早期生息之地，为何要用沃沮—通古斯语来解读山名的原意？这一问题涉及早期部族形成史，颇为深奥。比较语言学家孟达来在其新作《北方民族的历史接触与阿尔泰诸语言共同性的形成》一书中，专题探讨了这一类复杂的问题。他认为，"从大兴安岭经蒙古高原一直到中亚这片广阔的地带，是操阿尔泰语系语言的古代北方民族不断扩展与移动的主要区域。古代北方民族在这个区域沿着东西方向扩展与移动的过程中，不同族系之间曾经发生过不断的接触与相互渗透。同时，他们的语言也发生不断的接触与相互作用。这是阿尔泰语系语言共同性的形成和推移发展的主要原因"孟达来把突厥、蒙古、满—通古斯三个语族之间的关系词分布、形态构成和一些重要语音现象所表现出的突厥——蒙古——满——通古斯三个语族依次推移的特征，与古代北方民族不同族系的历史变迁和文化接触相互印证，刻画出阿尔泰语系语言共同性形成与发展的轨迹。

部为"吐骨论"（tugur，意为"吐纥山人"）。吐纥山各部的通名叫 ur(hur，"u"
的发音相当于蒙古文第六个元音字母）。蒙古起源于绕吐纥山而居的北
室韦。蒙古族先人属北室韦九部之一，名曰 man-hur（man-ur），变读
为 mongol，藏族至今称蒙古族为 hur，清朝《五体清文鉴》也写为 hur。《蒙
古秘史》书名中的"忙豁仑"（man-hur un 的译音）就是铁的实证。土
族（siroi-ur，siroi 意为"土"）、裕固族（yogu-ur，史称"俞加室韦"）、
元代的札拉亦儿（jalai-ur，变读为 jalair）、达斡尔族（daa-ur，变读为
daur），也都起源于北室韦。①

　　这是乌云达赉的最新研究成果。专题研究室韦—达怛部落的张久和，
也提出了自己的推断，认为北室韦九部落的地理位置应在伊勒呼里山一带。

　　乌云达赉厘清了蒙古部落大致的迁徙路线，他认为在 6 世纪后期，
北室韦在其北邻突厥汗国属部的压力下，朝东、南、西三个方向迁徙。
大约从伊利可汗（？—552 年）至颉利可汗（579—634 年）的某个年代，
突厥南攻北室韦。九部 ur(hur) 因"无君长""不相总一"，遂四散。蒙古
部落只剩捏古思、乞颜西遁额尔古纳—昆。乌云达赉认为，进入额尔古纳—
昆的应理解为两个氏族，并非仅指两个人。他们可能是从吐纥山西端某地，
通过嫩江源头与牛尔河河源之间的天然通道进入额尔古纳—昆的。据乌
云达赉考证，史书中的额尔古纳—昆的大致地理方位应在额尔古纳河中
段右岸地区，也就是西起莫尔道嘎山，北至西牛尔河汇入额尔古纳河的
河口地带。捏古思、乞颜两个氏族在这一片森林中繁衍壮大，发展成为
蒙兀室韦。他们同居住在那里的弘吉剌（沃沮—通古斯语支）一道在严
寒中"烧山化铁"，大约于唐代中期西迁鄂嫩河，走上了蒙古民族独立发
展的道路。一部分弘吉剌部落随之西迁，在乌力吉河畔驻留下来。②

　　在这里，乌云达赉依据的历史资料源自拉施特编纂的《史集》。拉
施特是波斯伊利汗国的大史学家，编纂《史集》的时间大约为公元 1307
年。《史集》"是一部前所未有的世界通史，是当之无愧的当时亚欧历史

---

① 乌云达赉、乌热尔图：《呼伦贝尔历史地名》，内蒙古文化出版社 2003 年版，第 76 页。
② 乌云达赉、乌热尔图：《呼伦贝尔历史地名》，内蒙古文化出版社 2003 年版，第 82 页。

的百科全书"①。

拉施特收录的有关蒙古部落迁徙的传说译文如下：

　　大约距今两千年前，古代被称为蒙古的那个部落，与另一些突厥部落发生了内讧，终于引起战争。据值得信赖的贵人们（所转告）的一则故事说，另一些部落战胜了蒙古人，对他们进行了大屠杀，使他们只剩下两男两女。这两家人害怕敌人，逃到了一处人迹罕至的地方，那里四周唯有群山和森林，除了通过一条羊肠小道，历尽艰难险阻可达其间外，任何一面别无途径。在这些山中间，有丰盛的草和（气候）良好的草原。这个地方叫额儿古涅—昆。"昆"字意为"山坡"，而"额儿古涅"意为"险峻"，这个地方意即"峻岭"。那两人的名字为：捏古思和乞颜。他们和他们的后裔长时期居留在这个地方生息繁衍。

　　……当这个民族在这些山里和森林里生息繁衍，他们所占的地域显得日益狭窄不够时，他们就相互商量，有什么好办法和不难做到的办法，可使他们走出这个严寒的峡谷和狭窄的山道。于是，他们找到了一处从前经常在那里熔铁的铁矿产地。他们全体聚集在一起，在森林中整堆整堆地准备了许多木柴和煤，宰杀了 70 头牛马，从它们身上剥下了整张的皮，用那些皮做成了风箱。然后在那山坡下堆起木柴和煤，安置就绪，使这 70 个风箱一起煽起木柴和煤下面的火焰，直到山壁熔化。结果从那里获得了无数的铁，同时，通道也被开辟出来了。他们全体一起迁徙，从那个山隘里走到原野上。②

就是这一段用波斯文字保留的历史信息，珍贵无比，成为探索蒙古部落先人早期繁衍生息地的信息之源，也是后来的史学家争相解读、诠释的根本。细心阅读这段历史记载不难发现：被称为捏古思和乞颜的两个人（暗指两个氏族），因避难逃至额儿古涅—昆时，额儿古涅—昆这

---

① 翁独健语。
② ［波斯］拉施特：《史集》第一卷第一分册，余大钧、周建奇译，商务印书馆 1983 年版，第 251—252 页。

一名称即已存在。无疑，拉施特按突厥语语义解释了这一名称的含义，称"额儿古涅"之意为"险峻"，"昆"字意为"山坡"，这个地方意即"峻岭"。如今，在额尔古纳河流域生活过的人们不会在意这一说法，因整个额尔古纳河流域并无突起的峻岭，那里与大兴安岭北麓的地貌大致相同，是由浑圆的中山、矮山，以及奔腾的激流、弯曲的河谷天然生成的一片林地。那么，如何来解读《旧唐书》记载的"望建河"的含义？《史集》中的"额儿古涅—昆"一词究竟确指什么？

乌云达赉在其新作《呼伦贝尔历史地名》一书中，解开了这一难题。据乌云达赉考证，唐代把伊敏—海拉尔河与额尔古纳河连接起来叫作望建河，望建（河）是 ewenki ni（意为"鄂温克人"）的变读音 onkin 的译音。早在 5 世纪时，居住在第二松花江左侧流域的粟末（sun mu，指第二松花江）乌素固（usuly gu，即乌苏里江）部，大举西迁至呼伦贝尔地区，其前锋已经到达根河流域，其中的一些部落支系往北分布至额尔古纳河下游右侧牛尔河（激流河）口附近。唐初，他们被称为室韦乌素固部、亦塞没（ii sayi mu，即伊敏河）部、西室韦。望建河乃是以散居于额尔古纳河流域的 ewenki 人命名的。所以，按照沃沮—通古斯语的语言线索寻觅"额儿古涅—昆"的原意，无疑是一条捷径。据乌云达赉考证结果，额泐古涅、也里古纳、额尔古纳，是沃沮—通古斯语 ergǔnan 的译音。鄂温克族牧养驯鹿的敖鲁古雅部落的一个支系名曰 gǔnancien（古纳千），意为"古纳河人们"。他们的居住地、狩猎区在额尔古纳河以东的莫尔道嘎山与根河之间的林区，由此可知，额尔古纳河是把额尔河—古纳河连起来的叫法。伊敏—海拉尔河下游流经沙地流量减小，达兰鄂罗木泄河口以下诸多湖淖港汊又补充蓄水，使额尔古纳河上游流速变得滞缓。沃沮—通古斯语称流速滞缓的河流为 e，如 e mu（额穆）、e mur（额木尔）、e mǔ daan（额穆丹）、er（额尔河）。额尔古纳河上游因流速滞缓而被称为额尔河。额尔古纳河中游以下河幅变窄，根河、得尔布尔河泻入，亘古急流向对岸冲击、切割，形成急湾河曲。沃沮—通古斯语按习惯称急湾河曲为 gǔnan（意为"三岁公马"），称次急河曲为 cierpiel（意为"二岁马"），称最急河曲为 dunen（意为"四岁公马"）。额尔古纳河中下游,因根河口对岸的急湾河曲而得古纳(gǔnan)河。鄂温克族先世,按他们朴素的地理知识,视一条河流上下游流速不同而分别命名,是不乏其例的。①

这里难免出现人们略感陌生的问题,那就是如今所称的 ewenki 人的先祖,在史料中,尤其在《史集》这一权威的历史专著中是否出现?他们是以什么面貌现身的?

这一问题需要解答。

ewenki 人的先祖,是以弘吉剌这一历史称谓出现在拉施特的专著中的。弘吉剌(honkir),其词干 onki、honki 是 ewenki 的变读音, –r、–t 是复数词尾。②

拉施特认定弘吉剌部落与蒙古部落在额儿古涅—昆同居一地,大体上相安无事。《史集》中收录的一段传说:

> ⋯⋯如前所述,据说这个弘吉剌惕部落,未经商议,就先于他人突然走出峡谷,以致踏坏了其他部落的炉灶。蒙古人断言,弘吉剌惕人常见的足疾就是这种行为的后果,他们的罪孽落到了他们的脚上。在遥远的过去,其他蒙古部落都愤恨弘吉剌惕人,因为他们最先走出并成为他们的反对者;在他们中间,这是家喻户晓的。③

看来,弘吉剌部落的一个分支曾与蒙古部落同居一地,已无疑问。从历史角度看,他们彼此之间确实产生了深远的影响。至于弘吉剌部族的起源,《史集》中也有所探究。拉施特收集到的信息表明:"据说,他们弘吉剌人的起源如下:从一个金器里,生出了三个儿子,这话大概是个隐喻,意思是说,生出这三个儿子的那个人,生性聪颖,品格完美,言行态度和教养都很卓越出众。"④拉施特认为,以上的传说是一个比喻,或者是一个隐喻,"否则,人类从金器生出的话,就是不可理解的,就

① 乌云达赉、乌热尔图:《呼伦贝尔历史地名》,内蒙古文化出版社 2003 年版,第 72 页。
② 乌云达赉:《鄂温克族的起源》,内蒙古大学出版社 1998 年版,第 33 页。
③ [波斯]拉施特:《史集》第一卷第一分册,余大钧、周建奇译,商务印书馆 1983 年版,第 261 页。
④ [波斯]拉施特:《史集》第一卷第一分册,余大钧、周建奇译,商务印书馆 1983 年版,第 262 页。

成为凭空虚构了"。至于弘吉剌人从何处迁徙而来，拉施特没有提供更多的线索。但他所引述的资料足以说明，弘吉剌部落的起源与蒙古部落的起源不同。这无意中显露出，拉施特在《史集》中误将弘吉剌部落划归迭儿列勤—蒙古麾下的说法，存在着无法释解的矛盾。拉施特认定：斡勒忽讷惕部、豁罗剌思部、亦乞剌思等诸部落均为"金器生出"，"同出一个根源"。^① 后来，弘吉剌部落起源与蒙古部落起源不同的说法，已在《蒙古秘史》的记载中所验证：弘吉剌部落成为尼伦蒙古部落事实上的联姻对象。尽管最初的联姻充满暴力和强制，但这一血缘交往的前提，乃是双方部落无论敌对与否，必须源自不同的祖先集团。

乌云达赉解开了弘吉剌部落的谜团，他指出弘吉剌的故乡在第二松花江西岸地区。他们在那里繁衍、发展，成为三个支系、六个部落，各有自己的名称。这些部落于"隋开皇中期（公元 590—591 年），在伊通河下游流域，他们与高句丽进行决战失败，许多军民向西转移，溯洮儿河进入了呼伦贝尔和蒙古高原东北部地区"^②。

在此考证弘吉剌人的来龙去脉，无非为诠释"额儿古涅—昆"的原意，探讨其周边环境，以便为最终确认蒙古部落的繁衍生息之地提供更多的佐证。

按照《史集》提供的历史信息，蒙古部落在额尔古纳河中段右岸地区繁衍生息近一百多年。他们在那片狭小的地域同样面临人口增多的压力。《史集》中多次出现的额儿古涅—昆，实际就指额尔古纳河中段右岸地区。虽然弘吉剌部落率先外迁，仍不足以缓解他们的生存困境。依据拉施特给出的资料，蒙古部落一次可点燃 70 个灶火，以此来推断，那时这支蒙古部落的人口大约在 300—400 人之间。或许，蒙古部落向

---

① ［波斯］拉施特：《史集》第一卷第一分册，余大钧、周建奇译，商务印书馆 1983 年版，第 269 页。乌云达赉认为，弘吉剌出自"金桶三子"的传说，其由来或许跟 hongir 的谐音读法有关。honkir（弘吉剌），人们有时谐读为 hongir，而 hongi 另有词意。hongi，沃沮—通古斯语，意为"桶子"，一般用桦树皮制成；hongir 意为"出自桶子的人们"。弘吉剌人称金桶为 altnu hongi。弘吉剌本是渤海国族，他们自诩出自金桶的高贵部落，也是很可以理解的事。可参阅《鄂温克族的起源》第 36 页。

② 乌云达赉：《鄂温克族的起源》，内蒙古大学出版社 1998 年版，第 28 页。

森林外部迁徙的另一个动因是，他们早期居住在嫩江上游地区（这是一个大致的地理概念）时保留的记忆，促使他们向开阔的空间地带运动。

这里提出一个问题：蒙古部落迁徙时，为什么没有选择西线，也就是趁额尔古纳河结冰之际，从大河西岸的河谷地带绕行西进，反而选择了翻山越岭直线行进的艰难路程？一个可能的推断是：额尔古纳河西岸为敌对部落所控制，而西南方向乃是弘吉剌部落的控制区，那是一些蒙古部落颇为熟识的族群。他们当时或许已成为通晓古蒙古语的族群，① 这都为蒙古部落的迁徙提供便利。蒙古部落沿着弘吉剌部落南撤的踪迹，翻过一道分水岭，进入得尔布尔河谷。大概就在这一段路程中，他们烧山开路，发现了铁矿，炼铁与开路两者兼而取之，因此留给后人一段"烧山化铁"的传奇故事。传说中的铁矿确实存在，那是一座铅锌矿，它在森林中一直沉睡，近期刚刚被开采。这一铅锌矿的位置在今得尔布尔镇以西十七公里处，距西牛尔河汇入额尔古纳河的河口地带有一百多公里。由此看来，蒙古部落告别额尔古纳河东岸，是沿着得尔布尔河谷，一直朝西南方向走出森林的。

完全可以想象，当年蒙古部落扶老携幼艰难跋涉的情景。当"奉天而生的孛儿帖·赤那，和他的妻子豁埃·马阑勒，渡过大湖而来"之后，也就是说，待迁徙者抵达呼伦湖畔，蒙古部落的行动及重要的传说，开始由其后人编纂成自己的史书。

这一时刻，成为《蒙古秘史》开篇的第一句圣言。

至此，一个部族的伟大历史掀开了新的篇章。

写于 2003 年，收入 2006 年出版的《蒙古祖地》

---

① 《史集》第 293 页记载："当成吉思汗在父亲死后还是个幼童时，他的两个族人，原为他父亲也速该把秃儿的两个亲信，离他而去。这以后，有几个迭儿列勤—蒙古部落归附了他。他与札木合薛禅商议后，向合塔斤和撒勒只兀惕部落派去了一个使者。当时他们有使用难懂的韵文和谜语来谈话的习惯。他们通过使者所转达的话，就属于这种话。那些人听不懂，无法理解其中含义。他们中间有个名叫……的青年，他说道：'这些话的意思是说，有许多和我们没有任何亲属关系的部落，如弘吉剌惕、塔塔儿、迭儿列勤等，如今全跟我们联合在一起，成为朋友了。'这一段记述表明，当时在不同的族系与语族之间，存在着语言交流上的障碍及如何排解它的问题。"

一代天骄成吉思汗的历史之谜

　　早在 1953 年，考古学家李济先生不止一次地呼吁，关心中国文明起源的人们要多多注意中国的北方。他在其著述中，以翔实的研究数据告诉读者，"那里有我们更老的老家"。值得钦佩的是，这位曾在山西西阴村主持殷墟十五次发掘的考古人类学一代宗师，在其专著中利用人体测量、古代典籍等资料，对中华民族的演变和迁徙，以及中国民族的主要构成分析出了大致的轮廓。还是这位博学之士，在其《中国民族的形成》一书中，列出一道历史谜题："根据体质人类学的分析，现代中国的人口中几乎找不到同成吉思汗及其游牧部落有血缘关系的代表，这是一个人类学上的谜，同时也是一个历史的谜团。"

　　这一历史的谜团值得深思。

　　需要说明的是，本书作者在探寻鄂温克民族起源的过程中，不经意间涉足了蒙古游牧族群的早期史，并以鄂温克人的文化视角，大胆地给出自己的分析和判断，借此连缀成篇。

铁木真降生

　　如今，草原上的好些事情，人们仍习惯与成吉思汗的英名联系在一起。但对那段古老的传说，对发生在蒙古高原腹地的历史事件，譬如幼年丧父的铁木真，当年如何在荒野上煎熬，如何在孤独的境遇中成长，后来又如何赢得成吉思汗桂冠的，人们对此知之不多，思之甚少。

从这位非凡的历史人物的童年着手，探究他幼年成长的秘密，或许会给人们带来有益的思考。这方面的历史信息着实有限，主要源自那部珍贵的《蒙古秘史》，它是研究蒙古民族早期历史的宝库。

《蒙古秘史》开篇第一句为：

成吉思汗的根源。

奉天命而生的孛儿帖·赤那，和他的妻子豁埃·马阑勒，渡过大湖而来，来到斡难河的源头不儿罕合勒敦山扎营住下。

这里记述的是一支人数不多的部落，从额尔古纳河中段右岸森林地带出发，烧山化铁辟出一条山路，闯出了密林。他们穿越呼伦贝尔草原，在呼伦湖畔做短暂停留，然后启程奔向鄂嫩河源头，最终落脚在肯特山下。这一有关蒙兀部落迁徙的信息，可以说是蒙古民族形成之前最确切的记载，它预示着处于孱弱状态，但保持着质朴的蒙兀部落，将在新的生存环境中崛起，随之爆发出惊天动地的力量。

在这里，呼伦湖畔作为迁徙途中的休憩之地，与一个伟大民族的早期历史联结起来。

蒙兀部落在肯特山落地生根，历经四百余年的繁衍生息，逐步壮大起来。《蒙古秘史》颇为详尽地记述了蒙古乞颜部的血缘脉络，从成吉思汗起，追溯至他的第二十二代祖先。波斯历史学家拉施特对此有所称道："蒙古民族自古以来有保持对自己的起源和世系记忆的习惯……父母要对出生的每个子女解释有关氏族和系谱的传说，这种规矩永远为他们所遵守，就是现在他们对这种规矩也是尊重的……" ① 拉施特的研究表明，那时蒙古乞颜部是由氏族组成的血缘亲族联盟，他们的氏族是以父系确认血缘关系的，可见在当时的部落中早已确立了父权制统治。

_____

① [波斯]拉施特：《史集》第一卷第一分册，余大钧、周建奇译，商务印书馆1983年版，第34页。

　　维护父系血缘的纯洁，为当时整个部族所尊崇。有关这一方面，《蒙古秘史》记载了一个不大不小的事件，这一事件后来成为有名的"折箭训子"的典故。《蒙古秘史》从第 12 节至 22 节，颇为真切地记述了这段传说。阿阑·豁阿(成吉思汗第十世祖母)在丈夫生前生了两个儿子，丈夫死后又生了三个儿子。一天，她听到两个孩子在暗中议论："咱俩的母亲没有兄弟、房亲，也没有丈夫，却又生下了这三个儿子。家里只有巴牙兀惕部人马阿里黑。这三个儿子是他的儿子吧？"初涉人世的孩子显然感受到了族人的压力，对三个弟弟的血缘是否纯洁暗中提出了质疑。阿阑·豁阿意识到事情的潜在危害，她凭借智慧化解了它。她让五个儿子别勒古讷台、不古讷台、不忽·合答吉、不合秃·撒勒只、孛瑞察儿·蒙合黑并排坐下，发给每人一支箭杆，让他们折断。一支箭杆有什么难折断的，他们全都折断了。阿阑·豁阿又将五支箭杆束在一起，让他们来折。他们五个人轮流来折束在一起的五支箭杆，都没能折断。阿阑·豁阿说："我的儿子别勒古讷台、不古讷台，你们俩怀疑我这三个儿子是怎么生的，是谁的儿子？你们的怀疑也有道理。"为此她作以解释："每夜，有个透明的黄色的(神)人，沿着房的天窗、门额透光而入，抚摸着我的腹部，那光透入我的腹中。那(神)人随着日、月之光，如黄犬般伏行而出。你们怎么可以轻率地乱发议论？这样看起来，由那(神)人所出的儿子分明是上天的儿子。"[①] 阿阑·豁阿如此这般地解释了事情的原委。

　　整理撰写《蒙古秘史》的史家们极为重视这一传说，为此做了这一段既有场景又有对话的记叙。这段有关成吉思汗先祖的记载，确实具有多重功用。它以无法确认的辩解维系了父系血缘的高贵与纯洁，同时掩饰了羼杂异族血缘的事实，并使其由世俗行为提升为神授天意——慈母乃感神光而孕，进而获得了针对部族之众(包括后代子嗣)的血缘方面不容置疑的合理解说。但若干年后发生的类似事件，却不那么愉快。《蒙古秘史》第 44 节记载，孛瑞察儿(成吉思汗第九世始祖)强掳了一个孕妇，生了儿子名叫沼兀列歹。当孛瑞察儿死后，因为家里经常有兀良合惕人来往，遂被怀疑为他们的

---

① 《蒙古秘史》，余大钧译注，河北人民出版社 2001 年版，第 13—18 页。

儿子,沼兀列歹因此被驱逐出悬肉祭天典礼。[①] 可想而知,这一惩罚远远超过鞭打与棒喝。

在此,引述两则有关蒙古氏族起源的故事,无非表明早在蒙古部族形成之初,父系血缘纽带支撑着部族社会的结构框架。

谈到成吉思汗家族,法国历史学家雷纳·格鲁塞的提示十分重要："在什么情况之下也速该夺得他的妻子,即成吉思汗的母亲诃额仑,这对于成吉思汗个人的历史至关重要。"[②]

按照这位蒙古史研究专家的点拨,遵循他的思路探索,或许会有意料之外的发现。

好在,在《蒙古秘史》《汉译蒙古黄金史纲》《史集》等诸多历史专著中,史学家细心地记述了这一重要时刻。那一年,冬雪尚未融化的时节（大概是在公元 1162 年最初的日子里）,[③] 也速该兄弟三人在鄂嫩河畔追踪野兔时,发现一个妇女在雪地上溺了尿,冲出了一个小坑。也速该兄弟沿着车迹走,看见那个尿坑,得出了自己的推断。也速该跟弟弟说："那女人会生贵子的。"[④] 这段重要的历史细节在《汉译蒙古黄金史纲》、新译校注《蒙古源流》中有真切的描述。这一历史细节补充了《蒙古秘史》中相关章节中的空白。显然史学家们吸纳了当时广为流传的民间传说,并非个人妄加编纂。也速该发现的在雪地上溺尿的女人,原来是篾儿乞惕部（乌第河部）也客·赤列都（脱黑脱汗之弟）的妻子诃额

---

① 《蒙古秘史》,余大钧译注,河北人民出版社 2001 年版,第 32 页。关于"兀良合惕人",按照拉施特在《史集》中的记载,兀良合惕部落曾与蒙兀部落一同生活在额儿古涅—昆,曾帮助他们点燃额儿古涅—昆的七十座炉灶。另有一群"森林兀良合惕人",他们居住在巴儿忽真—脱窟木境内,拉施特明确指出他们不是原来的蒙古人。见《史集》第一卷第一分册 255 页。乌云达赉认为兀良合惕为弘吉剌六部之一,源自乌苏里江沿岸,最晚在唐初迁移呼伦贝尔及额尔古纳河沿岸。参阅乌云达赉著《鄂温克族的起源》第 7 页,内蒙古大学出版社 1998 年版。

② [法] 雷纳·格鲁塞：《蒙古帝国史》,商务印书馆 1996 年版,第 42 页。

③ 乌云达赉：《鄂温克族的起源》,内蒙古大学出版社 1998 年版,第 60 页。

④ 《汉译蒙古黄金史纲》,朱风、贾敬颜译,内蒙古人民出版社 1985 年版,第 6 页。可对照萨囊彻辰著,道润梯步译校,《蒙古源流》新译校注,内蒙古人民出版社 1981 年版,第 104 页。参阅乌云达赉著《鄂温克族的起源》第 60 页。

仑，夫妻俩是从斡勒忽讷兀惕部（弘吉剌六部之一）的住地，返回西渤海途中恰好行至鄂嫩河地方。也速该兄弟三人追上前去，抢下了诃额仑夫人。① 《蒙古秘史》对抢掳过程记载的颇为详细。诃额仑夫人见三个陌生人在后面追赶，对丈夫赤列都说："你知道那三个人的来历吗？他们行色可疑，是要加害你性命的脸色啊。你如能保全性命，每个车的前座上都有姑娘，每辆幪车上都有贵夫人。你只要保住你的性命，姑娘、贵夫人都可以得到。你以后娶了别的名字的女人，仍可以取名为'诃额仑'的。你快逃命去吧！闻着我的香气逃走吧！"说罢，脱下自己穿的衫儿给他。赤列都接过诃额仑的衬衫打马逃走了。

　　《蒙古秘史》对诃额仑夫人当时的情绪也有所描述。

　　　　诃额仑夫人说：

　　　　我的丈夫赤列都，

　　　　未曾逆风吹其额发，

　　　　未曾挨饿于野地。

　　　　如今他的一对发辫，

　　　　一个丢在背脊上，

　　　　一个丢在胸前，

　　　　一个向前，

　　　　一个向后，

　　　　他怎么（如此狼狈地）去了也！

　　说罢，她放声大哭。她的哭声震动了斡难河水，震动了森林草原。②

---

① 余大钧译注《蒙古秘史》第 54 页："那时，也速该·把阿秃儿在斡难河畔放鹰捕猎，遇见从斡勒忽纳兀惕部娶妻回来的篾儿乞惕部人也客·赤列都。"乌云达赉认为"斡勒忽纳兀惕"为弘吉剌六部之一。弘吉剌的故乡在第二松花江西岸地区。斡勒忽纳兀惕为 olgun 部落。"他们分布在 ikirs（'上吉林'）部落的西北，新开河流域。他们称干河床为 olgun。新开河的下段河道，自今合隆（olgon 的译音）至河口为季节性河段，雨季有水，无雨断流，该河上段的流量也极小。olgun 部落，因此河而得名。olgun 部落的一些分支西迁，元初居住在根河与海拉尔河之间的地区，蒙古人便在 olgun 的后面加上复数词尾 -uut，而为 olgunuut，《蒙古秘史》写'斡勒忽讷兀惕'。成吉思汗的母亲诃额仑出自这个部落。"见乌云达赉著《鄂温克族的起源》第 34 页，内蒙古大学出版社 1998 年版。

② 《蒙古秘史》，余大钧译注，河北人民出版社 2001 年版，第 49—51 页。

由此可见，赤列都与诃额仑并非一日夫妻。加之，北方部族大多有未婚的女婿先期入赘女方家中的习俗，赤列都与诃额仑早已情深意笃。看来，执笔修撰蒙古历史的必阇赤们（书记官）注意到了这一点。

就这样，蒙古乞颜部的也速该，将外族人乌第河部赤列都（肃慎后裔）的妻子诃额仑夫人抢到了手。尽管当时双方的部落是世仇，长期处于敌对状态，也速该还是愉快地让诃额仑当了自己的妻子。

这就是雷纳·格鲁塞所提示的，有关成吉思汗个人历史的至关重要之点。细细品味也速该于鄂嫩河畔抢婚的过程，有个细节值得注意，那就是也速该瞧着雪地上女人溺尿后冲出的小坑说："这女人会生贵子的。"这段文字可视为也速该的直觉判断，表露了他抢掳一个有夫之妇的内在动机。新译校注《蒙古源流》一书的译注者认为这一细节"是奇谈"，古来有相面术，没听说有相尿术。这显然是感官和直觉退化了的当代人给出的仓促结论。无论过去还是现在，都不可断然排除优秀的牧人所具有的仅凭借气味与印迹即可做出准确推断的能力。[①] 对于史料中的这一记载，也可理解为史家出于审慎的考虑，在此作以谨慎的暗示：也速该抢到手的确实如他所猜测的是一孕妇。这至关重要之处因涉及铁木真童年的境遇，如何处置，确实令史家难以下笔。有的史书采取省略、回避的手法，以避讳触碰至尊大汗的"隐私"，有的史纲则采用了点到为止的暗示手法，任后人评说。

类似的境况并非绝无仅有。最近有专家发现，达·芬奇《蒙娜丽莎》的主人公画的是孕妇。五百多年来，《蒙娜丽莎》画中人脸上神秘的微笑一直是后人猜测的谜团。研究者寻找到了相关的证据，认定蒙娜丽莎原型在当这幅画的模特时已有身孕，那神秘的微笑是母亲对新生命即将诞生的喜悦。这一点甚至可以从画幅本身找到证据，譬如画中人肿胀的手臂，微微发胖的脸，微微鼓起的腹部，无一不在说明她是孕妇。

————————————

① 20世纪70年代，在内蒙古牧区曾出现一位跟踪能手，他平地跟踪的能力常人难以想象。如跟踪牲畜的印迹，他能指认出雄雌；如跟踪步行者的印迹，他会告诉你，此人左肩负重，还是右肩负重；如跟踪一位女性留下的足迹，他会告知你被跟踪者的大致年龄，被跟踪者如系孕妇，他的指认常常是准确的。

以上有关孕妇互不相干的两个话题，涉及一个关键性问题，这就是后人无论何时何地都不应低估前人的智慧。

苍天赐福于也速该。1162 年初夏的某一天，树木枝叶蓬松，大地松软能够跳踏出"深沟"，也速该带着被俘的塔塔儿部的头领铁木真·兀格归来。恰巧，诃额仑夫人在鄂嫩河畔迭里温·孛勒答黑的地方给他生了个男孩。孩子降生时，"右手握着髀石般的一个血块"。也速该望着健壮的孩子脸上似有光射人，透着幸运和威武的光辉，欣喜地给这孩子取名为铁木真。①

铁木真降生了。他那隐而不显的血缘身世，究竟给他的童年带来怎样一番境遇，这是史学家无法回避的问题，因为充满苦难的童年成为他情感和意志的源泉，为他日后成长为伟大的成吉思汗提供了勇气与力量。

少年铁木真

公元 1162 年，铁木真降生在蒙古乞颜部孛儿只斤贵族也速该·把阿秃儿的家中。按照《蒙古秘史》的记载，铁木真的出生地是在迭里温·孛勒塔黑山。对于这片神奇的地域，专家有两种说法：一种说法是其地理位置在鄂嫩河中游右岸，离尼布楚西南 230 俄里，今蒙古国边界之北 8 俄里；另一种说法是它在鄂嫩河上游。铁木真出生地上空的迷雾，也为他的身世笼罩了神奇的色彩。

铁木真的父亲也速该为喜得贵子而欣喜。也速该是蒙古乞颜部首领，他英勇善战，因此被称为"把阿秃儿"，意思是"勇士、英雄"。

也速该夫人诃额仑很快适应了新生活，长子铁木真的降生也给她带来极大的欢乐，使她忘却了昔日的忧伤和烦恼。

诃额仑夫人生下铁木真后，又生了合撒儿、合赤温、帖木格三个儿子，还有一个女儿，名叫帖木仑。也速该的妾速赤格勒给他生了两个儿

---

① 《蒙古秘史》译注者认为：迭里温·孛勒答黑，意为"脾脏形状的山"。关于此山的位置有几种说法：一说在今鄂嫩河中游右岸，离尼布楚西南 230 俄里，今蒙古国边界北 8 俄里；另一说在今鄂嫩河上游。

子：别克帖儿、别勒古台。

也速该格外疼爱铁木真，在他 9 岁时（另一说法是在他 13 岁时），便带他到诃额仑娘家的斡勒忽讷兀惕部去，想向孩子的母舅索女求婚。父子俩走到扯克彻儿、赤忽儿古两山之间时，① 不巧遇到了弘吉剌部的德薛禅。德薛禅称也速该为亲家，他一眼看中两眼有神、脸上泛光的铁木真，当得知也速该要为这孩子相亲，便把父子俩让到家中。父子俩相中了德薛禅的女儿，她叫孛儿帖，比铁木真大一岁。也速该父子在德薛禅家住了一夜，第二天，也速该便向德薛禅为儿子求婚。德薛禅答应将女儿许配给铁木真，并按照习俗要他留下来当女婿。也速该把带来的一匹马做聘礼，留下铁木真在德薛禅家中做女婿，骑上马独自回去了。临行前，他留下了一句话：

"我把我的儿子留下做女婿。我的儿子怕狗。亲家，你别让狗吓坏了我的儿子。"②

在相关史书中，涉及铁木真童年形象的文字不多，所以《蒙古秘史》中记载的也速该这句嘱咐显得尤为重要。阅读者可以从父亲的临别叮嘱中感觉到，当时的铁木真是个温顺、腼腆，带有几分羞怯的少年。无论过去还是现在，草原上终日与畜群相伴的孩子，怕狗的确实不多。

归途中，也速该误入塔塔儿人毡帐，中了他们的暗算。回到家中，也速该勉强向贴身仆人蒙力克交代了几句话，便因毒性发作，去世了。也速该临终最为挂念的还是他的铁木真，他让蒙力克照顾好孤儿寡母，嘱咐他"快去把我的儿子铁木真带回来"。

当时，乞颜部是一个血缘亲族联盟，包括了也速该的堂兄弟泰亦赤兀惕的一支人马。在血缘亲族联盟中，泰亦赤兀惕的势力最为强大，他们与也速该是同一直系祖先的后代。

---

① 《蒙古秘史》译注者认为，"扯克彻儿、赤忽儿古两山之间"的大体方位在呼伦湖、贝尔湖以东地区。乌云达赉认为斡勒忽讷兀惕部居住的范围在根河口和海拉尔河口之间。

② 《蒙古秘史》，余大钧译注，河北人民出版社 2001 年版，第 62 页。

　　也速该的突然病逝，骤然改变了他家人的命运，同时暴露了血缘亲族联盟长期以来隐而不显的内在冲突。

　　那年春天，乞颜部举行祭祀祖先的典礼，主持祭祀的是泰亦赤兀惕长辈，还有俺巴孩汗的两位妃子——斡儿伯和莎合台。她们率众出发祭祖时，没有招呼诃额仑夫人，因此她到得迟了。诃额仑夫人来到时，祭祖典礼已举行完毕，祭祖的胙肉按规矩分给到场的每人一份，却什么也没留给诃额仑。诃额仑很生气，她问道："也速该死了，我的儿子还年幼，你们出发时也不招呼一声，祭祖的胙肉份子也不按规矩分给我们一份，这到底为什么？"

　　她得到的回答冷酷而无情：

　　　　你有非叫你不可的道理吗？

　　　　你有赶上了就吃的道理吗？

　　　　你有必须分给你的道理吗？

　　　　你有来了就吃的道理吗？　①

　　一连串质问，直接指向诃额仑和她孩子的血缘身份。在祭祀先祖的神圣之地，发出如此尖刻的质问非同寻常。这一质问的含义是：也速该死了，你们异姓人与蒙古乞颜部原有的亲缘关系已经断掉了，你还有什么理由提出要求？一个潜在的问题终于浮出水面，这就是父系血缘的尊严与血缘血亲的纯洁。

　　这是不祥的预兆。

　　第二天，整个乞颜部沿着鄂嫩河迁走了，诃额仑母子们突然间被遗弃了。

　　晃豁坛氏察剌合（弘吉剌部人）老人前去劝阻，被狠狠地刺了一枪。临行前，泰亦赤兀惕的脱朵延吉儿帖首领留了一句话：

　　　　深水已经干涸了，

　　　　明亮的白石已经破碎了！

　　《蒙古秘史》第 72 节清楚地记下了这句话，可见这段文字之重要。

---

① 《蒙古秘史》，余大钧译注，河北人民出版社 2001 年版，第 70 页。

在这里，水象征着血缘，水流断了，干涸了，意味着以往的血缘纽带已经断裂、消失；白石破碎，表明某种尊贵、圣洁之物的终结。显而易见，诃额仑母子已被排除在乞颜部的血缘亲族之外，这是诃额仑和她的孩子们惨遭遗弃的唯一理由。

少不更事的铁木真，探望重伤的察剌合老人，老人告诉他，跟随他父亲的非乞颜部的百姓，也被泰亦赤兀惕人带走了。铁木真似乎意识到此事背后的因由，这个怕狗孩子的心灵已受重创，他极为忧伤，"哭着出来，回去了"。

随后的若干年，坚毅、顽强的诃额仑夫人带着孩子们，在鄂嫩河发源地的肯特山一带，拿着木叉，沿着鄂嫩河畔剜野葱、野韭菜，采野果度日。铁木真兄弟则在小河中结网捕鱼，一家人"除影子外再也没有朋友，除尾巴外再也没有鞭子"，生活极度艰难。

这段远离人群的生活并不平静，在铁木真兄弟之间发生了一件凄惨的事情。《蒙古秘史》记述了这出人意料的事件：那一天，铁木真、合撒儿、别克帖儿、别勒古台四人，同在小河边钓鱼，钓上来一条闪亮的小鱼，别克帖儿、别勒古台从铁木真和合撒儿手中夺走了那条鱼。回到家中，铁木真、合撒儿对母亲说："我们钓上来一条闪亮的小鱼，被别克帖儿、别勒古台抢走了。"诃额仑夫人说："你们是同一父亲的亲兄弟，为什么要不和呢？咱们如今无依无靠，除了影子外没有朋友，除了尾巴外没有鞭子。咱们受泰亦赤兀惕兄弟的苦还报复不了，你们为什么要像阿阑·豁阿母亲的五个儿子那样不和睦？你们不要这样！"铁木真、合撒儿听不进母亲的劝告，不高兴地说："前些天射的一个小鸟，被他俩夺走了，今天钓上来小鱼，又被他俩抢走了。这怎么能在一起生活呢？"说罢，兄弟俩推门而出。后来，悲剧发生时，别克帖儿正在山坡上放马。铁木真、合撒儿一前一后摸了上去，抽箭要射，被别克帖儿发现了，他说："咱们受尽泰亦赤兀惕兄弟的苦难，还不知谁能报仇呢？你们为什么要把我当作眼中钉，喉中的鲠？如今咱们孤苦无靠，除影子外没有朋友，除尾巴外没有鞭子。你们为什么要杀我？你们不要弄灭了灶火，不要抛弃别勒古台。"说罢，盘腿端坐，等待着被射死。铁木真、合撒儿并未手软，一前一后把他射死了。①

事后，诃额仑弄清了真相。她极度悲愤，用她所能想象的最尖刻的语言，斥责、咒骂这两个令她悲痛欲绝的儿子。她说："受了泰亦赤兀惕兄弟带给咱们的这么大的苦难，不知谁能去报仇时，你们为什么还要这样自相残杀呢？"

为什么要自相残杀？以泪洗面的母亲，向苍天，向她双手沾了同父异母兄弟鲜血的儿子，发出了质问。铁木真为什么决意这么干？这里存在一个不容忽视的历史疑问，解开这一疑点有可能获得打开铁木真心灵的钥匙。《蒙古秘史》《汉译蒙古黄金史纲》《蒙古帝国史》等重要史籍并未回避这桩手足相残的血案，但事件的原初动机与成因却被史家所遮掩，甚至改写了。《蒙古秘史》中所提供的因小鱼被抢而起杀意的情节不足为信，因为当时别克帖儿、别勒古台处于依附地位，虽然俩兄弟年龄与铁木真、合撒儿相仿，但处于明显的弱势。加之，铁木真的年龄当时仅在 13 岁至 15 岁之间，在此之前与在此之后，史料中给出的有关他的文字，都是一个温和、腼腆、慷慨豁达的形象，这是言之有据的。他怎么能为一条小鱼而杀掉自己的同父异母兄弟？格鲁塞认为"铁木真杀死了他兄弟里面唯一敢于反抗他的人，在他年轻时候已经成为他这一族系的首领"。这位法国历史学家的这段分析并不贴切，因为当时尚未成年的铁木真还在钓鱼、捕雀儿，并未显露他日后的抱负。另外，从别克帖儿临死前盘腿端坐的冷静姿态看，他是一个有好奇心、有头脑、有主见的孩子，他意识到自己做了不可饶恕的事情（但这不会是抢条小鱼）。那么，年仅十四五岁的别克帖儿到底做了什么呢？历史是不是又出现了重复？②

分析这一悲剧的因由，要从具体的情节和局部的琐事中挣脱出来，

---

① 《蒙古秘史》，余大钧译注，河北人民出版社 2001 年版，第 76 节、77 节。

② 余大钧译注《蒙古秘史》第 18 节记载："朵奔·篾儿干生前所生下的两个儿子别勒古讷台、不古讷台，暗中议论自己的母亲阿阑·豁阿说'咱俩的母亲没有丈夫的兄弟、房亲，也没有丈夫，却又生下了这三个儿子。家里只有巴牙兀惕部人马阿里黑。这三个儿子是他的儿子吧？'"可见，铁木真的先祖在他们那般年龄时，也曾因兄弟的血缘纯洁与否而发出质问。

从整体上思考和把握。在这一方面，格鲁塞的确有见地，他曾强调："在什么情况之下也速该夺得他的妻子，即成吉思汗的母亲诃额仑，这对于成吉思汗个人的历史至关重要。"由此，思考的焦点可放在支撑乞颜部血缘血亲联盟的结构框架上。当时，迁徙肯特山一带，由成吉思汗十世祖母阿阑·豁阿圣洁的腰脊繁衍下来的乞颜部人口的总数并不多，除其周边居住的原蒙古语族的部落外，多为突厥人、弘吉剌人。乞颜部严格遵循氏族外婚制（或称族外婚）原则，保持和沿用抢婚的习俗也是历史的必然选择。拉施特注意到了这一历史现象，他在《史集》中引述了乞颜部近邻的一句原话："我们将如同一个氏族的（兀鲁黑），互为兄弟；正如蒙古人不相互聘娶姑娘，我们也互不聘娶。我们之中的每一个人，从其他任何部落中聘娶姑娘，都将互相遵守婚娶之俗（所规定的）礼则。"[1] 可见，族外婚已成为蒙古诸部婚娶之俗的一条不可触犯的戒律。以此为基点，父权制血缘联盟的根本是血缘与权力的交融，两者互为因果，所以父系血缘的纯洁、父系血缘的高贵，一直为蒙古诸部所尊崇。但它同时又是一个矛盾体，隐含着内在的缺陷，无法杜绝引发部族间的冲突与仇恨。部落鼓励和默认以面向外族的抢婚方式组合家庭、繁衍人口，同时却排斥异族血缘的羼杂，否认其合理性及子嗣的合法地位，以此维护父系血缘的高贵与纯洁。如此这般，势必在某时某刻、某种因素起伏动荡时，引发一场大冲突、大悲剧。铁木真一度被遮掩的血缘身世，就是引发整个家族及个人灾难的、陷入悲剧情势的主导因素。未成年的铁木真成了这一晴天霹雳的被击打对象，无辜的别克帖儿成为附带的牺牲品。可以想见，在被部落遗弃的一连串厄运中，无形的重负压在年幼的铁木真身上，他被推上了没有退路的祭坛。他那先前确立的身份转瞬间化为乌有，"我是谁？"成为铁木真百思不解的难题，而"你是谁？""你引来了灾难！"则有可能成为别克帖儿质问的方式。对此，铁木真无力辩解与说明，犹如被逼入绝境的一头困兽。这是铁木真痛苦而可怕的经历，如借用现代术语来诠释，可以说，他在内心中失去了方向感，难以

---

① [波斯]拉施特：《史集》第一卷第一分册，余大钧、周建奇译，商务印书馆1983年版，第272页。

确认自我的时空方位。以往的约束与习惯，所谓好与坏、亲与疏、善与恶，在他的视野中变得模糊不清，他陷入查尔斯·泰勒[1] 所称的"认同危机"之中。以血腥的方式回击别克帖儿，是铁木真对"认同危机"最有力的反抗。之后，铁木真所有的作为就是为了找回失去的"自我"，重新回归那将他遗弃的部族社会，这一信念被鲜血所验证，转换为无人可以阻挡的意志。就这样，以鲜血奠基的超凡意志和不可征服的勇气，与其回归乞颜部的目标融为一体。血祭别克帖儿，成为铁木真摆脱"认同危机"的转折点。

厄运不会很快度过。过了一段时间，泰亦赤兀惕的塔儿忽台·乞邻勒秃黑率众围剿诃额仑和她的孩子们。围剿者以狩猎者的口气说：

小鸟的羽毛逐渐丰满，

羊羔儿长大了！

毫无疑问，他们将铁木真视为敌对部落的子嗣。短暂的对峙后，泰亦赤兀惕人高喊：

叫你们的哥哥铁木真出来，别的人都不要。[2]

铁木真意识到他才是泰亦赤兀惕人所要猎取的猎物，骑上马躲进了帖儿古捏山的密林里。他在密林里躲了九天九夜，后来没有一点吃的了，钻出林子，被守在那里的泰亦赤兀惕人抓住。铁木真被带到泰亦赤兀惕人的营地，他的堂叔们将其视为敌方的俘虏，给他戴上木枷看押起来，对他的几个弟弟却没有理睬。一天晚上，铁木真找个机会逃了出来，戴着木枷躲在河水中，只把脸露出水面。速勒都思氏人（弘吉剌部人）锁儿罕·失剌发现了铁木真，巧妙地帮他躲过了第一轮搜捕。锁儿罕对铁木真说："正因为你这样地有才智，目中有火，脸上有光，你那泰亦赤兀惕兄弟才那样嫉妒你。"这分明是对铁木真的赞赏。为什么铁木真的堂叔们对他如此仇恨？拉施特等史学家沿用了锁儿罕的这句话，认为泰亦赤兀惕人嫉妒铁木真的才智，才下此毒手。其实，刚刚接近成年的铁

---

[1]　查尔斯·泰勒，加拿大哲学家，著有《自我的根源：现代认同的形成》等专著。

[2]　《蒙古秘史》，余大钧译注，河北人民出版社 2001 年版，第 79 节。

木真尚无任何作为，更谈不上对外展示自己的才智。格鲁塞认为以如此残酷的手段处置铁木真，乃是泰亦赤兀惕人认定"铁木真可能成为为氏族权力而复仇的人"。其实，这一观点也显得十分勉强，不足以说明泰亦赤兀惕人为何唯独对铁木真怀有咬牙切齿的仇恨。随后，铁木真躲到锁儿罕的家中，锁儿罕的儿子解下他脖上的木枷，锁儿罕把他藏在装羊毛的车里，避免了又一轮搜捕。事后，锁儿罕送他一匹马、一只水壶、一张弓、两支箭，给他带上吃的，让他上路了。《蒙古秘史》在这一段情景交融的记叙中，其实存在着一个不大不小的历史疑问，置身于泰亦赤兀惕人营地的锁儿罕·失剌，为何放着身家性命而不顾，冒着掉脑袋的危险来解救铁木真，难道仅仅因为他对铁木真怀有恻隐之心？他的恻隐之心缘何而生？锁儿罕·失剌的妻子是泰亦赤兀惕人，他本人系篾儿乞部的弘吉剌人，《蒙古秘史》中记载了他的"你那泰亦赤兀惕兄弟"这段另有含义的话语，附带点明了他十分了解铁木真的身世。由此推断，锁儿罕·失剌庇护铁木真的行为，有可能出于部族之缘以及与其相关的血缘纽带。之后，锁儿罕·失剌举家到铁木真的住地避难，终身为他效力。

还有件事不应忽略，那件事也是冲着铁木真一个人来的。

铁木真 17 岁时与孛儿帖完婚，住在古连勒山里的桑沽儿河旁。此时，他的处境有了较大改观，开始与周边的友邻，特别是与他父亲的旧友开始了礼节性交往。一天，一支人马突袭了他们的住地，他们一家人骑马躲进了不儿罕山里。因马匹不足，孛儿帖只好藏在牛车里外逃。追袭的人马围着不儿罕山绕了三圈，不依不饶地要把铁木真抓住。他们是兀都亦氏、兀洼思的答亦儿氏、合阿氏三姓人。据《蒙古秘史》记载，他们"是为以前也速该把诃额仑母亲从赤列都处抢过来的缘故，如今前来报仇"。从这支人马的举止分析，他们此行的目的是为了抢回铁木真。他们没有达到目的，却截住了牛车，把孛儿帖掳走了。之后，赤列都的兄弟赤勒格儿·孛阔让孛儿帖做了妻子。

至此，铁木真躲过了一次次劫难，身心得以锤炼，他步入青年人行列，开始了回归乞颜部的征程。

分析铁木真的童年遭际，可以得出一个结论：兄弟之间相残乃是铁木真内心冲突的表现。铁木真在被部落遗弃的岁月中，承受住了命运的打击，但他内心难以回避"我是谁？""我如何生存？""我将成为什么样的人？"如此这般心灵的煎熬。外在生存环境与内在精神世界的双重危机，锤炼了他的意志，熔铸了他不可泯灭的生存欲望。当他走出这一段黑暗的峡谷，犹如一个脱胎换骨的新人，精神世界发生了骤然巨变。《蒙古秘史》十分在意铁木真走出困境后，与他人接触的第一个举动，那就是因家中马匹被盗，他独身一人追赶时与博尔术相识的经过。格鲁塞从铁木真寻马的这桩小事中观察到，铁木真"能折服一切接近他的人，具有吸引人的坚强品行。像年轻的博尔术对他一见倾心，愿意将自己的命运和他结合在一起。我们还要继续地看到，就像一种回旋愈推愈广的节奏，氏族、部落、人民不断地归附于他，被他的天赋的统率能力，公平的理性，对于自己人的忠诚，对于效劳者知恩必报的品质所征服"①。

短短的几年里，铁木真如同换了一个人。他对童年为何受到命运的戏弄，应该说已是刻骨铭心。

在后来铁木真赢得成吉思汗桂冠的过程中，在他征服世界的旅途上，开创性之举难以尽数。本文所关注的乞颜部父系血缘至上的传统，已为成吉思汗所忽略或漠视。譬如，成吉思汗将战场上拾得的敌对部落的幼儿献给他的母亲，让他们在母亲身边"每日做眼教看，每夜做耳教听"，他本人与母亲收养的这四个不同血缘的养子，平日里以兄弟相称相待。又如，当孛儿帖怀着赤列都的兄弟赤勒格儿·孛阔（肃慎后裔）的胎儿回到他身边，生下了拙赤，成吉思汗将孛儿帖的这头胎视为自己的亲生长子，喜爱有加。直至他的晚年（公元 1219 年），成吉思汗西征前夕，聪慧的妃子也遂奏请他早立继位人，她劝道："一旦您那大树般的身体突然倾倒，您那织麻般团结起来的百姓，交给谁掌管？一旦您柱石般的身体突然倾倒，您那雀群般的百姓，交给谁掌管？您所生的杰出的四子中，您托付给谁？"这是悠悠万事唯此为大之事，成吉思汗当众坦然而言："儿子们之中，拙赤你是长子，你怎么说？你说吧。"这看似随意的

---

① [法]雷纳·格鲁塞：《蒙古帝国史》，商务印书馆 1996 年版，第 55 页。

一句话，表明了他的态度，话语中已带出几分倾向。此番话引起次子察合台的激烈反应，他挺身而出："让拙赤说话，莫不是要传位给他？我们怎能让这篾儿乞惕野种管治？"① "篾儿乞惕野种！"这真是晴天响雷。可见，对蒙古乞颜部而言，"篾儿乞惕"一直是外族人、敌对部落的代名词。在这至关重要的时刻，血缘问题如荒山野火再一次点燃，同一母亲所生的两兄弟竟当众揪扯起来。成吉思汗看着，听着，默默无言地坐着。血缘的纯洁与否，在他的子嗣身上同样与权力纠缠在一起，历史的悲剧随时随地可能重演。由此引发的争辩、劝解、开导，犹如一场闹剧。在场的旁观者不得不挺身相劝："察合台，你怎么可以胡言乱语，使你贤明的母后寒心？你们都是从她腹中所生下的孩子，你们是一母同胞兄弟。你不可以责怪热爱你的母亲，使她伤心；你不可以抱怨你的生身之母，指责她所悔恨的事。"成吉思汗以不可动摇的意志平息了此事，他说："怎么可以这样说拙赤呢？拙赤不是朕的长子吗？以后不可以说这种话！"此时，拙赤的态度也很重要，他表示了谦让与和解。兄弟间由继承权之争引发的血缘问题消解了。

血缘的纯洁与否，血统的高贵尊卑，在成吉思汗眼中早已退而次之。

总括起来说，成吉思汗在用人、用兵、治国等诸多方面表现的大智大勇、深谋远虑，远远超出他的同代人。德阿·托隆在《蒙古人远征记》中谈到："成吉思汗能够在如此辽阔的领域内完成统一大业，是非常了不起的。目前，还没有任何理论证明过成吉思汗征服世界的雄心是怎样在这片草原上形成的。"这确实是一个有待破解的历史之谜。成吉思汗过人的智慧与胆识源自何处？喜欢从整体上思考的人们自然不会忽略他的童年。德阿·托隆的评价十分精辟："青年时代的流浪生涯、对严寒和酷热的抵抗能力、超人的忍耐力，以及对创伤、失败、撤退和被俘等厄运泰然自若的态度，都足以证明他顽强的生命力。在最恶劣的气候和最不稳定的环境的磨炼下，他的身体从青少年时代起就习惯了忍饥挨饿。从一开始起，苦难的经历就培育了他的精神。这些经历把他锤炼成钢铁

---

① 《蒙古秘史》，余大钧译注，河北人民出版社 2001 年版，第 254 节。

般的人，震惊世界的人。"

毫无疑问，铁木真充满磨难的童年，为他在那特定的年代熔炼超凡脱俗的心智，为他之所以成为成吉思汗，奠定了情感、勇气、意志和信念。这是一个划时代的伟人所具有的必不可少的品格和素质。

成吉思汗的血缘身世之谜

20世纪末，人类遗传基因研究涉足了考古学领域，这种使用 DNA 技术进行考古研究的项目，被称为"分子考古学"。在这一研究领域，引起公众注意的包括英国休斯敦桑格尔中心主任克里斯·泰勒·史密斯博士。

2005年10月出版的《美国人类遗传学杂志》上，发表了泰勒·史密斯博士研究小组的最新成果。这个由英国和中国基因学家组成的联合小组，在中国北方人群中找到了一种重要的 Y 染色体，他们认为这种染色体可能标志着其携带者是建立了清王朝的皇室后裔。通过计算该染色体族系中的突变数量，泰勒·史密斯估计该族系所有分支的共同祖先生活在五百年前，因此很可能是满族人的祖先觉昌安。觉昌安是努尔哈赤的祖父。

有意思的是，泰勒·史密斯将这一研究成果与两年前他对东亚地区进行 Y 染色体调查的结果进行对比分析，并引起了争议。

2003年，泰勒·史密斯和牛津大学的科研人员从成吉思汗时代版图内及其周边地带收集到16个组群的样本。结果发现，在多达8%的男性基因中，拥有相同的 Y 染色体片段。科学家通过检测 Y 染色体的微小变化得出结论：他们共同的祖先都生活在12世纪到13世纪之间。将这些基因变化的证据和12世纪建立的王国版图联系起来，研究者推断这就是成吉思汗的 Y 染色体片段。这个颇有争议的研究项目被称为"成吉思汗基因测试"。

泰勒·史密斯将两个研究项目中发现的 Y 染色体进行分析对比，结论是：与特定族群混合的满族人有着与觉昌安的 Y 染色体最高的相似性，而成吉思汗的 Y 染色体最接近觉昌安的 Y 染色体。

泰勒·史密斯的研究成果引发了争论，有学者认为这两项研究过于耸人听闻。

那么，史密斯博士是否在以科学的名义编织神话，为何生活在八百多年前的蒙古族先人与生活在五百年前的满族先人有着相似的 Y 染色体？他的研究到底有没有跨学科的历史依据来支撑呢？

这是解答难题的关键所在。

如果利用当代最新的历史研究成果，重新审视与成吉思汗个人经历相关的历史文献，还是不难发现一些历史线索和脉络。

《蒙古秘史》第 54 节至 56 节，记述了成吉思汗父亲也速该抢掳其母诃额仑的经过，并明确记载当初斡勒忽讷兀惕部的诃额仑已经出嫁，陪在她身边的丈夫乃是篾儿乞惕部（乌第河部）的也客·赤列都。《蒙古秘史》并没有回避一个事实：也速该抢的是一个有夫之妇。而在《蒙古诸汗黄金史纲》（蒙古文）、《蒙古汗统宝贵史纲》（蒙古文）著述中，史家使用隐讳的笔墨谨慎地作以暗示，点明早在动手抢人之前，瞧着诃额仑留在雪地上的溺尿痕迹，也速该已经推断出诃额仑将生贵子。

当代历史地理学家乌云达赉，在对《蒙古秘史》《蒙古诸汗黄金史纲》（蒙古文）、《蒙古汗统宝贵史纲》（蒙古文）等文献记载的细枝末节分析之后，得出一个推断性的印象：当年，蒙古乞颜部的也速该抢掳为妻的诃额仑，已经有孕在身。

接下来提出的问题是，铁木真的血缘父亲到底是谁？他的族属是否能够考证清楚？"篾儿乞惕部"到底属于什么族系？

对此，乌云达赉的研究提供了清晰的氏族分布和迁徙的图谱。乌云达赉认为，"篾儿乞惕部"是由两个民族三个部落组成的部落联盟。渤海族为其中的一部，《蒙古秘史》写兀洼思篾儿乞惕，兀洼思与唐代的渤海靺鞨为一名二译。《蒙古诸汗黄金史纲》（蒙古文，1604 年成书）和《蒙古汗统宝贵史纲》（蒙古文，1663 年成书）称其为"索伦之渤海"或"渤海索伦"。兀洼思属弘吉剌部落，为沃沮—通古斯语支，该部之汗名曰答亦儿·兀孙。另一部为哈州部，哈州部之汗名曰答儿马剌。哈州部的故乡在黑龙江中游逊克县库尔滨村一带。哈州人的早期故乡本在牡丹江流域，他们是肃慎裔部落。辽国开泰三年（公元 1014 年），北院枢密使耶律世良在今乌兰巴托东面的巴彦朱日和一带筑招州城，曰绥远军，以女直户置。之后，当契丹无力顾及时，他们往西北方的哈腊河流域迁徙，而为哈州部。第三部为乌第河部，乌第河部之汗名曰脱黑脱阿·别乞。乌第河部，分布在色楞格河下游右岸流域。他们本是辽国统和二十二年流配鄂尔浑河上游、图拉河下游以及开泰初年（1012—1014 年）被强徙于鄂尔浑河上游等地方的女直部落的后裔。他们早期的故乡在鄂霍次克海西岸的乌第河流域。哈州部、乌第河部均为肃慎裔部落，属满—通古斯语支。在这三个部落中，乌第河部最为强大，以骁勇善战闻名于周邻诸部。这就是"篾儿乞惕部"的族系构成。①

《蒙古秘史》第 111 节明确记载："……从前也速该·把阿秃儿抢夺脱黑脱阿·别乞的弟弟也客·赤列都的妻子诃额伦……"② 由此得知，诃额伦初嫁的丈夫也客·赤列都乃是脱黑脱阿汗之弟，这是《蒙古秘史》明确指明的篾儿乞惕乌第河部汗王与赤列都的兄弟关系。而乌云达赉则以自己的最新研究成果证明，《蒙古秘史》所记载的篾儿乞惕乌第河部，系肃慎后裔，属于讲满—通古斯语的人。③

之后，他们的去向如何呢？

公元 1204 年秋，铁木真进军呼伦贝尔。乌第河部脱黑脱阿汗列阵于伊敏河下游西岸，以背水决战。双方鏖战之际，兀洼思之答亦儿·兀孙汗乘船顺伊敏河而下，将女儿忽兰公主献给了成吉思汗。脱黑脱阿汗

---

① 乌云达赉：《鄂温克族的起源》，内蒙古大学出版社 1998 年出版，第 59—60 页。

② 《蒙古秘史》，余大钧译注，河北人民出版社 2001 年版，第 126 页

③ 按照乌云达赉的研究，篾儿乞惕为 mukeyir 的汉文音译，系史料中所称的"水（乡）挹娄"。在史料中水（乡）挹娄一音四译：勿吉、靺鞨、梅里急、篾儿乞惕（乌云达赉著《鄂温克族的起源》第 66 页）。《蒙古秘史》中的"也客（氏）"与"叶赫"（氏）为同音异译。拉铁摩尔认为"叶赫那拉"源自蒙古语 yeghe ne-re，意为"伟大的名字""伟大的部落"（拉铁摩尔《中国的亚洲内陆边疆》第 96 页）。按照拉铁摩尔的研究，"清朝始祖努尔哈赤的先代，却可以追溯到五世纪其祖先在松花江中游的三姓（满语依兰哈拉）地区居住的时候"。（拉铁摩尔《中国的亚洲内陆边疆》第 76 页）本文作者认为，《蒙古秘史》中的"三姓篾儿乞惕"与拉铁摩尔所称努尔哈赤先祖居住在松花江中游的"三姓（依拉哈拉）地区之间"，存在着不可忽视的渊源关系。

无心再战，趁势率一部人马西遁中亚。乌第河部民众，包括脱黑脱阿汗的家族和叶赫氏族，向东翻越大兴安岭，顺雅鲁河而下，至辽河上游地方。

如此看来，成吉思汗 Y 染色体与觉昌安 Y 染色体的相似，并非用 DNA 技术演绎的科学神话，更不是空穴来风，而是有历史依据来支撑的。但最终的结论，也就是要揭示历史的真实面貌，还是寄期望于未来——凭借考古新发现以及更加使人信服的科学技术去破解。

在这里，提出一个附带的问题：探究一位功名铸就的历史人物的血缘身世是否具有现实意义？

对于成吉思汗而言，独特的血缘身世并未给他创建庞大的蒙古帝国带来负面影响，只是给他的童年带来了苦难，但由此启发了他的心智，使其成为心胸开阔、胸怀大志的人，使他从容地跨越了民族、宗教、地域文化的羁绊，以惊人的勇气和智慧超越了他所生活的时代。

这位伟大的蒙古帝王，被后人赞誉为"千年第一人"。

成吉思汗的母亲

铁木真的童年充满磨难，他自幼丧父，整个家庭又被部族遗弃，孤儿寡母流落于荒野，无人求助，无人相怜。在为生存而挣扎的困境中，铁木真的母亲诃额仑表现出坚强的毅力，她把绵如雨露的母爱奉献给了孩子们。在这一段艰难的岁月里，母亲的教诲及潜移默化的影响成为铁木真智慧的源泉。之后，当他施展统帅的才智在短短的时间内统一蒙古诸部，并以成吉思汗的英名威震四方时，他的母亲时刻陪伴在身旁，给予他无边的福佑。

诃额仑是一位伟大的母亲。

在《蒙古秘史》中，有关诃额仑的记载着墨不少，史家精心刻画了一位慈爱、公正、富有远见的母亲形象。

命运的打击常常是突如其来的。蒙古乞颜部头领也速该的突然去世，使他的家人面临厄运。最初的不公正待遇，发生在祭祀乞颜部祖先之时，也速该的遗孀诃额仑没有分得祭祖的胙肉、供酒。这是有预谋的行动信号，实际上，掌控了乞颜部大权的泰亦赤兀惕族，已将诃额仑和她的孩子们置于非乞颜部族系的境地。在孤立无援的处境中，诃额仑据理力争，表现了她执意寻求公正、不畏强暴的性格。当诃额仑及孩子们被整个乞颜部遗弃之时，她以顽强的生存意志带领他们在鄂嫩河畔掘草根、采野果度日。对于这位母亲来说，一时心迷神乱的铁木真与合撒儿联手射杀同父异母兄弟别克帖儿，才是她最痛苦、最揪心的时刻。她用最刻薄、最严厉的语言责骂长子，使铁木真从这手足相残的血腥冲突中有所顿悟，成为他刻骨铭心的心理事件。这场鲜血与泪水的洗礼，无疑对铁木真一生影响巨大，使他后来珍重友情、忠厚诚信、崇尚法度、重赏功臣，成为超越血缘亲情羁绊的人。而当铁木真立国称汗之后，他也曾轻信萨满阔阔出的挑拨，将胞弟合撒儿捆绑起来施之以威。当时，诃额仑闻讯奔赴现场，并亲手为合撒儿解绑，她怒不可遏地盘腿坐在成吉思汗面前，袒露双乳，垂于双膝之上，怒斥："……铁木真能吃尽我的一只奶，合赤温、斡惕赤斤两人不能吃尽我的一只奶，只有合撒儿能吃尽我的两只奶……我的有能力的铁木真，他的能力在于心胸，我的合撒儿有力气，能射，射得逃走的各部百姓陆续来投降。如今已经讨平了敌人，你眼里就容不得合撒儿了！"母亲的震怒，使成吉思汗感到畏惧，感到羞愧。这就是《蒙古秘史》中记载的诃额仑"持乳教子"的大致经过。

铁木真的结拜兄弟札木合曾感叹地对他说："……你有贤明的母亲，生下你这位豪杰……"他觉得自己没有这样的福分。

后人盛赞"一代天骄"成吉思汗，称其为世界上唯一没有杀过一个将领、一个功臣的帝王，钦佩他那宽宏大度的胸怀。而读过《蒙古秘史》的人自然会得出一个结论：成吉思汗脱凡超俗品格的形成，与他的母亲有直接关系。

成吉思汗的母亲何以具有如此的品行和胸怀，她源于一种什么样的文化背景？她到底出身于哪一个族群？

具体说来，诃额仑的原本族系是一个历史之谜，至今难有令人信服的定论。

按照《蒙古秘史》的记载，诃额仑是斡勒忽讷兀惕部人。但是，这个"斡勒忽讷兀惕部"归属于什么族系？他们的母语属于哪一种语言？他们起源于何处？对于这些,《蒙古秘史》没有明确的交代，留下了一段历史空白。

在拉施特的《史集》中，虽然指明斡勒忽讷兀惕部"出自弘吉剌惕的一个分支"，但他将弘吉剌及斡勒忽讷兀惕部划入"迭儿列勤的突厥—蒙古诸部"，并对这个庞杂的"迭儿列勤的突厥—蒙古诸部"的记述前后矛盾，含糊不清，致使后人屡屡误读。而当代蒙古史学家亦邻真则完全认同拉施特的蒙古族系的划分方法，认为"当时称为蒙古的只有尼鲁温蒙古和迭列列斤蒙古"。在他看来，尼鲁温（《史集》汉译本译为"尼伦"）可能是指住在山岭上的蒙古人，而迭列列斤（《史集》汉译本译为"迭儿列勤"）可能是指居住在山岭下的蒙古人。在此，亦邻真没有使用"泛称"这一有关历史上族群划分过于笼统的概念。而他在论及"突厥""东胡""室韦""鞑靼""阻卜"等历史概念时，曾以语言学家的敏锐指出在这些泛称中存在着不同的语言集团。有关这一点，拉施特在《史集》中明确指出："……由于他们的强大，这些地区的其他部落也渐以他们的名称著称，以致大部分突厥人现在都被称为蒙古人。" [1]

应该说，准确破译诃额仑族系的是历史地理学家乌云达赉。乌云达赉认为，《史集》中所称的"迭儿列勤蒙古"，应理解为"庶民蒙古"，这一称谓含有"臣服的、归顺的"之意，其中包括了不同的语言集团。《蒙古秘史》第245节曾提到"九种语言的百姓"聚集到了一处，可见当时的"迭儿列勤蒙古"这一泛称中，包括了相当数量的、使用不同语言的族群。

按照乌云达赉的考证，斡勒忽讷兀惕部落为弘吉剌六部之一。弘吉剌的发祥地在第二松花江西岸地区。他们在那里繁衍，发展成为三个支系、六个部落，各有自己的名称。这些支系名称和部落名称均得自第二松花江和吉林哈达岭的山河名称，属于使用沃沮—通古斯语的族群。

斡勒忽讷兀惕为 olgun 部落的译写。olgun 部落分布在 ikirs（上吉

---

① [波斯]拉施特:《史集》第一卷第一分册,余大钧、周建奇译,商务印书馆1983年版,第128页。

林）部落的西北、第二松花江西岸地区的新开河流域。他们称干河床为olgun。新开河的下段河道，自今合隆（olgon 的译音）至河口为季节性河段，雨季有水，无雨断流，该河上段的流量也极小。olgun 部落，因此河而得名。隋开皇中期（590—591 年），olgun 部落的一些分支西迁，元初居住在根河与海拉尔河之间的地区。蒙古人便在 olgun 的后面加上复数词尾 –uut，而为 olgunuut，《蒙古秘史》写"斡勒忽讷兀惕"。[①]

这是有关斡勒忽讷兀惕部落来源的简明、清晰的诠释。

乌云达赉认为，《蒙古秘史》中所记载的弘吉剌部落与渤海国有关，这方面资料最早的记载见于公元 1087 年，《辽史·部族表》记载："大安三年，七月，西北部渤海进牛。"这里所称的"西北部渤海"是指渤海国灭亡后不久，由渤海王室大氏亡人建立的部落联盟。辽灭渤海后，渤海王室大氏宗族以及渤海国族许多部落支系，大规模涌入呼伦贝尔，他们的一些人留了下来，加入了乌素固部落、移塞没、西室韦；许多大氏家族率其部落支系溯克鲁伦河西去，到了远离辽国军事触角的地方；一些大氏家族向更为辽远的贝加尔湖东岸的巴尔古津河流域迁徙。

元初，分布在呼伦贝尔、蒙古高原东北部、贝加尔湖东岸等地域的弘吉剌各部，一部分人是渤海立国前的移民，唐代乌素固部、移塞没部、西室韦的后裔。他们按氏族、部落聚居，有属于自己的领地，有自己的政权和军队。他们长期以来与蒙古联姻，互通语言，友好相处。他们的一些部落支系，如婆速忽儿、斡勒忽讷兀惕等部落，对蒙古新兴力量的崛起，对蒙古建国的斗争，采取了坚决支持的态度，并为之流血牺牲。这些部落的支系对西渤海视同异邦。弘吉剌的另一分支，是渤海亡国后的移民。他们分布零乱，居住分散，虽有渤海大氏后裔，并未形成集团势力。

这是乌云达赉有关弘吉剌诸部与渤海国早期关系的阐释。

大体上可以断定，出身于斡勒忽讷兀惕部的诃额仑，乃是渤海后裔，她与《蒙古秘史》中记载的"阿阑·豁阿""德薛禅""答亦儿·兀孙"，

---

① 乌云达赉：《鄂温克族的起源》，内蒙古大学出版社 1998 年出版，第 34 页。

虽生活在不同的地域，所处的年代也有所不同，但同属于由第二松花江流域迁徙而来的 daayir（答亦儿，汉称"大"氏）氏族，其母语为沃沮—通古斯语。按照乌云达赉的研究，在沃沮人—乌素固部—粟末乌素固部—弘吉剌部之间，存在着血缘纽带关系。公元 698 年，粟末乌素固 daayir 氏族（史料中译音为"大"；《蒙古秘史》译写为"答亦儿"）的大祚荣创建了繁荣、昌盛的渤海国。历史上沃沮人的故地曾遭受高丽人的践踏，沃沮人后裔创建的国家（渤海国）也于公元 926 年被契丹人摧毁，使整个民族多次面临迁徙和逃亡的命运。具有这样一种承受了历史上的跌宕起伏的文化背景，自然给诃额仑这位聪慧的女性带来超越同代人的视野和胸怀。无论在何种处境下，她都自觉地以"古人的话和祖先的遗训"训导儿女，使其确立"普世汗王"的安邦立国的思想，并最终孕育出了成吉思汗这位威震世界的一代帝王。

成吉思汗的金腰带

数百年来，成吉思汗的圣体安葬于何处，已成千古之谜。蒙古民族古老的丧葬习俗隐含着独特的智慧，确实令后人钦佩。昔日蒙古王公贵族们的陵寝，时至今日如其所愿，静静地深藏于地下，无人得以窥视。

留存于世间的与成吉思汗相关的器物，更是寥若晨星，几近于无。据《蒙古秘史》记载，成吉思汗（铁木真）曾缴获一条金腰带，将他送给了结拜的兄弟札木合。札木合也将自己掠获的金腰带，回赠给了铁木真。

这条难得的金腰带，成为成吉思汗开创帝国大业初期馈赠挚友的礼品。金腰带乃是外来珍稀之物，但它究竟源于何处，隐含着什么信息？却是值得探究的一个问题。

铁木真与札木合的友情源自童年。按照《蒙古秘史》的记载，札木合是札只剌部的后裔。札只剌部的祖先是孛端察儿所掳得的兀良合氏孕妇生的札只剌歹，这个札只剌歹是"札惕"（外人）的遗腹子，故被蒙古诸部称为札答阑。法国东方学家伯希和认为，"札答阑"是突厥语译音，原意为"外人"。铁木真自幼与札木合志趣相投，似乎两人的生存境遇有相似之处。铁木真 11 岁时，曾与札木合在斡难河的冰上打髀石游戏。札木合送给铁木真一个公狍髀石，铁木真送给札木合一个铜灌的髀石，两人结义为兄弟。第二年春天，两人一起用小木弓射箭，札木合把自己的一个牛角鸣镝送给铁木真，铁木真把自己的柏木顶箭头送给札木合。成年之后的铁木真与札木合互赠金腰带，乃是他与王汗、札木合联手摧毁篾儿乞惕部之后的事情，那是公元 1180 年的秋季。

《蒙古秘史》第 117 节清楚地记载，铁木真从篾儿乞惕脱黑脱阿处缴获了一条金腰带，札木合从兀洼思·篾儿乞惕人答亦儿·兀孙处也掠获了一条金腰带，两人交换此物，扎在彼此的腰间，以表兄弟情谊。如此说来，金腰带是战利品，分别来自篾儿乞惕脱黑脱阿汗的住地和篾儿乞惕兀洼思部落答亦儿·兀孙的住地。由此可以断定，在铁木真统一蒙古诸部的初期，在他所活动的那片区域，金腰带为篾儿乞惕部的汗王所独有，或者说是其缴获的唯一值得记述的战利品。

如此珍稀之物，究竟出自何方能工巧匠之手，莫非果真产自蒙古高原的色楞格河流域？

20 世纪 70 年代，在吉林省和龙渤海古墓出土的文物中也有金腰带。这条金腰带实属罕见之物，它由带扣、带銙、尾三个部分组成。金腰带上雕刻八瓣宝相花图案，花纹精细美观，并在图案上镶嵌着水晶、绿松石，黄白绿三色辉映，十分艳美。按专家的分析，金腰带应属唐朝宫廷赐给渤海贵族的物品，贵族死后随葬在墓内。据史料记载，唐朝曾多次赐给渤海王室贵族"紫袍金带"。苏联考古学家 E．N．捷列维扬柯，在对黑龙江沿岸靺鞨的遗迹发掘过程中也曾发现，靺鞨人中流行铜腰带，腰带分为两式：当地的带銙是平面的、长方形的，上面雕刻花纹；另一种是突厥式的。而国内专家认为，所有这些带銙都是受中原地区的影响而制作的。[①]

成吉思汗的金腰带与渤海古墓出土的金腰带有可比性，不排除两者之间存在着相似的可能性。虽然，这只能称其为文字上的联想，缺少实

----

① 李殿福："从考古学上看唐代渤海文化"，载《学习与探索》1981 年 4 期。

物的比照，但仍可以做个大胆的推断：成吉思汗在篾儿乞惕脱黑脱阿汗住地缴获的金腰带乃是渤海贵族家传的信物。

按照乌云达赉的考证，辽灭渤海后，渤海王室大氏宗族以及渤海国族许多部落支系，大规模涌入呼伦贝尔。他们中的一部分留了下来，加入了乌素固部落、移塞没部落、西室韦；许多大氏家族率其部落支系溯克鲁伦河西去，到了远离辽国军事触角的地方；一些大氏家族向更为辽远的贝加尔湖东岸的巴尔古津河流域迁徙，其中包括阿阑·豁阿的家族。《蒙古秘史》中所称的"篾儿乞惕部"，是由两个民族三个部落组成的联盟，其中的兀洼思部落答亦儿·兀孙汗，无疑为渤海皇室后裔。答亦儿，这一姓氏为 daayir 的汉文译写，在有关渤海的史料中简称"大氏"。而篾儿乞惕余下的两个部落乌第河部与哈州部，虽属肃慎后裔，不排除曾与渤海国有某种联系。①

《辽史·部族表》记载："大安三年，七月，西北部渤海进牛。"这段文字见于公元 1087 年，是有关渤海王室西迁之后的最确切的记载。在《蒙古汗统黄金史纲》（蒙古文）、《蒙古诸汗宝贵史纲》（蒙古文）中，称"兀洼思"部落为"渤海索伦"。

由成吉思汗的金腰带产生了如此一番联想与推断。可以肯定地说，在成吉思汗统一蒙古诸部的初期，在蒙古高原的色楞格河流域及克鲁伦河流域居住着西迁的渤海国后裔，其居住分散，形成各自不同的部落群体，他们对成吉思汗的崛起产生了多方面的影响。

写于 2003 年，收入 2006 年出版的《蒙古祖地》
（本文标题及内文略有改动）

① 乌云达赉：《鄂温克族的起源》，内蒙古大学出版社 1998 年出版，第 57 页。

译注者笔下的 "速勒都思"

　　本文探讨的是一个词语的由来及其悬置、漂移的过程。这一称谓代词，从它诞生那一日起，具有了词语符号的不透明性。在时间的浸润下，它激发了研究者无所羁绊的联想，显示出符号的潜在威力。但它并非凭空杜撰，确实与历史上的某一生存群体相关联，之后被时间之剑割断了与其指代群体连接的根系，长期处于悬置的状态。这一词语符号就是出现在《史集》《蒙古秘史》等历史著述中的 "速勒都思"（Solongg-hos）。

在译注者笔下

　　"速勒都思"（Solongg-hos），是记述历史上某一生存群体的称谓代词，是一个音译的代码。最初，"Solongg-hos" 在拉施特的《史集》中现身。[①]
《史集》编撰于公元 1310—1311 年，是一个波斯文抄本，它是由波斯伊利汗国宰相、史学家拉施特·阿丁·法兹勒·阿拉赫主编的一部历史巨著。拉施特在编撰《史集》的过程中，使用了当时所能利用的宫廷档案

―――――――――

① 　在余大钧、周建奇译《史集》中文版中，"速勒都思" 的注音为 suldus，见《史集》第一卷第一分册第 129 页，商务印书馆 1983 年出版。该版本是译注者根据苏联科学院东方学研究所的俄译本各卷转译的。本文参照乌云达赉先生在《鄂温克族的起源》一书中的注音方式，统一以 Solongg-hos 的注音表达。

资料，广泛采用了各民族的口头传说。这部专著为研究中世纪史、中国古代北方民族史，尤其是蒙古史，提供了重要的史学资料。按照《史集》记载，Solongg-hos 是相对独立的族群，曾与"真正蒙古人的尼伦民族"①一同生活在额儿古涅－昆（额尔古纳河畔），Solongg-hos 属于"总称为迭儿列勤——蒙古的各民族"中的一支。当代史学家认为，"迭儿列勤"的原意为"庶民百姓"，可理解为归顺的族群。从语言学角度推断，在笼而统之的"迭儿列勤——蒙古的各民族"中，包括了使用突厥语和通古斯语的不同族群。

与《史集》相对应的历史文献是《蒙古秘史》。《蒙古秘史》是一部记录成吉思汗先祖系谱、传说、事迹的历史名著。流传下来的《蒙古秘史》是用畏兀儿体蒙古文撰写，是蒙古大汗命官廷内的畏兀儿族（包括加入蒙古诸部的畏兀儿裔人）必阇赤（书记官）们记录、加工、润色编撰而成的。在对《蒙古秘史》成书年代的推断上，当代的史学家倾向《蒙古秘史》成书于 1252 年 7 月。在这部由汉字标音的蒙古语《蒙古秘史》文本中，Solongg-hos 被标注为"速勒都孙"。如将《史集》与《蒙古秘史》放在一起相对照，结论是：Solongg-hos（速勒都思）这一氏族，确实在历史上存在并与蒙古族群关系密切。

另有一部著作值得注意，这就是冯承钧翻译的《多桑蒙古史》。《多桑蒙古史》中译本出版于 1934 年，书中使用了"速勒都思"汉字标注方式，使"速勒都思"（Solongg-hos）这一词语，成为一个古老氏族的固定文字代码。

"速勒都思"作为相对独立的族群，其活动轨迹镶嵌在蒙古部族的早期历史框架中。在《蒙古秘史》②第 81～87 节有段文字，记载了速勒都思人锁儿罕·失剌解救铁木真的经过。当时，铁木真被他的堂叔们追捕，速勒都思人锁儿罕·失剌巧妙地解救了他，帮他躲过第一轮搜捕。事后，铁木真躲到锁儿罕家中，锁儿罕的儿子解下他脖上的木枷，锁儿罕把他

---

① [波斯]拉施特：《史集》第一卷第一分册，余大钧、周建奇译，商务印书馆 1983 年版，第 124 页。

② 《蒙古秘史》，余大钧译注，河北人民出版社 2001 年版。

藏在装羊毛的车里，避过了又一轮搜捕。度过危机后，锁儿罕送给铁木真一匹马、一只水壶、一张弓、两支箭，给他带上吃的，让他上路了。

对于这一段有关解救铁木真的重要情节，在《蒙古秘史》和《史集》中均有详细记述。但《蒙古秘史》忽略了"速勒都思"氏族的族属，使阅读者无法厘清其来龙去脉。对此，《史集》的记载比较明确，指明速勒都思氏族属于篾儿乞惕部落的分支，篾儿乞惕部落是与成吉思汗蒙古诸部长期对立的劲敌。由此看来，篾儿乞惕到底属于被征服之后频频叛乱的部落，还是原本就属于"蒙古部落的一部分"，需要有个根系枝蔓大致清晰的交代，但《史集》本文并没有确切的说明。因此，速勒都思（Solongg-hos）的原本族属确实需要打个问号。《史集》中"迭儿列勤——蒙古"（庶民百姓）那笼而统之的划分，反倒使速勒都思氏族的族属问题成为历史悬案。

"速勒都思"（Solongg-hos）族属的若明若暗，特别是其族源的不确定，以至于后来者在对几部史书的译注过程中，出现了译注者对 Solongg-hos 这一符号的误读，出现了相关地理位置的错置，最终在 Solongg-hos 族属问题的认定上发生偏差，导致谬误流传。

下面，从几部相关典籍所记载的涉及 Solongg-hos 的同一时段、同一场景的文字中，对比其真实与虚假，差异与衍变，从中发现"速勒都思"（Solongg-hos）这一历史称谓的指向在译注者笔下如何发生异变，其原本的符号含义如何被篡改，最终在一些研究者的手中又是如何被利用和肆意发挥的。

余大钧译注《蒙古秘史》第 197 节 [1] 称：

> 就在这个鼠儿年（甲子，1204 年）秋天，成吉思汗在合拉答勒·忽札兀儿的地方，与篾儿乞惕部脱黑脱阿·别乞对阵，打败脱黑脱阿，并在撒阿里原野上停掳了他的百姓、人口、部众。脱黑脱阿带着他的儿子忽都、赤剌温和少数人逃出。
>
> 豁阿思·篾儿乞惕人答亦儿·兀孙带着自己的女儿忽阑·合敦前来，要献给成吉思汗。

---

[1] 《蒙古秘史》，余大钧译注，河北人民出版社 2001 年出版，第 308 页。

余大钧、周建奇译《史集》中译本记载：

> 篾儿乞惕的另一异密为答亦儿·兀孙，他也是篾儿乞惕人的首领。有一次，在言归于好后，他将自己的女儿忽兰哈敦给了成吉思汗。她生了一个儿子，名叫阔列坚。①

冯承钧译《多桑蒙古史》中译本记述：

> 铁木真追击篾儿乞部至塔儿（Tar）河，兀洼思（Ouhouse）部长答亦儿兀孙（Dair-oussoun）言不愿战，率所部降，献女忽兰（Coulan）于铁木真。②

道润梯步新译校注《蒙古源流》相关段落：

> 即于是年，岁次壬子，年三十一岁时，行兵日出之方，将渡乌纳根江，因乌纳根江涨潮，上即在江之此厢屯驻，遣使告之曰："纳贡与我，否则请备战。"索伦之察干合罕惧而进献索伦——墨尔格特·岱尔乌逊之女忽兰高娃者，并以虎皮帐房以布哈斯，索伦二营为媵焉。于是收复察干国之三部索伦矣。③

朱风、贾敬颜译《汉译蒙古黄金史纲》相关段落：

> 主上向日出之国高丽进军时，适值乌纳根江泛滥。主上及大军驻跸于此，遣使代己谕令："主圣为了征收赋役而来。"高丽的布噶（斯）察罕汗奉献其女名忽兰者，并有虎帐及两户高丽随嫁，用船载来。④

从这五部历史典籍中节选的文字段落有个共同点：其主要内容都是记载答亦儿·兀孙将女儿忽兰献给成吉思汗的过程。毫无疑问，忽兰公主是真实的历史人物，她是答亦儿·兀孙的女儿，归属兀洼思氏族，统辖于篾儿乞惕部。因此，围绕忽兰公主的文字记载及其相关译注，成为审定一个特定时段、地理方位、寻觅部族踪迹的聚焦点。

《多桑蒙古史》中称答亦儿·兀孙为兀洼思氏族的部长，这一点与《蒙

① ［波斯］拉施特：《史集》第一卷第一分册，余大钧、周建奇译，商务印书馆1983年版，第189页。

② ［瑞典］多桑：《多桑蒙古史》，冯承钧译，上海书店出版社2001年版，第1卷第2章57页。

③ 萨囊彻辰：《蒙古源流》新译校注，道润梯步译校，内蒙古人民出版社1981年版，第128页。

④ 《汉译蒙古黄金史纲》，朱风、贾敬颜译，内蒙古人民出版社1985年版，第19页。

古秘史》第 105 节的记述相互印证。《蒙古秘史》（汉译本）称答亦儿·兀孙属"兀洼思"（"豁阿思"）氏族。但是，在有关答亦儿·兀孙族属的问题上，不同版本典籍的汉文译注中出现了明显的差异：新译校注《蒙古源流》将"速勒都思"（Solongg-hos）直译为"索伦"，称忽兰公主的父亲是"索伦三部"的"察干合罕"，"索伦三部"辖有"布哈斯""索伦"二营；而《汉译蒙古黄金史纲》将 Solongg-hos 转译为"高丽"。至此，发生在同一地点的同一个故事，也就是在"乌纳根江"畔发生的这一历史事件，在《汉译蒙古黄金史纲》译注者笔下，事件的主角 Solongg-hos 变成了"高丽"。这是极为重要的方向性转变，致使《史集》《蒙古秘史》《多桑蒙古史》中 Solongg-hos 这一称谓代词的原本含义也变得模糊，在不经意中发生了扭曲。按照《汉译蒙古黄金史纲》译注者的观点，在辽金元时代，或许更早一些年代，远在浑江、鸭绿江流域的高丽人，已经扎根于蒙古高原了。对此，历史典籍中是否有相应的记载，或者提供了可资借鉴的信息呢？这是值得探究的问题。

在对比上述五部不同版本典籍译注的过程中，出现了对 Solongg-hos 不同的诠释和标注，这一衍变的流程为：Solongg-hos——速勒都孙（《蒙古秘史》）——速勒都思（《多桑蒙古史》《史集》《蒙古秘史》中译本）——索伦（新译校注《蒙古源流》）——高丽（《汉译蒙古黄金史纲》）。看得出来，从这一无声的衍变中，最终方向性改变，来自于《汉译蒙古黄金史纲》，源自这部典籍的中文译注者笔下。

为什么朱风、贾敬颜这两位学者在翻译蒙古文《黄金史纲》的过程中，要将 Solongg-hos 直接翻译为"高丽"，他们到底出于何种判断，究竟受到什么文本的影响，得以做出这样的决断？

这是值得思考的问题焦点。

《汉译蒙古黄金史纲》原文为《黄金史纲》（蒙古文），与《蒙古秘史》《蒙古源流》号称蒙古文三大历史文献。朱风、贾敬颜两位译者于 1956 年初次翻译《黄金史纲》原文，1964 年至 1966 年两度整理旧稿，1980 年曾油印百余本征求意见，后于 1983 年 3 月修订出版。在数十年翻译与修订译稿的过程中，译者参阅了小林高四郎的两种日译本，还有鲍登

（C. R. Bawden）的俄文译本。看来，译者将《黄金史纲》蒙古文原著中清清楚楚记载的发音为 Solongg-hos 的字符，直接转译为"高丽"，确切无疑地受其他文本的影响。

可以说，对 Solongg-hos 的译注，实际上是对一个族群的指认与命名，问题的出现极有可能发生在译注者转译原著的过程中。

那么，施加影响的源头又在哪里呢？

显而易见，朱风、贾敬颜两位学者译注《黄金史纲》（蒙古文）之初，也就是在 20 世纪 50 年代，Solongg-hos 即是"高丽"已经成为流行的观点，译者只是接受并认同约定俗成的观点而已。这一点，可以从那一时期出版的语言专业工具书中找到一些线索。1960 年，莫斯科国家外语与民族语词典出版社出版的《俄蒙词典》中注明：Solongos（外蒙语）——朝鲜、高丽。1969 年北京出版的《简明蒙汉词典》中注释：Solongos（蒙语）——朝鲜；高丽、韩国。到了 20 世纪 80 年代，这一观点进一步固定下来。1988 年，内蒙古人民出版社出版的《蒙古语词根词典》中注释：Solonga（蒙语）——高丽（旧词）；Solgu（蒙语）——高丽（旧词）；Solonga（蒙语）——黄鼠狼。1997 年，内蒙古人民出版社出版的《蒙古语辞典》中注明：Solongos（蒙语）——朝鲜；Solgu——满族人对朝鲜的称呼。值得注意的是，在这后一条注释中，隐含着有价值的信息，Solonga——黄鼠狼，才是蒙古语族自身原有的语言。由此推断，与其发音相近的 Solongos、Solonga——朝鲜、高丽之说，乃是套用外来语。《蒙古语辞典》中收录的"Solgu——满族人对朝鲜的称呼"的信息，提供了借用语来源的大致方向，顺着这一方向可追溯到满语族群。满族人原本称高丽、朝鲜人为 Solho。

对《蒙古源流》的转译过程同样值得注意。《蒙古源流》（蒙古文）成书于清康熙元年（1662 年），作者是鄂尔多斯部的萨囊彻辰洪台吉。此书面世后，辗转抄录，出现多种抄本，在清乾隆年间译成汉文。对 Solongg-hos 转译的问题，极有可能出在这一汉文清译本中。

道润梯步先生在 1981 年出版的新译《蒙古源流》一书的序言中谈到：

据此种记载，可以看出：一、本书汉文清译本不是直接从蒙文原文译出的，而是从满文"重译"的，所谓"乾隆四十二年奉敕译进"者，似指满文译本而言，所谓"乾隆五十四年二月……核上"者，似指汉文译本而言。

这位学者又进一步提到：

> 看来，满文译本的问题似乎不多，但汉文译本的问题是很多的，大约全书的百分之五十都是错误的，如果不对照蒙文原文就无法读得懂，这就是所以要'新译'的原因。

那么，从满文译本转译的汉译本的面貌究竟如何呢？

在张尔田校注的清译本《蒙古源流》中，有关忽兰公主的译文[1]如下：

> 岁次壬子年三十一岁出兵乌讷根江以东地方因江水涨发上即在江边屯驻遣使谕令纳贡如不纳贡则征之高丽察罕汗惧进献高丽墨尔格特岱尔乌逊之女和兰郭斡并以虎皮穹庐及布噶斯高丽二鄂托克之人随嫁于是收服察罕汗之三省高丽在彼留驻三年……

由此看来，将蒙古文原文《蒙古源流》中 Solongg-hos 转译成"高丽"的问题，发生在乾隆年间的汉文清译本中。关键在于，这个汉文清译本并不是从蒙古文原文转译的，而是从满文转译的，译者无意中接受了满文译本中的观点。在满语中，Solho（速勒赫）确实是高丽、朝鲜的称谓。而 Solho（速勒赫）与 Solongg-hos（速勒都思）的发音极为相近，极易将两者相混淆。为何将"索伦之察干合罕"译为"高丽察罕汗"，张尔田的解释是：

> 案据李侍郎《秘史注》，斡勒为金源族姓，《秘史》有阔勒巴儿忽真。阔勒即斡勒，其地当在斡难河源之东……《秘史》又云：顺薛凉格河入巴儿忽真与带儿兀孙叛逃，薛凉格河地望亦合。……然则高丽即阔勒、斡勒转音，李说颇可备一解。[2]

可见，张尔田在并未弄清"阔勒"（本为地名）词义的前提下，十

---

[1] 萨囊彻辰：《蒙古源流》新译校注，道润梯步译校，内蒙古人民出版社1981年版，第136页。

[2] 萨囊彻辰：《蒙古源流》新译校注，道润梯步译校，内蒙古人民出版社1981年版，第133页

分随意地给出了自己的判断。

另一个值得注意的社会因素是，清朝获取统治大权之后，将满文作为主体民族的文字在北方推行。这也势必给历史上从未与高丽人毗邻相居的蒙古族群带来影响，使生活在蒙古高原不同区域的人们，无意中接受了满族人对高丽人的称呼。

大体上可以推断，早在清乾隆年间（公元1736—1795年），张尔田将《蒙古源流》从满文译本转译为汉文之后，在满清政权的强势影响之下，蒙古语中吸纳了Solongg-hos即高丽的满人式解说。与此同时，将历史典籍中Solongg-hos的原意覆盖下来，致使在民间流行的蒙古族口语中，也普遍认同了Solongg-hos（速勒都思）就是高丽人的说法。应该说，这一说法始于清朝乾隆年间。

对于这一点，蒙古族学者乌兰女士的分析十分中肯："16、17世纪的蒙古人已经分不清篾里乞、高丽和索伦的区别。"[1]

韩国学者在行动

时间到了20世纪90年代，一位韩国学者的身影穿梭在蒙古高原，他对Solongg-hos（速勒都思）这一历史词语发生了浓厚的兴趣，在其后的几年中，这位学者似乎发现了一个新大陆，他以Solongg-hos（速勒都思）及相关线索为主要论据，生发开来，著书立说，并在蒙古、韩国、中国的呼伦贝尔草原等地区进行系列性活动。对从事专业研究人士而言，一个令人感兴趣的问题浮出水面：Solongg-hos，这一历史词语在韩国学者手中发生了怎样的畸变？Solongg-hos，这一特定的符号被引向了何方？

这是一位韩国国立江原大学教授，他的名字叫周采赫。周采赫于20世纪90年代在蒙古国考察。当蒙古国的专业人员及普通牧民指着贝尔湖周边地区的古城遗址告诉他，这就是你们Solongg-hos的古城，也就是"高丽"古城时，周采赫教授欣喜若狂。不然，他不会在欠缺必要的学术准备的前提下仓促上阵的。就是这位教授，接二连三地抛出《高

---

[1]　乌兰：《〈蒙古源流〉研究》，辽宁民族出版社2000年版，第205页。

丽城址和东蒙古地域的高句丽神话及传说》《兴安岭地区的室韦和貊》《朝鲜·鲜卑的"鲜"和驯鹿游牧民》等专题论文（其中后两篇文章已被译成中文，刊登在《呼伦贝尔文物》杂志上）。周采赫这几篇以 Solongghos 为支撑点的学术文章，值得关心政治与文化、历史与现实，及其相互连带关系的人们阅读和品味。

周采赫《兴安岭地区的室韦和貊》这篇文章的副题是——"蒙Gooli"和"貊 Gooli"。这篇文章的副题非同一般，真可谓"富有独创性"。粗通一点历史的人都会知道，遍查中外历史典籍也难发现"蒙 Gooli"这一名词，这是周采赫个人的独创。他将蒙古民族的一种汉文译音方式——"蒙古里"，生硬地拼凑为"蒙（古）＋ Gooli（高丽）"，作者臆造这一词组的目的，显然是为了与"貊＋ Gooli（高丽）"的词组相对应、相联接、相契合，构造两者同一的词语形态。那么，这种表述具有多少合理的因素？作者的动机又是什么呢？

有关"貊"的记载最早见于先秦文献。据《山海经·海内西经》记载："夷人在东胡东。貊国在汉水东北，地近于燕，灭之。"此貊国之地望，有两种推断，一种说法为在今辽河上游的东辽河北岸地区；另有人认为在今东北平原南部的浑江流域。古代的貊族系是生活在松辽平原上的土著居民。貊人被称为高句丽人的前身，历经数百年的兼并与统一，最后形成高句丽族。而蒙古一名在唐代为中原所知，以"蒙兀"首次见于史籍。按照亦邻真先生的研究，"在突厥、回鹘统治时期，蒙兀室韦还住在额尔古纳河（望建河）流域。他们进入外蒙古高原，应当是840年回鹘汗国崩溃以后的事。"假如，单纯从语音角度来对比，"蒙古"——Mongkhol，词根是 mong-，"-ol"是复数后缀，当它与 Gooli（高丽）这一称谓并列时，无论在语音还是在语义上，两者决无相近之处。

从周采赫文章的命名来看，剔除和遮掩词语及其命题中时间和地理方位的属性，单纯从符号的音韵层面进行主观联想，是这位学者独有的思维逻辑。

周采赫这篇文章的主题，开宗明义反复论说的是"有关蒙古人和韩国人原来是同一根源"。为了表达这一命题，作者列举了 1992 年 7 月在贝尔湖边意外听到的当地老人讲的一则故事：

> 这地方妇女们从家里出去看马的时候，蒙古妇女和高句丽妇女
> 见面的话，在西南边的蒙古妇女抬起左手向东北方向挥手。与此相
> 反，在东北的高句丽妇女们也以同样的方式向西南方向招手表示问
> 候。原来同一个民族的蒙古人和 Gooli 人的蒙古人离开这地方到西
> 南边地方，成了蒙古草原的游牧民，而 Gooli 则从这地方移到东北
> 边地方，成了 Gooli 人。他们的问候方式表明他们属于同一个血统。①

从严格意义上说，这是一个不完整的，甚至可以说是被改写了的传
说，但它却是支撑周采赫本文的基本论据之一。两个妇女见面抬手打招
呼的方式，竟成了确认其族属的证据，从通常意义上的人类学角度衡量，
这种简单而武断的推论是说不通的。在使用这则传说的过程中，引用者
先入为主认定人物的身份，其次模糊事件发生的时间。传说中，蒙古妇
女的身份是确定的，但另一方"高句丽妇女"的身份实际上是不确定的。
因为，在蒙古语中有 Solongg-hos 这一长期存疑的称谓，却不曾存在仅
仅出现在史籍文本中的"高句丽"一词。传说的讲述者只能说 Solongg-
hos 妇女如何如何，不可能直呼"高句丽妇女"。可见，作者在使用这一
传说时，有意将 Solongg-hos 称谓替换下来，直接用"高句丽"将其遮盖，
进行了概念的偷换。仅仅改动这一点，并没有使作者感到满足。为了强
化作者个人的观点，在引述这一短小的传说时，他还另做了手脚。譬如，
交替使用"高句丽"与"Gooli"（高丽）两个不同的名词，给读者造成
两者同一的印象，从而模糊了这两个特有名词的时间属性及差异。"高
句丽"出现在史籍中的年代是秦汉之间，而"高丽"这一称呼的出现相
对要晚。更主要的是，周采赫将自己的观点塞进这一经过他改写的传说
中，他借用讲述者的口直接给出一个结论："他们的问候方式表明他们
属于同一个血统。"这已不被称为传说，完全是周采赫的个人判断。那
个原初的传说，其真实形态究竟如何？ 在这里是需要打个问号的。蒙古
族先人进入蒙古高原的大体时间是有史可查的，大约是公元 840 年之后

---

① [韩]周采赫："兴安岭地区的室韦和貊"，载《呼伦贝尔文物》2003 年总第 8 期，第 45 页。

的事情。那么，传说中所说的迁徙者到底是谁？他们是一个部落分支，还是一个族群？他们在何时迁向了何方？这是需要给出具体的时间和地理方位上的推断。不负责任的改写，实际的效果常常与作者的意愿相反。

周采赫文章中的论据还包括另一则传说，这个传说也是同 Solongg-hos 有关，作者是从一位名叫达巴海的 76 岁喇嘛口中听到的：

> 很早以前，达里岗地区就是 Gooli 的地方，后来被成吉思汗、清朝的康熙帝及日本国王等强大帝王们下命令把这里的青年们移到海边。

这则传说的引用存在着同样的问题：Solongg-hos 被替换为 Gooli；而将成吉思汗、清朝的康熙与日本国王并列，搅乱了时间概念，让读者摸不着头脑，使人难以分辨到底是传说的原始缺陷，还是传说引用者做的手脚。为了使读者信服，周采赫补充道："笔者亲自访问这位老喇嘛后明白到，他所说的受命令而移走的 Gooli 青年们的去处'日出的地方'或'海东方向地方'就是指韩国方向。不过这个传说所反映的是高句丽初期的还是其后的事情，尚不清楚。"看来，这位教授确实不明白"高句丽"这一称谓在中国史籍中出现的时间，不明白"高句丽"兴起于汉代，并在此之前的史料中已有相关记载，而成吉思汗的崛起应该说是公元 1189 年称汗之后的事情。两者代表着不同的年代，其中的时间差是很大的。

周采赫自认为发现了有关 Gooli 人遗迹的铁证。他将蒙古国境内贝尔湖附近的两座古城遗址以及达里干嘎的三座古城遗址，不进行任何分析与对比，武断地认定为自己祖先的遗物。在他的想象中，除了 Gooli 人，难道在蒙古高原还有其他族群进行农业耕种，并保持石室墓葬的丧葬习俗吗？历史的结论恰恰与其想象相反。

就这样，周采赫站在 Solongg-hos 古城遗址上展开了自己的想象，他东拉西扯，甚至将蒙古族的先祖阿阑·豁阿也扯了进来，指明她也是 Gooli 血统，并直言不讳地说："阿阑·豁阿父亲系豁里族和东明逃亡走的槁离族是属于一个种族。""种族"一词在此使用，概念十分含糊。为什么出现如此离奇的推论，无非因为周采赫认定 Solongg-hos 就是 Gooli，而 Gooli 等同于高句丽，这成了一个思维定式。周采赫利用《蒙古秘史》

中阿阑·豁阿举家迁移不儿罕·合勒敦山的记载，生硬地将其与 Gooli 先祖东明逃亡相衔接，并趁势提出："蒙古始祖孛瑞察儿是其母受感应光灵而生的，没有提到卵生故事。可以说这是个变形的形式。"原来如此，这位学者将两个截然不同的族源传说大胆地摆放在一起，进行一厢情愿的荒唐联想。

为何周采赫在蒙古史学问题上，特别是在历史遗留的 Solongg-hos 问题上，如入无人之境，其目的何在？难道是他仅仅想改写早已成定论的历史，将其祖先的坟冢从浑江及鸭绿江流域移往蒙古高原吗？

周采赫的写作动机，在他的《朝鲜·鲜卑的"鲜"和驯鹿牧民》[①] 一文中露出端倪。这是一篇不值得复述其内容的庸文，从标题便可推断出其文字游戏的格调。作者试图引导读者随同他进行一次探险，但其游戏的手法有些特别："内蒙古地区把朝鲜族叫'鲜族'，朝鲜语叫'鲜语'，所以我认为最要的问题是在'鲜'这个字上。"在这里，周采赫把朝鲜、鲜卑、苔藓三个词组放在一起对照，强行从中找出同一种含义来。在他的思路中，"朝鲜和鲜卑以'鲜'字为中心，相互可能有着紧密关系的"。而鲜卑一词又代表着地域，按其理解，"汉人在'鲜'字上加了'卑'字又加'山'字，叫作'鲜卑山'。其实依我看来，'鲜卑山'原来就叫'鲜'，经常去往长'藓'的'鲜'（小山）的人是'鲜人'，'鲜人'创立的国家是'朝鲜国'。他们的种族名称在历史书籍上记载为'鲜卑'，其实，'鲜'读一声，'藓'读三声。现在朝鲜族居住的长白山一带的人们把朝鲜的'鲜'读成第三声，鲜卑的故乡大兴安岭一带的人们把鲜卑的'鲜'也读成第三声。这种习惯从何而来？我认为是由于驯鹿食物'藓'生长在小山'鲜'上，所以，将'鲜'读成第三声"。如此这般，这位教授按照自己的逻辑，将朝鲜、鲜卑这两个称谓代词，同一个地衣类植物的名词联系在一起。作者如此运用想象，硬是从"苔藓"一词中推导出一个鲜活的"朝鲜国"来。为何作者在这篇短文中翻来覆去如此雕琢"苔藓"一词，简而言之，因为"苔藓"是覆盖在冻土地带的植物，是大兴安岭的象征，同时也代

---

① 载《呼伦贝尔文物》2001 年总第 6 期，第 47 页。

表着历史上的大鲜卑山。作者为了表述对大兴安岭（大鲜卑山）的兴趣，不惜花费笔墨，在文章中引入了鄂温克、鄂伦春、达斡尔人，称这三个民族再加上朝鲜人都属驯鹿游牧民，并信口开河地称"'达斡尔'这个名字是从 Daa + Gooli 来的"。一句话，这位韩国教授以无边际的想象和无逻辑的推论，将大兴安岭同"朝鲜国"紧紧地连在一起。

说来说去，周采赫的兴趣并不在于历史本身，他垂涎的是广袤的山野，譬如历史上被称为大鲜卑山的大兴安岭，还有其他一些他所感兴趣的地域。

周采赫抛出的这堆漏洞百出的文字，我们无论将其视为赝品也好，看成垃圾也罢，它还是于 20 世纪 90 年代初在韩国传播开来。对这堆文字不可小觑，当它同媒体网络、一种经济结构相勾连，就要自行涌动，就会伸出自己的触角，势必产生无形的推力，也就变成被称之为"话语"的东西，随之成为貌似"合理"的诉求。

在周采赫的文章问世不久，大约在公元 1997 年前后，几个旅日的韩国年轻学者跑到黑龙江省宁安市"渤海国遗址"旁，扯开写着"还我故土"字样的绶带，拍照留念，四处散发。随后，这些人又闯到呼伦贝尔市鄂伦春旗境内的"嘎仙洞鲜卑遗址"旁，上演了一场同样的闹剧。1998 年夏，由韩国大牌教授、专家组成的历史考察团，踏足呼伦贝尔，他们考察的对象是"大鲜卑山"，也就是位于呼伦贝尔境内的大兴安岭北段山峰。至此，周采赫炮制的"话语"产生了效用，迎合了 20 世纪 90 年代韩国涌动的民族主义思潮。

周采赫个人的写作动机与目的已显露无疑。这位学者以 Solongg-hos（速勒都思）这一历史符号为诱饵，利用一个长期存疑的历史悬案，顺势将其引向陌生的远方，引向一片异质的文化土壤。

寻觅历史的真实

难道 Solongg-hos（速勒都思）问题就理不出头绪？

其实，历史给出了自己的答案，在蒙古文历史典籍中已有相关的记载。有关答亦儿·兀孙将女儿忽兰献给成吉思汗的过程，在《蒙古汗统黄金史纲》（蒙古文）第 225 卷第 405 页，称答亦儿·兀孙为"索伦之渤海尚王"，并将忽兰公主携来的男仆女侍称为"渤海索伦"人。在《蒙古诸汗宝贵史纲》（蒙古文）第 30 页、第 154 页，称答亦儿·兀孙为"索伦之尚王""索伦鞑靼答亦儿·兀孙"，并将忽兰公主携来的男女仆人称为"渤海索伦"人。这两部蒙古文经典文献中的原始记载，精通蒙古文的读者是不难查对核实的。将这一段历史记载与近代生活在呼伦贝尔地区的族群相比照，得出的结论显而易见：《蒙古汗统黄金史纲》《蒙古诸汗宝贵史纲》中有关忽兰公主及其族属的记载是可信的，是与《史集》《蒙古秘史》的描述相契合的，并在关键之处有所补充。道润梯步先生在新译校注《蒙古源流》中将 Solongg-hos（速勒都思）直译为"索伦"，是准确的，也是无可厚非的。

对于 Solongg-hos 这一称谓代词，历史地理学家乌云达赉先生的研究颇具权威性。他认为，索伦，从名称的发生来说，最初属于 ewenki（鄂温克）部落某一支系的自称。索伦是 sologu-ni 的变读 solun 的译音。sologu-ni，是沃沮—通古斯语，"sologu"意为"东方""河流的左方""河流的上方"，"ni"意为"人"。"sologu-ni"（solun）通常是"东方人""东夷"的意思。sologu 所指的"东方""河流的左方""河流的上方"，最初的原意是指辽河以东的地方。

sologu-ni 中的"g"是擦音。g 在发音部位相近的两个元音之间出现时，往往由于同化作用而失落，sologu-ni 便变读为 solouni。其词尾的元音"i"由于在连续发音中轻读也往往失落，这样 solouni 便变读为 solun。

sologu-ni（索伦）这一称谓，最早见于拉施特的《史集》。该书的汉译者将其译为"速勒都思"（solongg-hos）部落，"solongg"是 sologu 的变读音，"-hos"是蒙古语的复数词尾。[①]

值得一提的是，在 ewenki（鄂温克）族群中有一个古老的氏族——solgu（索勒固），这个氏族名称的原意是"居住在河流左方的人们"。solgu（索勒固）与 solongg 不只是发音相同，含义也相同。如今，solgu（索

---

① 乌云达赉：《鄂温克族的起源》，内蒙古大学出版社 1998 年版，第 12 页。

勒固）的后裔散居在大兴安岭北麓的激流河畔、西伯利亚的图拉鄂温克自治区、阿穆尔州境内。

历史上的 Solongg-hos（索伦）部落何时移居蒙古高原？他们从何而来？他们迁向了何方？这确实是值得探究的历史问题。

如前所述，这一问题在《蒙古汗统黄金史纲》（蒙古文）、《蒙古诸汗宝贵史纲》（蒙古文）中已有明确记载。文献中称"索伦"为"渤海索伦"，直截了当地将"渤海"这一历史地理名称与"索伦"联系在一起。按照乌云达赉的最新研究，ewenki（鄂温克）民族系古沃沮人后裔，沃沮人起源于兴凯湖及乌苏里江流域，其后裔（史书中所称安居骨部、乌素固部）移居第二松花江流域，并由其 daayir 氏族的大祚荣创建了唐朝的系縻国渤海。大约在隋末唐初及之后的若干年代，乌素固部及渤海后裔分几个批次迁徙至呼伦贝尔，他们落脚在蒙古高原东部，最远者抵达了贝加尔湖西岸，之后，扩散至西伯利亚全境。成吉思汗崛起之初，自称"索伦"的 ewenki（鄂温克）族群分支，已居住在今蒙古国东部、呼伦贝尔草原西侧及额尔古纳河流域。他们在达里干嘎、贝尔湖西岸（今蒙古国境内）留有古城遗址，在克鲁伦河下游、哈拉哈河下游北侧（呼伦贝尔市境内）留有同样的古城遗址。这部分索伦人之所以被误认成"高丽"，一是他们从日出的方向迁徙而来，他们的民族起源地在乌苏里江流域，他们的祖先曾与高丽人毗邻而居；二是他们早已掌握了古老的农耕技术，在其居住的大片区域留下了耕种的痕迹；三是索伦人的自称与满人对高丽的称谓过于相近。简而言之，经隋末唐初、辽金时代，至蒙元年代，由于 ewenki（鄂温克）族群是分几个批次移居呼伦贝尔地区及蒙古高原东北部区域，他们虽然在族群内部长期以 ewenki 自称，但常常是以部落居住地的河流名称来识别不同的氏族，久而久之，在 ewenki 族群的称谓问题上，ewenki 人的自称、故乡河流的名称（衍变为氏族的代称）、氏族名称、外民族的他称（通常是 ewenki 人自称的变读音，如乌古、弘吉剌、通古斯等）混杂在一起，使后人难以辨认其真伪虚实，从而造成一起起历史的误会。

至于《蒙古秘史》《史集》等文献中所记载的，答亦儿·兀孙将女儿忽兰献给成吉思汗的过程，历史地理学家乌云达赉的分析与地理定位更贴近历史原貌。公元 1204 年，铁木真进军呼伦贝尔。当时伊敏河暴涨，乌第河部脱黑脱阿汗，列阵于伊敏河下游西岸，即今鄂温克族自治旗驻地以南伊敏河下游左支流辉河河口的达利苏林（dali sugurnin）地方（《蒙古秘史》称"合剌答勒·忽札兀儿"，har dali hujaur），以背水决战。正在鏖战之际，西渤海尚王答亦儿·兀孙乘船顺伊敏河（《蒙古诸汗黄金史纲》《蒙古汗统宝贵史纲》称 unehen murun，此名来自伊敏河上游维纳罕河，当时指伊敏河）而下，将其美丽温柔、聪慧过人的公主忽兰献给了成吉思汗，并携来渤海索伦（或称索伦之渤海）两个氏族的侍女、仆人。脱黑脱阿汗遂率一部人马西遁中亚。①

这是乌云达赉先生描述的时间、地点及事件发生的过程。

至此，译注者笔下的 Solongg-hos（速勒都思）问题，总算理出了眉目。

可以肯定地说，史书中所称的 Solongg-hos（速勒都思），无疑是 ewenki（鄂温克）族群的支系——索伦（solun）。

写于 2005 年

---

① 乌云达赉：《鄂温克族的起源》，内蒙古大学出版社 1998 年版，第 60—63 页。本文大段引用和摘录了乌云达赉先生有关历史学和语言学方面的研究成果，特此说明。

一个涉龙的话题——与某刊编辑对话录

　　这是初春，在草原的边城，乌热尔图先生以玉器收藏者的身份做了一次讲座。这次讲座的内容，主要是如何从造型角度解读史前玉器，从中解析史前人类的情感、思维和观念。这一讲座涉及一些古老的话题。之后，我有机会同他进行了面对面的访谈。我所感兴趣的，则是由这次讲座引申出来的附带话题。

　　乌热尔图先生为人随和，表情严肃、认真。他已步入耳顺之年，可当你近距离观察时便会发现，他的眼中不时闪动着天真、好奇的神采。在访谈中，乌热尔图先生展示了多幅图片，并逐一进行了详解。因篇幅的关系，在整理本文的过程中对此有所省略。本文的整理稿，经被采访者本人的审定，文稿的标题与注释均为采访者所加。

　　胡珏：两天前听了你的讲座，之后我又有幸拜读了你的书稿，现在来面对面地采访你，我真是很高兴。

　　乌热尔图：不用太客气。我愿意和你见一面，也是想随便谈点什么，这也许同你的名字有关。

　　胡（简称）：这为什么呢？

　　乌（简称）：也许……我对你的名字有点好奇，不知这是不是与我所感兴趣的东西有关。你的名字"珏"的含义，应该是指两块美玉——你一定有个姐姐，你们是双胞胎吧？

胡：她是我的妹妹。这是爸爸给我起的名字。

乌：算我猜对了。你看，这就是古老的玉文化的魅力，也包括在"石器思维"这个大概念里了。直到今天，人们还在以玉比德，以玉比美，玉文化还在发挥着让你想象不到的魅力。

胡：那就从这儿谈起吧。

先谈谈"石器思维"

乌：我相信有人使用过这个概念。我在分析手中的玉雕器物时，不过是再次地强调了它，强调了它的存在，强调了它不可忽视的历史作用。如果从字面去理解，"石器思维"一词显得通俗易懂，每个人都能对它产生联想，都会有自己的理解。

胡：那么，你所说的"石器思维"指的是什么呢？

乌：这是石器与思维的组合词。那就先说说石器吧，一个最原始而古朴的解释，那是经人类之手敲击、打磨过的石头工具。旧石器时代的古人，喜欢用敲打的手法制作石器，到了大约 1 万年前，古人逐渐地改用研磨的方法制造石器了。一般来说，考古学家通常认为，在 500 万—700 万年前，人类的祖先就与黑猩猩分道扬镳了。考古学家从有人类活动的 250 万年前算起，一直到出现文字记录之前（5000 年前），把这一漫长的时期定义为人类的史前史。换句话说，从 250 万年前一直到大约 8000 年前，直到人类的初始农业产生之前，处于这一时期的人类大体上都可称之为石器人。史前人类的生存是离不开石器的，也就是说，他们的文化与石器密不可分，那是在石器的基础上衍生与创造的。

胡：我理解了你所说的石器人的含义了。人类的史前史，确实是以旧石器、新石器来命名，来粗略划分的。

乌：对呀，可以说是有些粗略。这也许是因为，整个石器时代所表现出来的差异较少，共性较多。无论是旧石器时代，还是新石器时代，也是按早期、中期、晚期来细分的。其实，无论我们在这儿谈"石器"，还是谈"思维"，那字面中的含义都包含了人。这里所说的"思维"，主要是指人类的认知行为，还要包括创造符号的活动。当把"石器"与"思维"组合在一起，其内涵和外延就显露了出来。这具体是什么意思呢？应该说清楚的是，这一概念是以整个史前史为对象的，所针对的应该是250万年前直至8000年前，这一相当漫长的人类进化与文明的初创过程。这其中要包括人类进化过程中所累积下来的情感，所产生的精神信仰，以及由符号与造型来传递的观念。总之，与史前人类相关的，那些重要的精神活动都囊括在其中了。

胡：这囊括了一个很大的历史范围，它应该是一个大题目。

乌：确实可以这么说。

胡：这让我很好奇。我想请你告诉我，那由"石器思维"所表征的史前史，所传承下来的文明成果主要是些什么呢？

乌：这也是我所思考的，一直在求解的。简单一点说，现代文明全盘接受了史前文明的遗产，这其中还有复杂而曲折的历史过程，在这里我们不去谈了。在我看来，由整个石器时代发展起来的史前文明，到了新石器晚期，形成了一个前所未有的高峰，这个高峰一直延续到大约4000年—3500年前，也就是青铜文化盛行之前。这个高峰的出现，在中国北方这片古老的土地上表现得尤为突出，也最为灿烂，那物质的可显见的系列性标志，当然要属琢玉文化了。

胡：你的意思是说，在中国的琢玉文化中，融汇了整个史前文明？

乌：可以这么说。这是我个人的观点。这是因为在中国这片古老的土地上，整个石器时代人类进化的轨迹相当清晰，虽然有一些空白，但前与后、上与下，大体上是可以跳空衔接的。对于我们非专业人员来说，人类的史前史中有很多的跳空缺口，也有对不上茬口的地方，但中国的考古学家坚信，在这片古老的土地上，人类的史前足迹是清晰的，其进化的脉络（特别是在数万年的时间维度）是一直延续下来的。这一点很重要，我们可从中得到一些启示，那就是在中国乃至东北亚这片土地上，在相当长的一个历史阶段，史前人类的情感和思维是累积下来的。从远古人类那里所传递的信息，并没有出现终止与断裂，大体上完整地渗透到了琢玉文化之中。

胡：你把这点当成研究琢玉文化的前提？

乌：对，这是一个不可忽略的前提，是难以触摸的大背景，也是远背景。所谓的琢玉文化，就是在这漫无边际的大背景下生成的。

胡：现在我最想听的，是你在研究中所发现的，也就是你所归纳的"石器思维"的内涵……它具有怎样的特征？我相信你看到了别人所忽略的东西。

乌：那么好吧。简单一点说，在我看来，整个琢玉文化所表现的，是已经发展成为具有相当规模的、有明显差异的大大小小的造型物，这每件造型物又是一个完整的构形符号，或者说是符号构件的实体组合。哲学家恩斯特·卡西尔有个著名的观点，当他回答人是什么的时候，他干脆利落地把人定义为"符号的动物"，以此来揭示人的本质，来区别于其他动物。相比较而言，从新石器晚期以来，在中国北方地区所形成的琢玉文化高峰，实实在在地验证了卡西尔的理论。

胡：这么说，你的鉴赏活动最初……是从解析造型符号的角度入手的……

乌：对呀，这当然也要有所规避。因为我所面对的是民间流传品，不是考古发现物。如果你无意中选择了考古实证的方法，那就太难为这些流传品了，也难为了自己。我所清楚的是，一切考古成果都可为我所用，但我本人没有条件直接挪用其方法。

胡：你这是意识到了自己的短处。

乌：一个人面对复杂的事物，而它又超出了你的想象，你就要考虑有所忽略、有所规避了。首先我要忽略的是玉雕器物的材质，其次是雕琢完成它们的时间。这些都是有相当难度的问题，是需要借助最新科技手段来检测的。一句话，我选择的解析路径是器物的符号性。

胡：那么，你怎样来定义这些造型符号？

乌：这不是几句话就能说清楚的。我所审视的玉雕器物，一般都具有双重属性：一是立体的实物性；再就是其构形的符号性。后者是相比较而言的。那些不同石质的雕琢物，因其造型上的差异，构成了具象的符号阵容，因此也可将单个雕琢物视为独立的造型符号。在这些造型符号的阵容中，有些是由不同符号构件组合而成。如果你仔细观察便会发现，那实物性的符号阵容有自己的特质，它们大体上是写实性的，具象的风格鲜明而突出。这一基本特点，为你分析和查找其来源提供了重要的线索，你可从中发现和比对其自然原型。

我将造型符号的来源，框定在三个范围：一是动物群体；二是人的躯干；三是人手中的石质工具。可以肯定地说，生活在中国北方的史前人类，主要是从这三个领域提取构形材料，以寄托其情感，表达其意愿。他们采用整体模仿、局部复制、截取细节，以及变形与夸张等手法，经过数千年乃至上万年的探索，形成了独具特色的造型符号阵容。在我看来，这一造型符号的阵容，是由史前人类的主观之"意"与自然世界的客观之"象"结构而成。在这里，也可以借用卢卡奇在《审美特性》中引用的一句名言，当然，那是马克思说的。这句话是："他们没有意识到这一点，但是他们这样做了。"

胡：具体怎么来理解你的这句话呢？

乌：这就涉及在这一造型符号的阵容中，你发现了什么。

胡：那么你发现了什么？

乌：我所发现的，是史前人类的情感和观念。那是史前人类经过千百年的手工雕刻与研磨，附着和浸透在石质造型物上的精神要素。这是最重要的，也是可供后人解读的——精神要素。

胡：这也正是我感兴趣的，能谈得具体一点吗？

乌：……对于其中的精神要素，史前人类只需意会，因为他们是当时的在场者，在那雕琢物中凝聚了他们所认同的情感与可辨识的观念。而对此，现代人则感觉到相当的陌生与隔膜，所以我们需要研究与分析，还要求助于想象与推理。

卡西尔有句话，"符号：人的本性之提示"。他的这句名言，对于我来说非常重要，它能够帮你透视问题的本质。细说起来，我还借鉴了人类学家弗朗兹·博厄斯的观点，将所整理的器物分为两类：一类是实体造型，其造型风格都是写实性的；另一类为意念造型，其造型风格是非写实性的，那是经人类大脑深度加工的产物。让我觉得有趣的，还是实体造型这一部分。那些精心雕琢的昆虫、鱼类、猛禽、猛兽，各个都形象逼真，称得上是生物原形的微缩版，那数量还真是不少呐。

胡：我注意到了你在实体造型物上的收获。你认为这些实体造型中的一部分或者大部分，都是史前人类的食物，是他们祭祀祖先的食品。

乌：准确一点说，那动物形状的写实造型物，它们的生物原形，确实是史前人类的食物，或者说是他们的主要食物。需要说明的是，史前人类在这些食物对象上投入了情感，并将其雕琢成型，使其成为被灵化的固态之物，赋予了它特殊的精神力量，主要用于祭祀祖先的活动。从这些造型物中，我们能够想象得出那些食物对象，它们在史前人类心中所占有的位置，能够感受到是人的基本的生存需求成为他们创造文化的原初动力。

胡：说到底，那还是食物的吸引力。

乌：是的，最初的创造性，是在获取食物的过程中衍生出来的。当然，这其中还包括另外一种现象，也同样是不可忽视的，那就是一些掠食猛禽、食腐鸟类、掠食猛兽，还包括犬科动物，这些不同的动物种群也都受到了史前人类的敬仰。它们不是史前人类所猎取的食物对象，但古人同样崇拜它们。你能猜出这其中的原因吗？

胡：也许那是因为恐惧吧？

乌：或许有点这一类的因素，但我认为不是主要的。

胡：我想起来了，你谈到了，这是因为……在史前，人类与这些动物之间形成了一种……生存依赖关系。

乌：是的。我发现，在史前人类与一些动物种群之间，存在着一种生存依赖的关系。这一点很关键，也很重要。假如你沿着人类起源的方向追溯，你就会发现在整个旧石器时代，或者直至新石器早期阶段，史前人类与一些动物种群之间，确实存在着一种生存依赖的关系。

胡：能举一些例证吗？

乌：主要的证据，还是那史前考古活动所提供的零散资料。这些资料告诉我们，史前人类，具体应该说是早期人类，他们在日常生活中想要猎取野生动物，并非一件易事，更多的时候他们可能走的是一条捷径……他们喜欢跟踪狮子、老虎这一类的猛兽，也许还会追踪野狗、鬣狗那样一些喜欢围猎的集团动物，他们会近距离地逼近它们，利用群体的威力来阻吓那些掠食者，然后捡拾或抢夺那新鲜的兽尸。这里面最重要的，是那些在半空中盘旋的掠食猛禽和食腐鸟类，它们起到了"空中预警"的作用，这才使在地面上搜寻的人们不至于两手空空。所以说，那些捕猎技能高超、觅食能力超强的动物种群，无意中与智慧的人类形成了生存依赖关系。久而久之，人类对它们产生了情感，也萌生了挥之不去的崇拜之情。我认为，史前人类对鹰的崇拜、对动物力量的崇拜，这样一些原始的精神信仰，都产生于极端艰难的甚至令人绝望的生存环境。

胡：你把鹰崇拜、动物力量的崇拜，作为从琢玉文化中提取的精神要素，是这样吧？

乌：是这样的。我把这些精神要素，视为人类初始的精神信仰，其形成的时间要早于或超出人们的想象，之后便以稳定的情感记忆并以观念的形态传递下来。至今，我们仍然能从一些民族志资料中，从那些仍在沿用的传统文化符号上，还可从一些族群古老的民间习俗中，感觉到那样一种信仰的力量。

因为时间的关系，我就不再举例说明了。我要强调的是，在旧石器时代，在不同的大陆上，在不同的聚落人群中，对鹰的崇拜应该是十分普遍的现象。直至新石器晚期，生活在中国北方地区的史前人类，在那些不同的聚落群体中，鹰崇拜的信仰显得十分活跃，并由此表现了令人惊叹的创造力，那都是以造型符号的方式得以固化的。

谈到鹰崇拜信仰，还要强调一个重要的概念——动物力量的崇拜。其实，这一包容性的精神信仰更具有活力，对于史前人类来说，它早已入心入脑、刻骨铭心了。

胡：这也是你从玉雕器物上看到的？

乌：应该说，是我观察到的，也是通过研究分析出来的。对于史前人类来说，他们积累了上百万年与动物种群打交道的经验，与之形成了生存依赖关系，加上他们在潜意识中意识到了自身的不足，从精神上并没有与动物群体严格区分开来，也就是说，他们还尚未建立压倒一切的人类独有的优越感。一句话，他们坚信与其他动物是平等的，同时也是其中的成员。因此，他们无比敬仰鸟类的飞翔能力，鸟类享有"制空权"，便能在第一时间发现地面上的食物；他们十分爱慕鹰的双眼，因为那一对非凡的眼球，能在高空中一眼锁定雪地上的奔兔；他们也很羡慕猎豹强健的四肢，一直梦想着获得那样一种能在地面上飞奔的力量；他们对野狗、鬣狗的听力与嗅觉，更是钦慕有加；而对昆虫、蛙类、鱼类的繁殖力，对野牛、野马的生育能力，也都无比景仰。总之，人类的先祖曾以孩童般的天真与好奇，怀着不可遏制的生存欲望，以及超越死亡的梦想，仰视着那些动物群体。动物群体既是他们的食物，又是他们的崇拜对象。神话学家约瑟夫·坎贝尔，他说过一句很精彩的话："动物拥有人类所没有的大自然力量。"① 因此，可以得出这样的结论：对于在某些方面具有超越人类生存能力的动物种群，我们的祖先早已凝视、钦慕、模仿、崇拜，几乎无一疏漏。我们的祖先将这一生死攸关的情感，提炼成共识性的观念，并以造型及符号的方式，将其逐一转变为可传承的集体性记忆。

胡：这就是动物力量的崇拜！不过……我发现，你好像在回避一个词，那个词好多人都喜欢使用。你为什么不用呢？

乌：你是说"动物崇拜"吗？是的，我是在避免使用它。我认为"动物崇拜"这一概念，它有些宽泛，也显得空洞。它不是可供追溯起源的初始性概念，而是一个结论性概念，在这里使用有些不妥。

胡：……还有其他发现吗？

乌：当然还有……不过，不能称之为发现，因为好多东西就一直存在着，只不过被人们一时忽略而已。

胡：比如……

乌：比如，祖先崇拜。我记得，大概是卡西尔说过这样的话，他说："中

---

① 约瑟夫·坎贝尔、比尔·莫耶斯：《神话的力量：在诸神与英雄的世界中发现自我》，朱侃如译，万卷出版公司 2011 年版，第 105 页。

国是标准的祖先崇拜的国家，在那里我们可以研究祖先崇拜的一切基本特征和一切特殊含义。"[1] 他的这句话很有分量，而从玉雕器物中提取的精神要素，恰恰形象地印证了这一观点。在整个中国大陆，特别是在中国北方地区，祖先崇拜的信仰古老而悠久，它早在史前阶段就已十分盛行。这也是从玉雕器物中折射出来的。可以说，祖先崇拜是史前人类重要的精神支柱。

胡：看来，它确实很重要……你能谈得具体一点吗？

乌：我所谈的祖先崇拜的概念，简单一点说，是从玉雕器物中提取的，它与通常人们所说的"祖先崇拜"的含义有所不同。其中最大的不同点，主要表现在祖先的性别上。也就是说，我所强调的祖先崇拜，其实是史前人类对女性祖先的崇拜。这与他们对部落女神的崇拜，在信仰对象上是重叠的，或者说在一个相当长的历史阶段就已经合为一体了。如果你有兴趣，读一下马丽加·金芭塔丝的《活着的女神》[2]、理安·艾斯勒的《圣杯与剑》[3]，还有约瑟夫·坎贝尔的《神话的力量》。这几位考古学家、人类学家的学术观点，很值得借鉴。

我想谈的是，早在殷商之初，中原地区就已经盛行向祖先神献祭"人牲"的礼仪，那就是所谓的人祭。研究殷商甲骨文的学者发现，殷商时期常用人牲的手段来祭祖。譬如，"斩人牲首法""劈砍人牲法""焚烧人牲法""曝干人牲法""烹煮人牲法"等等。我记得，一名研究者展示了他在考古发掘现场拍摄的图片：在一个祭祀坑中堆满了人头骨。这说明什么？说明早在殷商时期，人祭已经是隆重的祭祀仪式了，所祭祀的对象主要是祖先神。[4] 这份资料说明了什么呢？说明祖先崇拜的信仰很早就形成了，也在很早之前就达到了高峰，但其内容却与我们的想象有很大的不同。

胡：你认为有哪些不同？

[1] 恩斯特·卡西尔：《人论》，甘阳译，上海译文出版社1985年版，第109页。
[2] 马丽加·金芭塔丝：《活着的女神》，叶舒宪等译，广西师范大学出版社2008年版。
[3] 理安·艾斯勒：《圣杯与剑：我们的历史，我们的未来》，程志民译，社会科学文献出版社1993年版。
[4] 王平、[德]顾彬：《甲骨文与殷商人祭》，大象出版社2007年版。

乌：我认为祖先崇拜，最初表现为头骨崇拜，或者说是以迷恋头骨的形式出现的。这是我从玉雕器物的造型中感悟到的。

胡：头骨崇拜？

乌：是的。人类的祖先，尤其是旧石器时代的先民，他们对头骨表现出了特殊的迷恋之情。这其中的缘由，主要出于生存方面的需求，而无论是动物的头骨，还是人的头颅，都曾是他们抢食的对象。这是因为，他们在大脑进化的关键时期，缺乏大脑发育所需的必要营养素，难免要以食用动物的脑髓和人的脑髓来补充。……你还记得，"敲骨吸髓"这句成语吗？实际上，它源于人类古老的习俗。所谓的敲骨，应该是指吸食动物的骨髓；而吸髓呢，也包括了吸食动物的和人的脑髓……

胡：这真出乎我的意料。

乌：当然，这些行为与掠食猛兽相似，因为它太古老了，也太久远了。与猛兽不同的是，人类的先祖是手握石器，他们会用力地砍砸。

胡：这对今天有什么意义？

乌：这是我一直在思考的……可以说，那是一段无法抹去的情感记忆，已经蛰伏在人类的潜意识深处，为后来人的想象提供了精神动力。

胡：能谈得更详细一点吗？

乌：你看……玉雕器物中的骷髅、头骨造型，所表现的无论是动物的、还是人的，都在表达史前人类对头骨的迷恋。这一特殊的迷恋行为，其原初动机显然源自人的生理需求（食欲），绝不是出于对某种头形的欣赏。应该说，这是早期人类遗留下来的特殊情感，是与人类的进化相伴生的，它积淀下来并形成了头骨崇拜。这样一种情感活动，又与祖先崇拜相叠合，并得到了承袭、更新、替换，以及精神上的升华。当然，那期间的复杂过程，我们无法单纯凭借想象去描述。我要说的是，早期人类的这一特殊情感，至今残存在各个不同民族的古老习俗中，例如，生活在北方的不同族群，当他们以不同的方式祭祖或举行丧葬活动时，所供奉的主要食物祭品，不久之前仍要选用猪头、羊头，甚至牛首，这是因为他们所遵从的是古老习俗，也是因为他们在心中明了，唯有这样才会取悦亡灵、告慰先祖。

　　我要特别强调的是，在玉雕文化出现高峰的初期，在中国北方大地上，表现出了不可遏制的构造新头形的群体性冲动。那些喜欢雕琢玉石的史前人类，他们将手中的石头雕刻成大大小小的动物头骨模样、祖先头骨的模样，甚至将他们所喜爱的不同动物的五官，拼合成构想的头形轮廓，创造出一个类生物体的新头形。

　　胡：你是说……类生物体？……新头形？

　　乌：在琢玉文化兴起的早期，直至后来高峰期的来临，我们都能感觉到一股被观念驱动的创造潮流。这一潮流汹涌澎湃，它将史前人类的想象与冲动及其不可遏制的创造力，一股脑投入在构造类生物体的头形上……

　　胡：你一直在强调类生物体……

　　乌：是的。创造一个能够满足人类内心意愿的类生物体的形象，称得上是一个伟大的贡献！应该说，这个类生物体的头部构形，是在中国北方地区完成的。

　　胡：你这是指……那玉雕器物中的意念造型，那一拼合的类生物头形？

　　乌：是的。我特别在意的，并不是那头形本身，而是其中所蕴含的情感和观念，那才是最重要的。

　　胡：看来，我们要进入下一个话题了。

闲谈那一条来龙的去脉

　　胡：我发现了一个小问题……

　　乌：你说……

　　胡：……同样一件玉器，在红山文化中被称为"玉雕猪龙"或是"玉玦龙"，但在你的书稿中，却在回避使用"龙"一词来为器物冠名，哪怕仅仅把它作为后缀。是这样吗？

　　乌：看来你读得很认真。我在分析玉雕器物的过程中，确实有意避开了"龙"这个词。在我看来，"龙"这一专有名词，通常是指被历史所神化、所定型了的那个造型符号。只要是造型符号，它就必然有自己生成的规律。那也是由小到大、从简单到复杂的衍生、异变过程，绝不会是横空出世，更不是一日之间长成的大树。它也需要孕育、萌生、变异，也要经过记忆和复制的漫长历史过程。在我看来，龙的造型之所以被视为有灵性的生物，因为它是一个穿越历史的观念性符号，它是由不同的族群共同缔造的。准确一点说，它既超越了历史，又被历史所塑造，归根结底它是一个想象的类生物体。而有关这一类生物体的初始想象，乃至它早期阶段的异变过程，还真是难以破解的历史之谜。

胡：看来，在这一点上……你有自己的见解。

乌：这涉及考古领域，也涉及历史学科，甚至涉及对史前史的描述。我的看法是，对于考古发掘的过程及其成果，现场之外的人员是无权品头论足的。但对考古活动中所发现的一切进行研究与分析，就涉及对历史及文化方面的阐释和解读，而单纯就这些阐释和解读而言，无论是局外人还是非专业人员，都有自己的发言权，因为你所涉猎的是人类共享的文化议题。

胡：研究红山文化的专家，确认了中国北方辽河流域的古文化区域，认为那里是龙的起源地。[1] 对此，你有什么看法？

乌：好的，我们还有点时间，可以谈得具体一些。

胡：……用你的观点来说，这要涉及对文化符号的阐释，也不是单纯考古方面的问题。我想听听你这方面的看法……

乌：辽西地区红山文化的考古新发现，给人们带来的喜悦和振奋，那是不言而喻的。考古学家将在那里出土的玉雕器物，分别以玉雕猪龙、玉玦龙来命名，并将所发现的兴隆洼文化、赵宝沟文化，以及牛河梁女神庙，相继介绍给了全国读者。考古专家采集了物证，论证了中国北方辽河流域的古文化形态。一些学者认为那片区域属于龙的起源地，并将其断代认定在 8000 年至 5000 年前，[2] 这无疑是重要的历史文化定位。截至目前，还没有听到不同的声音。

胡：那真是了不起的发现，也是重大的研究成果。

---

① 郭大顺：《龙出辽河源》，百花文艺出版社 2001 年版。
② 郭大顺：《龙出辽河源》，百花文艺出版社 2001 年版。

乌：我的看法是，那一起源地应该是一个很大的地理范围，它要包括整个北方草原。我所指的"北方草原"，不是一个狭小的空间。它从大兴安岭以东以南至祁连山、天山一带，包括了内蒙古高原、蒙古高原，其北缘靠近了贝加尔湖东南岸，涉及现今蒙古、俄罗斯等国的部分疆域。应该说，那是一个广阔的地理空间。当然，这一地理空间已将整个辽西地区包括在内。

胡：明白了。那么具体的细节……

乌：其实，这里谈的仅是个人的观点。……龙的起源问题，确实是历史之谜，大家都很在意，都想弄清楚那一条来龙的去脉。之所以称之为谜，这是因为难以深挖其根，还有很多难题要破解。最初，我注意到了一个小问题：为什么那块形器的命名要以龙为后缀？这样是否恰当，有无商榷的余地呢？

胡：你认为那是一个问题？

乌：这是我最初的思考点。我查阅了一些资料，通常人们认为最早的"龙"字，出现在商代甲骨文和金文中。甲骨文中，有很多象形字体，那被指认为"龙"的原文就是一例。这就是说，其意象原型是可比对的，也是可揣摩的。记得我读过一本书，书中列举了甲骨文和金文中的龙字字形①。你仔细比较就会发现，那些字形与辽西地区的块形器外形十分相似，在那两者之间确实存在着形似关系。这一点，让我有所感触……有可能那甲骨文和金文中的龙字，就是对辽西地区块形器及其相似物的摹写。但仅凭这一类举证，就将块形玉雕与那造型完美的龙的成体直接挂钩，似乎有些不妥。在我看来，从造型角度看，出土的块形物为圆形结构，而数千年后那定型了的龙的成体呈水波纹形状，两者的构形差异很大，即使存在着一种久远的亲缘关系，从外形上看也很牵强。这就好比，不管你怎么喜欢蝴蝶，也不会将原生的蛹，直接称呼为幼蝶或蝴蝶。关键的是，要弄清那化蛹成蝶的蜕变过程，否则无法在蛹与蝶之间画出一条直线。

---

① 庞进：《中国龙文化》，重庆出版社 2007 年版，第 41 页。

胡：化蛹成蝶！这是借用具体的生物蜕变来比喻。

乌：谈到龙的起源……如果要为它划定一个起源地，为其划出那历史文化源头的核心区，就不排除在早期历史上曾经存在的文化漂移的问题。说到底，我们所要探究的是一个造型符号的流变。

胡：造型符号的流变？

乌：对。所谓流变的含义，是指文化符号的漂流与变异。我最初思考的，只是一些细节方面的小问题，比如为什么要在出土的玦形器上，要加上一个"龙"的后缀，这样一种命名方式说明了什么？

胡：那是被确认的……最早的龙？

乌：不会那么简单。我认为，那表现了一种泛龙化的倾向。我发现……这种泛龙化的倾向，或者说这一积淀下来的思维习惯，最早要追溯到有文字记载之初……

胡：嚯，那么早，还是详细谈谈吧。

乌：我的建议是，先读读《山海经》。

胡：为什么呢？

乌：因为《山海经》所提供的，算是最早的（涉龙）文字信息了。有一种观点，认为《山海经》的"撰著时间为上古的虞夏之际"，然后到了"西汉末年，刘向、刘歆父子对《山海经》作了校勘整理，形成了后世的定本"①。这个观点很值得注意。我也发现，《山海经》中但凡涉龙的文字，在书的前半部分与后半部分之间，存在着很大的差异。例如，在书的前半部分里所称的神（"神状"），也就是后人所认定的龙，大多是以"鸟身而龙首""龙身而鸟首""龙首而人面""人面而龙身""人身而龙首""马身而龙首""龙身而人头"，是以这样的组合性文字来描述的。耐人寻味的是，那龙首被视为一个独立的构形，这就显得很有趣了。而在书的后半部分里，龙的完整形象才得以确认，开始给读者一个整体性的印象了，出现了"两龙""烛龙"这样肯定性文字，并以"晏龙""应龙""苗龙""先龙"的称谓来比喻先祖。

---

① 《山海经》，方韬译，中华书局 2011 年版，前言。

这说明了什么呢？这说明早在夏代之初，由《山海经》所记载的那传说中的龙，并不是近距离可直视的，而是远距离不清晰的"神状"，它又被描述为分离式的，属于复合体式的物象特征。可以直截了当地说，那分明是一件件被神化了的雕琢物。这就是说，那早期龙的所谓面目，在那一时段是不清晰、不完整的，无人能讲得清龙到底是什么模样，它会是一种什么东西。由此，可得出一个推断，在《山海经》中所记述的最早的涉龙传说，由于未能提供龙的外形特征，致使在后来的诸多历史典籍中，但凡出现那一类的意念造型物（包括平面符号）时，便一概以龙称之。这就形成了一种泛龙化的思维惯性，并影响至今。

胡：还有其他例证吗？

乌：你再读一读司马迁的《史记》。

胡：具体是哪一篇？

乌：《史记》中提供的信息也很重要。司马迁在《史记·五帝本纪》中称：黄帝"教熊、罴、貔、貅、貙、虎，以与炎帝战于板泉之野"。在这里，司马迁根本就没有谈到龙。另外，在《列子·黄帝》中称："黄帝与炎帝战于板泉之野，率熊、罴、狼、豹、虎为前驱，雕、鹰、鸢为旗帜。"同样，在那以动物为部落标识的阵容中，也没有出现龙的音讯。这是一段被记载的史前传说。而在《周易》中，却明确地使用了潜龙、见龙、飞龙、亢龙的称呼，但那一条条龙的形象也都是朦胧不清的，是浮游状态的，是游移不定的，实际上是作为神秘的物象来比喻一种难以描述的状态。这样一种朦胧的物象状态，与考古学家张光直谈商周青铜器动物纹饰的观点相一致，那就是"龙的形象如此易变而多样"[1]。在春秋时代，知识渊博的孔子曾谈到过龙，但他所描述的龙的形象也是朦胧的。孔子用龙来比喻老子，并直言"至于龙吾不知"。这就显得很有意思了。

胡：这些都说明了什么呢？

乌：这说明在《山海经》后半部分所出现的那有关龙的文字记述，应该引起注意。为什么要这样说？……早在夏商周时期，龙的形象是不

---

[1] 张光直：《美术·神话与祭祀》，辽宁教育出版社 1988 年版。

清晰的，也是不确定的。虽然那时可以感觉到它的身影和踪迹，但它是源自其他历史文化区的，分明是一条来龙。这一点，也与考古学家的判断相吻合，龙的初始想象及其早期造型，确实来自中原以外的区域。假如，要为龙的初始想象及其早期造型划定一个起源地，那么我的观点是，除了考古学家所认定的辽西地区之外，再把整个北方草原划入其中。在这大片的区域内，没有自然地理方面的屏障与阻隔，其西北方向靠近了贝加尔湖的边缘。

胡：那真是广袤的空旷区域……

乌：我会接着来谈的……这样就能勾勒出一个大致的时间框架，那就是，早在夏代之前，龙的初始想象及早期造型另有来路。

胡：你是说——"另有来路"？

乌：是的，这一点我想应该肯定。从文化发生学的角度看，那条不成形的"原龙"，仍属于符号性漂移物，它浮游在不同的文化族群之间，当然它凝聚了观念的力量。我想，可给出一个大致的判断。从夏初开始，延续到商周时期，早期龙的造型及其所附带的观念，经历了历史的碰撞与文化的磨合，直至秦汉时期或更早一些时间，才开始在中原地区成型，逐步地得以整合与重塑……准确地说，进入秦汉之后，龙的形象植根在了中原大地，那灵动的龙体被塑造得日渐完美，它成了被中央皇权所宠爱的神圣之物。

从实质上讲，对于那漂泊而来的早期的龙造型，所要承接的就不只是单纯的造型符号了，中原地区吸纳了它所附带的一系列观念。

胡：请等一等……你一直在强调早期的龙造型是"漂泊而来的"，这种说法很有意思，我还是有不太明白的地方。

乌：好吧。我的意思是说，我们这一代人，当然包括我本人在内，其实都自觉或不自觉地在以文明中心论的观点来考虑问题。换句话说，当你面对历史的时候，其实也是站在中原文明史观的立场上去思考的。这就好比有人在那里画了一个圈儿，是你自己愿意钻进去的。

胡：你是说……

乌：我是说，早在四五千年之前，是不是已经形成了所谓的文明中心，这本身就是一个有待重新定义的问题。在这里，我所关心的是那条初始的龙，或者说那早期的龙，它作为附带着观念的造型符号究竟是怎么形成的？最初它是由谁来塑造的？这些人以及他们的先祖都生活在哪儿？

胡：这是你关注的重点。

乌：是的。

那类生物体造型的"原生地"

胡：你认为早期的龙造型符号，有它自己生成的前提条件，而对于那远古环境的大背景，通常人们思考得比较少。你是这个意思吧？

乌：可以这么说。简单一点说，从文化发生学的角度去看，那早期的龙，也就是我称之为类生物体的那个意念造型符号，它是历史的产物，也是观念的凝结物，它的出现及演变确实是要有前提条件的。我一再重复地谈到这一点，这是因为在探究龙的起源问题时，往往会忽略一些关键性因素。那么，它所需要的前提条件是什么呢？我坚持认为，它的生成与蜕变所需要的是崇拜动物力量的聚落环境。而历史上的那个大环境，所牵涉的地域十分广阔，所呈现的原生文化也是多色彩的，说到底，那是一大片连接着久远过去的古老土地。

胡：你所强调的，是一个崇拜动物力量的人的聚落环境……

乌：对。现在，我们来看看人们所熟悉的那个成体龙，它躯体的每一个细部（构件），其实都与某一种动物有关，它所牵涉的动物种类有十余种之多。十分明显，它是由不同的动物体（躯干与器官）组合而成的。当然，它不是一幅平面拼图，它是由人类想象出来的一个类生物体，在人的意识中，它能在天空中飞，也会在水中游，它是来去无踪的神灵。你说，它背后的支撑性力量到底是什么呢？

胡：你的这句话，让我想起放风筝。如果没有那放风筝的人，空中的风筝立马就会飘落，谁也找不见它的踪影。

乌：你的这个比喻挺有意思。一句话，从这类生物体最初的"胚胎阶段"，直到它最终演变为一个活灵活现的成体，其实自始至终都离不开人的观念，它是在人的精神观念相互作用下才成为一条龙的。而那个最主要的，也是最基本的观念，就是史前的聚落人群对动物力量的崇拜。也可以说，在其背后支撑它的是人的精神因素，甚至从广义上说，那是从石器时代以来所积淀的史前人类的情感与思维。

涉及这一点，不能不谈的是，早在农业种植兴起之前，在整个中国北方地区，较好地保持了石器时代以来所形成的文化传统。具体一点说，那是人类积攒的有关狩猎—采集时代的生存经验，那样一种情感与思维都凝聚在了动物力量崇拜这一系列的精神信仰上。作为那片土地的主人，他们从事狩猎或牧养牲畜，或从事简单的种植业。最为重要的是，他们率先创造了磨石琢玉的文化传统。可以指出的是，这样一片广阔的区域，其北缘在贝加尔湖一带，南缘就是我们大家都熟悉的辽西地区。

胡：你把辽西地区当成了一个点，而不是面？

乌：你说的对。我不是单纯地按照考古线索去推断，而是在进行综合性的文化思考。大约 8000 年—3500 年前，保持着动物力量崇拜传统的聚落人群，他们主要集中（或分散）在那一大片区域，而绝不会是狭小的一隅。当然，我们还是可以为它划出一片核心区。

胡：核心区？

乌：我认为，或者可以提出一个大胆的假设。这个假设就是，那一文化核心区的地理位置要放在蒙古高原的中部地带，也就是鄂尔浑河河源地区，也许还要包括鄂嫩河河源及周边区域……

胡：那一带，在历史上是匈奴人的大本营吧？

乌：说得对，那是后来被称为匈奴部落联盟的世居之地。在这里，我所说所指的是他们的先祖，那是以蒙古人种为主的聚落群体，也包含了其他人种部落。

胡：这是你的观点或者说研究成果吗？那么其他学者是否也有类似的见解？

乌：有哇，考古专家郭大顺先生，他对这一类问题就有自己的强调。郭大顺认为，"当生活在中原地区的原来并没有玉文化传统的华夏族整合了来自周边地区的玉文化以后，玉器就成为华夏族乃至后来的汉民族生活方式的一个组成部分，我们可以称之为华夏族和汉族的玉文化"①。这是他文章里的一段原话，虽然这位考古学家并没提到那"周边地区"的匈奴先人，但他这段话的含义还是挺清楚的。总之，郭大顺先生的见解独特而深刻，我还会谈到他的。

胡：还有其他必须要谈的前提条件吗？

乌：当然还有。一个横贯历史的、由不同族群共同塑造的造型符号，它的生成与演变直至最后的定型，都离不开一个重要环节，而那一环节是以看不见的符号链相衔接的。

胡：你是指……

乌：这是指人的记忆。那是一个或几个，数十个或数百个群体的记忆，也可简单地称之为不同群体的记忆。没有那集体记忆的参与，一个初始的符号是无法自我繁衍的，它不是无性繁殖的有机体。我想，仅仅有了集体记忆的参与，也说明不了什么，对于我们所感兴趣的对象而言，还需要一种能够促使人的情感转化的力量。你猜那会是什么呢？

胡：你是指……一种活动性的平台？

乌：对，你说得很对，确实需要活动性的平台（暂且这样称之）。这个平台是可聚众的，它能够调动众人的情绪，能将被激发的群体情绪引导到一个或几个符号上，并使那些符号成为整个群体所尊崇的对象，从而在外力的作用下使之得以复制与更新。只要这一活动性平台存在，对初始符号的复制与更新活动就可延续，就没有时间、数量以及形制上的局限。而那创造性情境背后的无形推力，应该是为群体所共享的观念，这自然要涉及人的早期信仰。

胡：你这是在说仪式活动吧？

乌：对，我所指的确实是仪式活动，应该是指早期的那些仪式活动。研究玉文化的专家并未忽略这一点，反倒提醒人们关注这个环节。

胡：譬如……

---

① 杨伯达：《中国玉文化玉学论丛》四编上，紫禁城出版社 2007 年版，第 64 页。

乌：譬如，杨伯达、郭大顺等专家，他们都很在意这一历史环节。杨伯达先生的专著《巫玉之光》，就用大篇幅来探究玉与巫的关系。他认为，"巫与神沟通时也离不开玉，巫用玉事神，也就是向神献玉，以之享神、媚神、敬神等等"。他甚至断定，"重要的玉神器也由巫雕琢，由巫专用，归巫所有，玉被巫所垄断"。那么，这里所说的"巫"到底是什么呢？仅仅是指一个体，那从事原始信仰活动的个体人物吗？不是的，我更喜欢用"场"的概念来概括那早期的文化现象。美国当代社会学家兰德尔·柯林斯，他在《互动仪式链》这部专著中，把仪式活动作为微观社会学的研究对象。他重点分析了仪式活动的特性，强调它是互动的，是情境的集合，是可激发人的强烈情感的，并能将强烈的情感凝注在特定的符号上。他还明确地指出，"仪式是社会结构的结点，而且正是在仪式中群体创造出它的符号"①。我在想，柯林斯的这一番论述，也很适合用来理解和把握中国北方史前人类的那些仪式活动……

胡：史前的……仪式活动……

乌：具体一点说，就是中国北方早期的萨满信仰活动。

胡：这么说，那些出土的和传世的玉雕器物及造型符号，还有史前的仪式活动，都与你提到的萨满信仰活动有直接的关系？

乌：是的，那是一种相辅相成的关系，非常重要。

胡：能谈一些具体的细节吗？

乌：这方面的证据，就在玉雕器物上。你如果仔细观察过那些史前玉雕器物（以红山文化为例），就会发现那些器物上大多留有钻孔，这些钻孔显然可供佩带或悬挂，这就是证据。具体地说，是这些钻孔，将那些史前器物同萨满信仰活动联系在了一起。为什么要给出这样的结论呢？因为在早期的历史阶段，阿尔泰语系的不同族群大多生活在中国北方地区，划入这一语系的族群又分为突厥、蒙古、满—通古斯这三个语族。在这不同族群中间都有萨满信仰的活动，他们的信仰表

———————————

① ［美国］兰德尔·柯林斯：《互动仪式链》，林聚任、王鹏、宋丽君译，商务印书馆2009年版，第60页。

达有着大体相似的古老程序。这里所说的萨满信仰，是在东北亚地区，包括西伯利亚和中亚地区各民族在内的自古以来的信仰体系，这个体系的中心就是萨满。萨满所信奉的古老的宇宙观，能将人们的情感集中在对大自然的崇拜、对动物的崇拜、对祖先的崇拜上。萨满能通过脱魂、降神等特有的程序，来达到同神灵的对话与沟通。萨满更喜欢借助动物的神灵来显示自身的力量，她（他）所拥有的象征物、守护神、神服上挂系的偶像，无一不在表达对动物神灵、对祖先之灵、对自然万物的崇拜与敬仰。可以肯定地说，是古老的萨满信仰，通过其仪式活动创造出了样式各异的造型符号，在数千年的时间里使之丰富和饱满起来，并成功地传承与延续。

我要强调的是，与我们的话题相关的，应该是匈奴部落联盟的萨满信仰，也就是历史上使用玉器的匈奴先人——他们的萨满信仰活动。

胡：你捕捉到了具体的目标，那么，怎样才能进一步证实呢？有什么方法与路径吗？

乌：这确实是一个问题。具体地说，我们可以从现今东北地区满、赫哲、鄂温克、鄂伦春、达斡尔、蒙古等民族，那些至今保留着萨满信仰活动的古老遗俗中，去进行源头的追溯与推想，以便勾勒出在新石器晚期那一大致的历史阶段，生活在蒙古高原中部地区使用玉器的族群，他们萨满信仰活动的某些文化特质。

胡：那会是哪些族群？

乌：他们是匈奴、突厥这样一些古老部族的先人。当然还要包括不同人种的部落。

胡：你一直把思考的焦点对准了匈奴先人，现在又落实在了他们的萨满信仰活动上，这听起来别开生面，很有启示性。但是不是还需要更能说服人的例证？

乌：是啊，要探讨的东西还很多，不明了的东西也很多，我们只能长话短说，进行简单的描述。例如，我所说的匈奴先人，在历史上到底是什么人，还不能说得十分清楚，只能笼统地来概括。我所说的匈奴先人，与历史上的鬼方、混夷、獯鬻、玁狁、戎、狄、胡人有关。

再谈谈那一条"来龙"

胡：对于"龙"这一称呼的含义，古往今来有各种各样的解读，而每一种说法，每一个猜想，似乎都有一定的道理。那么，你能谈谈自己的见解吗？

乌：你使用了猜想一词，用在这里我觉得很恰当。要破解这一历史之谜，每个人都有参与的权利，也有猜想的自由。我在想，这里所提出的问题，是要对龙这一称呼的来源给出一个解答，哪怕这一解答仅仅属于猜想。好吧，我愿试一试。

我把人们习以为常的那条龙，视为一个类生物体的造型符号，那是一个完美的历史杰作，它是人的观念的有形载体。至于它的起源，如果从历史文化的视角综合思考，其"原生地"应该在中国北方的草原地带，那一中心区靠近蒙古高原的中部地区，属于历史上使用玉的匈奴先人的世居之地。为什么会产生这样的推断，我也在反问自己：你的理由充足吗？有足以说服人的证据吗？确实，我更愿把这一类源流问题的探讨，当成有意义的文化猜想。因为所涉及的那段历史过于久远，其间存在太多的断裂与空白，可供参考的信息不是残缺，就是失源，追溯起来并不容易。

这里涉及的是匈奴的先人。他们到底是谁？肯定有人会发问，我在书稿中已进行了探讨。早在青铜文化兴起之前，他们是北方地区用玉的族群，是文化上相近的部落联盟。从人种学角度看，那是以蒙古人种为主体，包括人数众多的突厥人，甚至还有一定数量的高加索人。简单一点说，我把关键环节锁定在了那一部落联盟（从文化角度推断）的萨满信仰活动，也就是我所说的匈奴先人的萨满信仰上。但对于那段史前文化，如今谁也无法勾勒出真实的原貌。怎么办？只好在相关文化中寻找"间接证据"。我的思路是，在阿尔泰语系中蒙古语分支的位置特殊，它被夹在了突厥语支与满—通古斯语支的中间，它所接受的文化影响明显偏重于突厥语支，这当然是从语言学角度来推断的。而在我们所知的萨满信仰活动中，也存在着这样一个现象，这就是阿尔泰语系的各民族所信奉的萨满信仰都有内在的相似性，无论是所规范的模式，还是所表现的套路，都是大同小异的。这就给我们带来一个启示，在早期的历史阶段，中国北方草原存在一个相对强势的文化群体，她发散着自身的文化影响，而这一群体与匈奴的先人有缘，那引人关注的核心部分就是萨满信仰活动……

胡：可它已无法被描述……

乌：所以，我要特别提到蒙古语分支，以及他们后裔的萨满信仰。这是因为，在他们的萨满信仰活动中，有可能发现匈奴先人的"文化基因片段"。

胡：你是指……

乌：蒙古族群的早期萨满信仰活动。

胡：具体地说……

乌：其中的一个专有名词太重要了！

胡：我很想听……

乌：它是蒙古族萨满信仰活动中的核心概念——"翁衮"（ongyon）。"翁衮"这一词语很古老，或许是与他们的萨满信仰一同诞生的。这"翁衮"到底是什么意思呢？在蒙古人的信仰中，"翁衮"通常拥有两种含义：一是祖先的埋葬地；再就是萨满的守护灵。也有人认为，"翁衮"有多层次含义，即守护灵、埋葬地、图腾以及祖灵。我个人的观点，把"翁衮"理解为"祖灵"，应该更恰当一些。按照我的理解，"翁衮"主要表现为两种形态，一种是人们看不见的，也就是神灵的状态；再就是人们看得见的，它是众多神偶（小雕像）的总称。有意思的是，那些手工制作的不同材质的神偶，大多是以动物造型为主。按照资料记载，一个萨满往往要拥有很多的翁衮。与此相比较，在满—通古斯语分支中，比如在我们鄂温克族的萨满活动中，也有与翁衮完全相同的概念，但语句的发音却不相同。由此我推断，蒙古族萨满的"翁衮"一词，更要靠近突厥人、靠近匈奴人的萨满用语。我在米哈依·霍帕尔（匈牙利）所著的《图说萨满教》一书中发现，阿尔泰突厥人称天神为"巴依·尤尔衮"（Bai-Ülgön），那可分解的单词"Ülgön"（神）的发音，显然与蒙古族祖灵"翁衮"（ongyon）

发音相近。这一点，在史料中也能得到印证。比如，在波斯语文献《史集》部族志中，就曾多次提到翁衮。波斯的历史家拉施特，就将蒙古族群称为"突厥蒙古部族"，以此来强调他们所受突厥文化的影响之深。在《史集》中，"翁衮"被译为汪浑（aūnqūn）①。

胡：这"翁衮"一词，就那么重要吗？

乌：是的。我要强调的是，我赞同那种把萨满信仰活动视为史前文化"活化石"的观点。千百年来，萨满活动所传递的文化信息，确实十分古老，又极为稳定。在不同民族的萨满活动中，都保留着一些自己的古语，而蒙古族萨满活动中的"翁衮"一词，我认为，就可追溯至史前阶段，或可将其置于匈奴先人的语境中。

胡：这要说明什么呢？

乌：当你把"翁衮"当成一句萨满的古语，并把它还原到匈奴先人的萨满活动中，一个前提也就成立了，推出一个新的假说就有了可能。

胡：一个假说？

乌：是的，一个新的假说。我认为，最初中原地区所接受的龙的称呼，极有可能源自匈奴先人的萨满信仰活动，源自一句与"翁衮"内涵相同、发音相近的古语。

胡：你是说，龙（lóng）是"翁衮"（ongyon）一词的音转？

乌：是的，简单一点说，也许就是这样。这是早期阶段中原地区对"翁衮"的误读，也是对"翁衮"一词的汉文音译。但是，这里有个重要的前提，那是在匈奴先人的萨满信仰中……与"翁衮"内涵相同、发音相似的那句古语。我的意思说清楚了吧，这就是假说的关键所在。

胡：哦，既然这样，为什么不把龙怎样形成的，那早期生成、演变的路径，借此机会简单描述一下？

乌：其实，那演化的路径是难以描述的。在历史面前，被困扰的常常是你自己，你会无意中陷入历史的深潭而进退两难……

胡：那就先谈谈你的困扰，与此相关的困扰。

① ［波斯］拉施特：《史集》第一卷第一分册，余大钧、周建奇译，商务印书馆1983年版，142—145页，308—309页。

乌：细说起来，与龙相关的记载，在秦汉之际就很清晰了。例如，司马迁在《史记·匈奴列传》中，就清清楚楚地写下了："岁正月，诸长小会单于庭，祠。五月，大会茏城，祭其先、天地、鬼神。"这段文字，无论你怎么看它都很重要，历代史学家也都很在意这段史料。让我感兴趣的，是其中的"大会茏城"这一说法。"茏城"两个字，确实显得十分耀眼。之后，在《汉书》中也照抄了这段话，并把"茏城"写为"龙城"。另外，在《史记索隐》中引述崔浩的话说："西方胡皆事龙神，故名大会处为龙城。"在《后汉书·南匈奴列传》中，记载得同样清晰："匈奴俗，岁有三龙祠，常以正月、五月、九月戊日祭天神。"而在《汉书·韩安国传》中称："将军卫青等击匈奴，破龙城。"你看，这就是"直捣龙城"那句成语的由来。你说，该怎样来解读这些史料呢？其实，这些方块汉字写得再清楚不过了，那就是早在秦汉之际，中原地区就已经知晓漠北的匈奴人"事龙神"了，确认了在他们那里存在着大规模的祠龙活动，了解了那是匈奴人年复一年的民间习俗。对此，无论其他人怎样去理解，依我看来，这是一段十分重要的、无法抹去的历史记忆。当然，那是司马迁年代的中原（地区）记忆，也是一个城邦国家的集体记忆。

但是，如果你与后来的一些文献资料进行对比，便会感到诧异与不解，甚至也想象不到，这么重要的历史信息，那么深刻的历史记忆竟被忽略了，被排除在龙的早期形成史之外了。这不让人感到有点奇怪吗？

胡：说实话，我没注意那些史料，如今很少有人提及它。可我记得"直捣龙城"这句成语，它所显示的是气势，灭掉的是匈奴的巢穴。

乌：这就对上茬口了，那个"龙城"——确实是指匈奴的老巢。但是，匈奴人是不是也称呼自己的大本营为"龙城"呢？匈奴人是不是将中原人所称的"龙"，同样也称之为"龙"呢？应该说，这是一个问题。如今，没有任何资料显示匈奴人曾将自己的大本营，以及祭祀地称为"龙城"。依我个人的推断，这是中原地区对漠北匈奴人习俗的误读。你不妨重读一下《史记》中的那段话："岁正月，诸长小会单于庭，祠。五月，大会茏城，祭其先、天地、鬼神。"那么，你就会发现，所说的"大会茏城"，是与"祭其先、天地、鬼神"相连贯的一句话，说的原本是同一件事情，那是指大型的聚众活动，应该是匈奴人的萨满信仰活动。而那一类的聚众活动，恰好与如今仍在北方草原上延续的民间祭祀敖包活动相类似。我认为最重要的是，从这段史料中可得出一个结论：在司马迁的年代，中原地区的王朝已经确认，那龙的原生地以及祠龙的中心，就在漠北的匈奴世居之地。

胡：哦，原来是这样……

乌：历史的走向远比我们的描述要复杂得多。我查阅了各种资料，还发现了另外一个问题，这就是从那些与匈奴相关的考古资料及历史典籍中，你很难找到与龙相关的信息，它既无影又无踪，连蛛丝马迹也难以找寻，即便有那么一点信息，也是凤毛麟角。比如，我在蒙古国出版的青铜出土样品图册中，只发现了一件与红山文化的"C"形龙相似的青铜物件 ① ；另外，在林幹先生的《匈奴史》中读到过一则信息，那就是，在匈奴墓葬中曾出土过一幅"腾龙刺绣"，上面绣的龙扬着尾巴，伸着头朝后看，向前飞腾 ② 。除此之外，就是那些各种动物造型的青铜饰件了。这些青铜饰件的种类很多，它表明青铜文化承袭的是玉文化的造型基因，也表明在蒙古高原地区一度盛行崇拜动物力量的精神信仰，也就是存在着滋养萨满信仰的文化土壤。那么，既然早在秦汉之际，就已经确认匈奴人"事龙神"，知晓了他们那里是祠龙的中心，为何在匈奴文化中流传下来的与龙有关的符号和造型物件又如此之少呢？

胡：你说这是为什么？

乌：我的观点是，这恰好说明了龙与那萨满信仰活动的渊源与复杂的关系。当然，我是指与匈奴的先人，也是指后来的与匈奴部落联盟之间发生的渊源关系。怎么说呢……早在新石器晚期，或者说大约至夏代之前，生活在北方草原地区以匈奴先人为核心的使用玉器的族群，他们在萨满信仰活动中创造出了多种样式的小雕像，并在这些小雕像身上倾注了祖先崇拜、动物力量崇拜的精神信仰，他们认为祖先之灵可在其中

---

① 《天剑：青铜时期，匈奴国的青铜器文化之摇篮》(蒙古文)，蒙古国乌兰巴托市，2011 年版，第 259 页。

② 林幹：《匈奴史》，内蒙古人民出版社 2007 年版，第 135 页。

显形与附体。这些造型各异的小雕像,被笼统地称为"翁衮",或是与"翁衮"发音相近的一句古语。在那以"翁衮"为总称的小雕像中,有写实造型的,也有非写实的,其中就有与红山文化出土玉器相似的兽形玉。这是一大批样式各异的意念造型物,它们大体上具有了类生物体的雏形。具体一点说,由于那一文化区域存在着头骨崇拜、动物力量崇拜的信仰,这些精神因素转变成了塑造类生物体头形的情感冲动,转化为极富想象的造型动力,在那一历史环境的综合作用之下,匈奴的先人率先打磨、雕琢出了一个类生物体的新头形。

胡:你认为那只是一个头部的造型?

乌:也可以这么说。它属于意念造型物中的一个独有头形。它并列在十余个写实性的造型物中间,而这一系列造型物经过归纳与整合,被赋予了与人生相关联的文化含义,后人又称之为十二生肖。那些含有崇拜动物力量因素的并被灵化的造型物,最初是以"翁衮"这一古语来统称的。它们原本是萨满的守护神,是祖灵可附体的显形物。大约在5000—4200年前,那意念造型物中一个独特的头部造型,脱离了北方草原萨满信仰的活动平台,带着神秘的"翁衮"称呼,向中原地区漂移……

胡:听起来,有点玄妙……

乌:是的,探寻其缘由,无非是因为历史上的部落迁徙、族群冲突,更主要的是部族间频繁发生的战争,由此所引发的文化冲撞、文化接触及文化渗透。不知你是否读过李济先生的《中国文明的开始》一书?

胡:是考古学家李济吗?

乌:对。李济先生有段话太重要了,我几乎能一字一句地背下来。他说:"中国人应该多多注意北方:忽略了历史的北方,我们的民族及文化的原始,仍沉没在'漆黑一团'的混沌境界。两千年来中国的史学家,上了秦始皇的一个大当,以为中国的文化及民族都是长城以南的事情。这是一件大大的错误,我们应该觉悟了!"[1] 李济先生不是在无缘由地振臂呼喊,他亲临并指挥了数十次殷墟考古发掘活动,这位考古专家

---

[1] 李济:《中国文明的开始》,江苏教育出版社 2005 年版,第 1 页。

是有感而发，也可以说这是他的肺腑之言！一句话，李济先生直截了当地挑明了，在那长城以北"有我们更老的老家"。想想看，考古界一代宗师的深邃思想及情感，不都浓缩在他的这段话语中了吗？

胡：考古学家看得很远，想得更深。

乌：其实，我在意的是这位考古学家的提示。他告诉我们早在秦始皇的那个年代之前，漠北地区与中原地区是没有什么阻隔的，文化上的相互影响远远超出了我们的想象。就是在秦始皇之后，也没有什么东西能够阻隔长城内外之间的文化沟通，这一点也是很重要的。

胡：那么，接下来呐……

乌：接下来就是"翁衮"进入中原地区……最初，或许它是以物态的方式降临的，这一点我们可在《山海经》中一窥究竟，也就是说，它是以"鸟身而龙首""人身而龙首""马身而龙首"之类的手雕物件来显形的。但当中原地区的人们同样视之为神秘之物时，它所携带的祖灵观念也就自然而然地被接受了。我认为，重要的是中原地区普遍存在着崇拜动物力量的信仰，同时也是祖先崇拜的盛行之地，因此在精神层面没有发生抵触与排斥。我把"翁衮"进入中原地区的时间放在了夏代之前，也就是大约在 5000 年—4500 年前，之后历经夏商周三代，直至春秋战国时代，在这一两千年的岁月中，"翁衮"经历了由蛹至蝶的演化过程……

胡：你认为最初传入中原地区的是"蛹"了？

乌：可以这样来比喻。"翁衮"在它的"原生地"，也就是在匈奴先人的萨满信仰中应该说是完整的，因为它是一个系列（或精神或物质的）中的组成部分。但流传到中原地区就不一样了，它所表露的是组合性的物象特征，造型符号的缺陷与不足就难以掩饰，也就是《山海经》所描述的"鸟身而龙首""人身而龙首"的符号样式。之后，或许因为意念造型本身所具有的神奇魅力，使其在中原地区很快被进一步神化，并获得了新的命名，具有了自己的独立神格。这样一来，研究者便有机会借用斯特劳斯的神话学理论，去解读那段踪迹迷乱、无法复原的早期历史了。

胡：你是说……借用斯特劳斯的理论？

乌：是的。斯特劳斯认为"神话思想就是一种理智的'修补术'"，他是在《野性的思维》中阐释了这一观点。什么是"修补术"？怎样来"修补"？"修补"的又是什么呢？细说起来，还真有点复杂。按照这位结构主义大师的说法，"作为实际平面上的修补术的神话思想，其特征是，它建立起有结构的组合，并不是直接通过其他有结构的组合，而是通过使用事件的存余物和碎屑……"说实话，这样的思想还是很深奥的，理解起来也让你感到有些吃力。不过，你会大体上明白他是在提醒我们，在运用神话学理论的时候，要尽可能地注意到（对象背景中的）"事件的存余物和碎屑"。斯特劳斯还把那些创造神话的人们形象地比喻为"修补匠"，在他看来，那些早已离场的"修补匠则借助事件创造结构"。

胡：这些思想与本题有关吗？

乌：当然，能帮助我们开阔思路。那么，我们就从寻找早期历史上的"事件"入手，来发现一些有用的线索。首先，吸引我的是，在甘肃甘谷西坪遗址出土的鲵形纹彩陶瓶，那瓶上彩绘的大鲵头部椭圆，它有一对大眼，身长而弯曲，似有鱼鳞，四足上还有小爪，看起来造型十分生动。这件出土的彩绘器物，带给我们什么信息呢？它告诉我们在那一时期，在那片区域，生活在那里的人们对大鲵这种生物怀有特殊的感情。此外，在河南偃师二里头文化遗址出土的陶片上，出现了夸张变形的蛇形图案。那一遗址距今大约 3800 年—3500 年，属于夏代至早商时期。再有，在山西襄汾陶寺遗址出土了彩陶盘，上面也绘有盘曲成环状的蛇形纹，经考古专家认定，它距今大约 4500 年—3900 年。与此相关的，就是在长沙马王堆汉墓出土的帛画中的女娲像，以及山东武梁、河南南阳、山东沂南等地汉墓出土的女娲像，那都是人面蛇身。这些例证又说明了什么？说明在那一时段，在那片区域中，生活在那里的人们对于蛇这一生物十分尊崇。当然，不能忽略的还有虎的造型，当你查阅了《中国玉器全集》便会发现，在商代至春秋战国时期，在中原地区出土的动物型玉器中，长身腰、四条腿、长着尾巴的老虎造型较为多见。这表明那里的人们很崇拜老虎……简单一点说，我把这些例证都当成了"事件"，也就是说，它是在那长时段历史背景下由人、地区、人的信仰复合成的"事件"。这些"事件"借助了仪式的活动平台，经过时间的磨合转变为特别的"记号"，也就是用于造型物上的符号构件，之后被填补在了创造者所钟情的（神化对象）造型结构中，逐步地完成了那神圣的修补作业。从某种角度说，那条早期的龙，原则上就是这样被修补的。这是一道需要招标的命题，最初是在《山海经》中亮出了标的：谁来为孤独的龙首塑身。之后，便有了修补"龙体"的问题。

胡：这是你的主要观点？

乌：这是《山海经》给出的一道历史命题。事实上，龙不是横空出世，最初它也不是一个完整的成体物件，某一天突然从地底下冒出头来。按照我的观察和分析，西部地区对大鲵的钟情，中原地区对蛇的崇拜，以及中原腹地对老虎的尊崇，还要包括整个东北地区对鹰的敬仰，这些崇拜动物力量的精神信仰，转化成了具体的造型构件，被填补在了那可显形的"祖灵"的躯干上。如果你仔细观察便会发现，大鲵、蛇，还有虎的外形，从造型角度看都是以修长的躯体见长，那躯体含有神秘的威慑力……

胡：你想说的是……

乌：中原地区的人们，凭借他们对蛇的崇拜，为早期的龙修补上了蛇形躯体；同样也是中原腹地的人们，凭借他们对老虎的崇拜，为早期的龙修补上了兽形躯干，而那兽形躯干又演变为四足……这些都是最主要、最基本的造型贡献。当然，其他地区也有自己的贡献，在这里就不谈了。

胡：等一等，我有点迷惑，那被修补的躯体，它到底是蛇形的，还是兽形的？

乌：这就很有意思了。被修补的龙的成体躯干，你可以说它是蛇形的，也可以说它是兽形的，因为它同时兼备了多种生物的外形特征。你想想看，经过时间的打磨，那被修补成型的成体龙，它的躯体是蛇形的，配给它的外皮却是鱼类的；它的四足显然源于虎一类的猛兽，而那四足上的爪子却属于鹰类猛禽。如果从仿生角度看，这是一个不伦不类的复合体造型，但它却代表了中原地区、西北地区，以及整个北方地区不同族群的精神信仰，它是由诸多精神信仰转化而来的形似物。

胡：你把这个"形似物"称为成体龙。那么，它的下一步走向呢？

乌：我还是关注历史中的事件，从中去寻找答案。比如，我注意到了"四灵"之说。所谓的"四灵"，指的是"麟、凤、龟、龙"这四个被灵化的异兽。而在其中，只有那个龟，它是可找寻出生物原型的，其他三个异兽都属于意念造型物。当然，唯有龙的造型所凝聚的观念要素最多。这一史料记载在《礼记·礼运》中，而编撰《礼记》一书的年代，大约在战国至秦初时期，这是一个重要的时间节点。如果把这一时间点放在龙的生成史中，便会发现在那一时间段龙的地位得到了提升，它与三个被灵化的异兽并列在了一起，当然仅此而已。之后就不同了，不久便出现了"祖龙之说"。在《史记·秦始皇本纪》中称，"三十六年言曰：'今年祖龙死。'"苏林注释说："祖，始也，龙，人君像，谓始皇也。"随后，在秦末时期又出现了一则神话传说，称汉高祖为龙种。这又是一个重要的事件，也就是说，在秦汉之际，龙的形象得到了前所未有的跃升，开始重新确认它的祖灵地位，整个中原地区将其与皇权捆绑在了一起，它的形象被彻头彻尾地神圣化了，为皇家与朝廷所独宠，成为平头百姓不得占有、不得把玩、不得窥视之物。

胡：我还是有个问题，那么漠北的匈奴……

乌：在当时，尤其在秦国的属地范围，形成不了与匈奴族群的真正阻隔，也并未中断相互间的影响。要弄清楚的是，在那个时间点，为成体龙塑身的到底是哪些人，究竟要以谁为主？我的推断是，中原地区的人们是为那成体龙塑身的主力。那一成体龙作为一个造型符号，它是可以跨越山川河流，也是可以随风飘荡的，它完全不受地域的局限。因此可以设想，大约在秦早期，有了大体轮廓的成体龙重归了故里，在其"原生地"又进行了一番修补与更新。

在这里借用"重归故里"一词来比喻，是想说明当时的文化交往是没有阻隔的。而为那被视为祖灵的造型物进行修补及塑身，应该说是在大漠南北、中原腹地以及长江两岸同时发生的事情。

我要强调的是，当时随着秦汉作为强盛帝国的崛起，文化上的创新及扩张能力是不可小视的。可以肯定的是，在那一时期，对龙体的修补及塑身的贡献也是最大的。

胡：这与你谈到的"中心说"有没有矛盾？

乌：我想，应该没有什么矛盾。对"龙城"的认定，那是秦汉时期的集体记忆，司马迁一字一句地记载了下来。我们不该忽略的是，在史前时期，雄踞大漠之北的匈奴先人的文化扩张力，以及后来匈奴部落联盟文化上的影响力，这些都是孕育龙文化的初始力量。

匈奴帝国的衰败，是从龙城之战开始的。那是在公元前129年，由汉武帝亲自部署的一次战略行动，四路人马直捣龙城。之后，随着南匈奴的内附，北匈奴的西迁，与龙城相关的信息也就销声匿迹了。

最后，我要补充的是，在匈奴帝国强盛之时，与龙相关的文化是通过他们的萨满信仰活动，在北方阿尔泰语系的几个分支中传播的。可举的例证，还是一句人们熟悉的成语——直捣黄龙。"直捣黄龙"的原本之意，是指在北宋末年，南宋将士捣毁了女真人的首府——黄龙府。这是一个历史事件，被后人提炼成了"直捣黄龙"这句成语。它说明什么呢？说明在匈奴联盟消亡之后，在北方活跃的几个属于阿尔泰语系的族群中，仍然存在着强烈的龙文化中心的意识。这一点，我们还能从后来接管统治中国大权的蒙古人、满人的统治行为和文化动作上有所感悟：在元代直至后来的清代，龙的形象达到了完美极致的巅峰状态。这无疑是因为，蒙古人与满人将龙的形象视为自己血脉里的东西，也视为自己的祖灵。

就谈到这儿吧。

胡：谢谢你！

本文采用访谈的写作手法，原载于拙作《石器思维——收藏者手记》，中国文史出版社，2014年11月出版。

大兴安岭，猎人沉默

1968 年，我回到族人的怀抱，来到使用驯鹿的鄂温克人中间。

我被故乡大兴安岭的壮美所折服。挺拔的落叶松，秀美的白桦林，可以说铺天盖地地与悠远的苍天相连；而充盈的河流交织如网，河水清澈见底，蓝天碧云交映生辉。还有成群的野鹿，旁若无人的棕熊，难以尽数的飞禽走兽栖息在这茫茫林海，大兴安岭真是它们的天然乐园。

使用驯鹿的鄂温克人分成四个"乌力楞"，他们在激流河、阿巴河、乌玛河、莫尔道嘎河、得尔布尔河、根河、金河畔游猎。那数十条湍急的河流，经大兴安岭北麓广阔的原始森林，汇入远去的额尔古纳河。鄂温克猎人在此饲养近千只驯鹿，在方圆千余里的范围内自由自在地游牧，与大兴安岭的群峰峻岭融为一体。

他们曾是这片森林的主人。

大兴安岭如同俯身饮水的巨兽，躯体紧贴黑龙江、额尔古纳河的岸边，肢体延伸到南端千里之外的古长城。它那伸长的手臂——伊勒呼里山连接远在东部的小兴安岭，并以湿润的空气和雨露养护脚下的呼伦贝尔草原、科尔沁草原、松辽平原和松嫩平原那大片区域。偌大的呼伦贝尔草原与之紧紧相偎，如同孪生兄妹。它的山地是古老的褶皱断块山，呈老年期地貌。它之所以被冠以"岭"的称呼，并非因为它似人们想象的那样险峻、挺拔，而是由大大小小的中山、低山和丘陵构成，平均海拔 1000 米，绵亘 1400 公里，东西宽约 450 公里。

大兴安岭主脉北宽南窄，北低南高，东陡西缓，山体比东西两侧的平原高出很多，因而成为来自鄂霍次克海及南太平洋湿润季风东进北上的一大屏障。由于山地抬高对气团的阻滞作用，导致大兴安岭降水增加而有利林木的生长，数百种珍禽异兽在这里繁衍生息，上千种野生植物生长繁茂。在大兴安岭的群峰间，星散着五百多个湖泊。发源于大兴安岭腹地的三千多条河流纵横交错，岭东的河流纳入嫩江水系，是松花江的上源；岭西的河流归于额尔古纳河水系，属黑龙江的支系源流。黑龙江上游的主要支流额尔古纳河，从大兴安岭西侧吉鲁契山孕育而出，在呼伦贝尔高原缓缓流过，吸纳了上百条支流，经大兴安岭的西麓转北画个半圆的"C"形，汇入黑龙江。

大兴安岭西麓森林的边缘与呼伦贝尔高原自然交错，这里天高云阔，形成了水草肥美的天然牧场。在这不可多得的天然牧场，呼伦湖似硕大的珍珠镶嵌其中。就是这片将近八万平方公里广袤无垠的河谷平原，以大兴安岭为母体，成为中国北方游猎部族和游牧民族的发祥地，也是鄂温克人的故居。

人类同大兴安岭山地接触的历史可谓久远，如果说它是鲜卑、契丹、蒙古等古老部族起源的摇篮，那么呼伦贝尔草原就是那些古老部族的育婴地。历史学家翦伯赞称这里是中国"历史的后院"。在历史上，大兴安岭山地为什么仅仅发挥了"摇篮"的作用，而无力成为历史舞台的中心？为什么它总是时隐时现地处于文明的边缘，给后人留下人去"篮"空的遗憾，还有断裂的难以连接的历史残片？

我至今仍清楚地记得，鄂温克猎人面对突然涌入的伐木大军时的神态。那是 19 世纪 60 年代末，林区开发的触角深入大兴安岭腹地。很久以来，他们对陌生的面孔难得一见，而面对众多的人群，鄂温克猎人且惊且喜。他们来不及思考自身的处境，来不及思索部族的未来，就展开双臂，以纯朴、无私、互助的天性，迎接进山来的客人。

西班、玛嘎拉布、瓦尼、格力斯克、达老非等数十位我熟识的中年猎手，撇下散放的驯鹿群，兴冲冲地带领林业设计、铁道设计、公路勘查等一支支小分队走进森林。

不久，老猎手杰士克和老马嘎拉以惊人的记忆和令人难以置信的方位感，赢得了"森林里的活地图"的赞誉。山外人意外地发现，大兴安岭的山川与河流早已装在鄂温克人的心中。

那些日子，跟在猎人身后的是一支支驮队，驯鹿背上驮满各种器材，它们晃着大犄角，伸长舌头，无数次地穿过淤泥和沼泽地，完成了只有借助它们的力量才能完成的作业。

我最敬重的老猎手杰士克，他曾只身一人带领一个团的铁道工程兵，翻山越岭，往返数月，扑灭蔓延了的山火。路途中，他扛着猎枪，手握一把开路的砍刀，一直走在那支队伍的前面。整个队伍瞧着他的背影行进，他如同一位临战的将军。

1980 年，在位于大兴安岭腹地阿里河畔的嘎仙洞，考古人员发现了北魏太平真君四年（公元 443 年）拓跋焘遣使祭祖，刻于洞内石壁上的祝文。这一重大发现证实嘎仙洞即《魏书·礼志》所载拓跋鲜卑的"祖庙"石室，是大兴安岭腹地最早见于我国史书明确记载的史迹，是一份保存至今的 1500 多年前的"原始档案"。从而进一步证实，拓跋鲜卑的先人起源于大兴安岭北部的丛山密林地带。

鲜卑拓跋部落为了逐鹿中原，从大兴安岭、呼伦贝尔向南集结本部族的有生力量。之后，鄂温克族的先世掀起了大规模的移民浪潮，涌入了呼伦贝尔。

从唐至金，分布在呼伦贝尔的鄂温克族先世姊妹部落，本是起源于乌苏里江流域，发祥于第二松花江流域，于隋末唐初大规模地向西迁徙而成为呼伦贝尔的主人。这些弘吉刺部落于 13 世纪 20 年代移居西拉木伦河流域，30 年代又向西迁徙，定居于鄂尔多斯、阴山、黄河河套等地区，融入了那片土地。其后，另有鄂温克部落陆续落脚在这片土地上。

鄂温克人的语言属于沃沮—通古斯语。

一位鄂温克族萨满在他祭奉祖先、昭示后人的古老音韵中，存留了部族迁徙的信息：

> silkir 河是我们的发祥地，
>
> 阿穆尔河畔是我们的宿营地，
>
> 锡霍特山是我们的原住地，
>
> 萨哈连的山梁使我们分迁。

由此可见，从远古时代开始，这一大片隆起的山地以及它脚下的河谷平原从未断绝过游猎和游牧部族的炊烟，在与人类相伴的漫长岁月中，大兴安岭敞开它的胸怀，孕育了不同的部族、不同的文明。数不清的生存群体迷恋这里的山川秀色，在此驻足，度过漫长的童年，直至强壮魁伟，他们就迁徙游荡，逐鹿中原或雄踞一方。

三

十几年过去了，我发现更多的人已经习惯用"林区"来称呼大兴安岭了。但在鄂温克人的眼里，它变了。清静的大兴安岭换了模样，它变得挺像热闹的集市。游荡在大兴安岭里的人增多了，多得数不过来；山岭却变矮了，有些地方竟变得光秃秃的，林子也变得稀疏透亮了。

有人说，整个大兴安岭有林地区的常住人口接近了 90 万，这可是历史上从未达到的数字。

公路如蜘蛛网一般在林子里铺展，除了伐木和运输外，从这一条条公路上得到好处的常常是那些由山外潜入的数不清的偷猎人，大兴安岭的珍禽奇兽悄无声息地毁在他们手中。如今，最难见到的是野鹿、驼鹿、熊的踪影，甚至连鄂温克人饲养的驯鹿也成了他们猎取的对象。

老猎手安道对我说，过去可以在几百里的范围内自由自在地牧养驯鹿群，现在连五十里的范围都走不出去了。

森林不再属于鄂温克人了。

有位青年猎手对我提出个问题：你说，谁是森林里的吉普赛人？

我意识到失去森林的猎人，在自己倍受摧残的家园里流浪，无人体谅他们的苦痛！

　　应该说，在历史演进的间隙，大兴安岭也曾恢复它旧日的沉静，就像它在太古时代最初生成时那样，不见人的足迹，难觅升腾的炊烟，没有惊扰，更无喧嚣。那些在它的躯体中孕育的部族，虽说在此渔猎逐牧，历经若干个世纪，并未在其肢体上留下伤痕，残留在它脚下的仅有几座风蚀的土堡，还有几条坍缩的沟壕。虽说它与人类这一擅长改变环境的生物打了几千年交道，但人们除了使它失去边缘地带的林木，迫使其将伸长的肢体缩成一团外，并未从根本上改变它往日的容貌。它衣冠齐整，仍旧保持慈祥而沉静的面容；它体态丰腴，如同随时以充盈的乳汁哺育新生儿的母亲。

　　布罗代尔在《地中海史》一书中，论述山地的作用时指出："山地往往人口过剩，或者对它的财富来说，至少是人口过多。在山区'人口的最佳密度'很快就达到并且超过。因此，山区必须周期性地向平原倾泻它过多的人口。"居住在大兴安岭的原始居民似乎早已在几千年以前就理解了这一条山地生存的自然规律，或许他们是以百年为一个间隔段，或向北方迁徙，或由山地向东西两侧的平原运动，再经过一段时间的歇息，向中原挺进。这是一个有如水流那样由高至低的运动，是符合生存规律的自然选择，使人联想到聪明的鲑鱼从产卵地到更广阔的水域之间的洄游。由于早期居民的明智之举，无意识中为其后人留存了以足够的时间复原的良好的生态环境，一个不可多得的生存发展空间。

　　公元 1581 年，一个名叫叶尔马克·季莫费耶维奇的俄国哥萨克猎人翻过白雪覆盖的石头山（乌拉尔山），闯入乌拉尔山脉以东的地区，掀开了沙俄扩张史的序幕。乌拉尔山脉由北向南延伸，构成了欧亚大陆的分界线，这是一道天然的屏障。紧随其后的两支探险队分别由瓦西里·波雅尔科夫、叶罗菲·巴甫洛维奇·哈巴罗夫率领，窜入外兴安岭至黑龙江以北的广阔地区，这里是鄂温克、达斡尔、鄂伦春人的家园。鄂温克、达斡尔、鄂伦春人以弓箭和猎刀顽强地抗击入侵者。在四十多年的时间里，他们采取各种方式袭击入侵者，并加入了清军围剿沙俄侵略军的呼玛河口战役、尚坚乌黑战役、古法坛村战役、墨喇苏蜜战役、巴结津战役、恒滚河战役，特别是 1685 年至 1686 年收复雅克萨的重大战役。

公元 1644 年—1661 年（清朝顺治年间），誓死抗击沙俄侵略者的索伦部，在缺少强有力的后援的境况下，被迫从外兴安岭以南、黑龙江以北富饶的山地和河谷平原内迁至大兴安岭（也称内兴安岭）。他们挥泪告别了世代居住的家园，含恨撤回其先祖的游猎之地——黑龙江南岸的大兴安岭猎场。相传横渡黑龙江时，很多人淹死在江中。一位鄂温克族老人望着滚滚的江水，对他的儿孙们说："过江以后，你们怎么找鄂温克人呢，你们看见头戴狍头皮帽子的，手上有箭环的都是鄂温克人。"可见，当时生离死别场面之悲壮。那位老人的名字并未流传下来，但他的这一嘱托至今铭记在鄂温克人心中。

1858 年，腐败无能的清政府与沙俄签订了《瑷珲条约》，即《中俄瑷珲和约》，俄国割去黑龙江以北、外兴安岭以南 60 多万平方公里的中国领土。这样，鄂温克、达斡尔、鄂伦春人的故土被无偿割让了。条约生效之日，那条以鄂温克语命名的阿穆尔河（即黑龙江）成了不可逾越的界河，江北广袤的森林、丰饶的土地被入侵者永久占有。

我这颗鄂温克人的心，为历史流泪；如今更为现实忧伤。

那些伐木人最大的炫耀是他们的采伐量。当你听到 1.3 亿立方米的木材运出大兴安岭的时候，不必惊叹，那只是正式公布的大大压缩了的生产数字。虽说它表明大兴安岭林区开发以来的生产总量，并不包括数十万人口若干年来为越冬取暖烧掉和无端耗费的堆积如山的木材，其实两者加起来，才是一个无法估算的天文数字。

当这庞大的森工企业的所有开销，包括贪官污吏们的所有挥霍，统统由伐倒一棵棵鲜活的树木换取的利润去支付的时候，不堪重负的大兴安岭早已在呻吟、哭泣！

大兴安岭的森林正在萎缩吗？

不远的明天它将在中国的北部消失吗？

这是令人战栗的话题。从失去控制的 20 世纪 60 年代开始，几乎在一夜之间，大兴安岭东侧拥聚了数十万盲目的自流民，他们对自然环境的践踏，对森林边缘地带的灌木林地的灭绝，从未得到有效的遏制。

到了 20 世纪 80 年代，由于农产品的提价，破土开荒成了时髦话题，也变为一些人寻求一夜之间暴富的疯狂行动。普遍性的开荒如四处燃烧的野火，在大兴安岭东西两侧的林间坡地，在森林与草原的交汇地带蔓延开来。

大兴安岭森林每年至少以 5 公里的速度向后退却。

大自然的报复开始显现：大兴安岭周边气候的恶化，风速的增大，水位的下降，沼泽地的减少，年降雨量、降雪量的锐减，使大兴安岭东侧丘陵地带的农作物区、大兴安岭西侧呼伦贝尔草原的干旱，成为连年持续的现象。更为严重的警告是，1997 年冬季枯水时节，起源于大兴安岭西侧，流经呼伦贝尔草原的充盈的伊敏河，在其中段出现了断流。而连续三年出现在草原城市海拉尔上空的沙尘暴，已使人们感到无奈。

早在 1939 年，法国历史学家勒尼·格鲁塞在《草原帝国》中忧心忡忡地指出："在北方，欧亚大陆纵向的草原地带是直接连接于西伯利亚气候支配下的北极森林区域，这个地带包括俄罗斯、西伯利亚中部，以及蒙古和满洲的北方边境。在它的中部有三个正在沙漠化的中心地区渐渐地变成了不毛之地：在河中地区（乌浒河外地）的克齐尔库姆沙漠与在阿姆河南的哈拉库姆沙漠；在塔里木河所环绕盆地中的塔克拉玛干沙漠；最后是戈壁沙漠，这是一片从西南伸展到东北的广大的地带，它在罗布泊与塔克拉玛干沙漠相接，一直伸展到满洲边境的内兴安岭。就在那里，三个大沙漠像癌扩散似的蚕食着草原。"

这是历史学家的警告，还是有关未来的预报？

四

内迁嫩江流域后，大部分鄂温克、达斡尔人在大兴安岭东麓落脚。学会了农耕和维持季节性狩猎的达斡尔人，选择了在土质肥沃的嫩江两岸的丘陵地带兴建村落。他们将祖先赐予黑龙江北岸结雅河、精奇里江畔的村落名称横移过来，奉献给脚下这一片土地。这是为了永恒地纪念那失去的故园，表明他们在此落地生根、建设新家园的信念。狩猎的鄂温克人看好阿伦河、雅鲁河、绰尔河、诺敏河畔那覆盖着成片成片松桦混交林的山岭，大兴安岭东麓的林地成为他们猎取野鹿、黑熊、獐狍的天然猎场。游猎的鄂伦春人在大兴安岭腹地勒住了马缰，他们将心爱的猎马散放在阿里河、甘河、托河畔。猎人们清晨出猎的马蹄声踏碎了密林的静谧。

其后不久，一支曾在勒拿河上游右侧支流维季姆河流域苔原地区饲养驯鹿的鄂温克人，受到俄国移民的挤压，他们便驱赶着自己的驯鹿群渡过额尔古纳河，在大兴安岭北端的密林里搭起了桦树皮帐篷。他们在额尔古纳河右侧流域，北至乌玛河、南至根河的近三万平方公里的森林中游猎，按照自己的意愿也为这里的河流、山川逐一命名。

鄂温克人乃山之骄子，他们在漫长的森林生活中创造了独具特色的狩猎文化。他们信奉萨满教，认为"萨满"是人和神之间的使者，萨满在他们的心目中享有崇高的威望。他们相信"舍卧刻"（sewenki）神会附在萨满的身上，使萨满成为"舍卧刻"神的代表；而"舍卧刻"则是威力无比的始祖女神的化身。饲养驯鹿的鄂温克人尤其崇拜"舍卧刻"，将"舍卧刻"所喜爱的小鼓、骑乘的乌鸦、抓驯鹿的笼头，还有它喜爱的松鼠、水鸭等等，与"舍卧刻"的偶像（仿照身长 15 尺、头上长有两只犄角的大蛇，用桦树皮或鹿皮或铁皮剪成）一并装入一个皮口袋里，挂在帐篷内的至尊之位（malu，位于门内的对面，故称此神袋为malu 神）。实际上，那是一些象征物，由兽崽的毛皮、水禽的羽毛，还有普通植物的根茎组成。应该说，萨满位于鄂温克人创造的狩猎文化的中心。单从萨满的服饰就能显示一个完整的自然观念：它的神帽借用鹿角的造型，长袍上悬挂的动物饰物有熊、驼鹿、野猪、狼、布谷鸟、水鸭、鱼、天鹅等等，几乎囊括了整个动物世界。狩猎的鄂温克人和游猎的鄂伦春人有共同的信仰和习俗。猎人们还将日、月、星辰、风、雨、雷、电、山川作为崇拜对象。鄂温克、鄂伦春人都深信"白那恰"（鄂温克语 beyunecaan 的变读音，意为"掌管兽类猎物者"）统治着崇山峻岭。为了供奉山神，他们要在山中选一高大的树，砍去一块树皮，刻个人脸，每次路过此处，都要向其叩拜，祈求它保佑平安。

鄂温克人、鄂伦春人、达斡尔人在大兴安岭中平静地生活，10年、50年、100年——他们按照千百年来养成的生活习惯，既保持斗士的勇气和果敢，同时日复一日地寻找与大兴安岭山林的融合与协调。他们创造的文化与习俗，他们日常生活的细枝末节，无不渗透着对大自然母体的崇敬。应该说，他们早已将尊崇自然这一精神品性，成功地融汇在本民族的传统之中。

1689年8月27日，遵照康熙大帝的敕令，清政府与沙俄平等地签订了《尼布楚条约》。待到1727年，清政府与沙俄签订《中俄恰克图界约》时，似乎发现了《尼布楚条约》的俄文文本中隐含的危机，遂于1732年（雍正十年）由大兴安岭东麓紧急调遣阿伦河、音河、雅鲁河、绰尔河流域的索伦部（包括一部分达斡尔人），由大清国首任呼伦贝尔总管博尔本察（bolboncaan，诺敏河索伦人）率领进驻呼伦贝尔。

享受了短暂的十几年平稳的生活后，受命戍边的鄂温克人扶老携幼再次迁徙，他们告别莽莽密林，进驻空旷的草原。这些驻守呼伦贝尔的鄂温克人被迫放弃了世代相传的狩猎生活，在他们祖先居住过的生存环境中熟悉、掌握牧养畜群。他们含辛茹苦，忠心耿耿，维护祖国北部疆域的完整，保证了中俄《恰克图条约》的最终勘界划界。

在此期间，因鄂温克部族具有坚毅、忠诚的民族性格和享有勇武善战的声誉，驻留大兴安岭东麓的鄂温克几个支系还被整编列队受清政府调遣，奔赴新疆伊犁地区戍边守卡；与此同时，鄂温克兵勇将士连续数十年征战沙场，成为平息内乱的精锐军团。战争使鄂温克民族人口锐减，支离破碎。鄂温克人为固守家园和维护国家版图的完整做出了民族牺牲。

大兴安岭作为静观世间万物的历史见证，目睹了这一幕如歌如泣的悲壮活剧。

五

1996年，代表鄂伦春民族的政府机构正式宣布：延续了千百年狩猎传统的鄂伦春人放下猎枪。从这一天起，生活在大兴安岭阿里河两岸的鄂伦春人与自己的过去、与传统的民族文化，甚至可以说与父辈的森林告别，他们将成为森林里最后一批垦荒者。这是无奈之中的选择，这是含着泪珠的微笑。

我终于目睹了祖祖辈辈在大兴安岭地带繁衍生息的鄂温克人、鄂伦春人、达斡尔人的历史性变迁。而对将要失去森林、失去草原的大兴安岭和呼伦贝尔，我只有难抑的叹息，还有绵绵的心痛。

近来，现实的生活一直启发我思索一个命题，也就是"声音的替代"和"不可剥夺的自我阐释权"。如今，大兴安岭在喧嚣中静默，古老居民的"声音"已被"替代"，我们听到的只是铺天盖地而来的砍伐者和滥垦者的噪音。而对那古朴"声音"的"替代"，不仅表现在生存环境上，在其他范围，诸如文化方面、民族习俗方面，也面临"自我阐释权"被他人占有的处境。其实，强烈的述说与自我阐释的渴望，早已使他们意识到自我阐释的权利存在于他们心中，存在于他们全身心融入的群体意识里。千百年来，保持着人类古朴的社会特征的成员们不可遏制的述说冲动，一直维系着他们的群体意志，传递着他们的生存经验。在他们中间，自我阐释的愿望与自我阐释权的运用早已成为合理的存在。可以说，自我阐释的权利从一个古老群体生成之日起，一直支撑着、传承着不可磨灭的群体意志。但在如今的喧嚣之中，还有谁听得到那从密林深处传出来的声音？那些古老居民的心声，还有他们的忧伤和叹息！难道不能停住脚步，听听大兴安岭的叹息？难道不能从那大山的呻吟、从那大河的咆哮中，感悟到一点什么吗？

我记起俄国诗人伊万·日丹诺夫的一首诗：

鸟儿死去的时候，

它身上的子弹也在哭泣，

那子弹和鸟儿一样，

它唯一的希望也是飞翔。

写于1998年，刊载《三联人文地理》1999年试刊号

敖鲁古雅祭

与敖鲁古雅相关的记述

这里谈到的敖鲁古雅，它是一个村庄的名字，其全称是敖鲁古雅鄂温克民族乡。这个村庄以一条小河的名称来命名，它也是一句鄂温克语，其原意是"生长着杨树的河湾"。

最初，敖鲁古雅是以鄂温克猎民定居点在地图上标注的，它坐落在大兴安岭北麓腹地的密林之中。1965年，敖鲁古雅新村诞生，直至2003年，其原址从地图上消失，这一村庄存活了40年。

大约在三百多年前，一支赶着驯鹿群的鄂温克人出现在额尔古纳河畔。他们告别西伯利亚勒拿河上游的森林，辗转迁徙，落脚在额尔古纳河右岸的林地。应该说，这里是其祖先游猎的故地。他们离开勒拿河上游的原因，主要是受到雅库特族群和哥萨克人的挤压，当然也是为了寻找更好的狩猎场，在一片理想的森林中快乐地生存。

这部分使用驯鹿的鄂温克人，在额尔古纳河两岸徘徊了很长一段时间。他们与左岸的俄罗斯商人建立了以货易货的贸易关系，接受了一些俄罗斯文化的影响，例如，借用俄罗斯人的名字来为自己的后代命名，婚丧嫁娶也按照俄式习俗进行。但最后，他们还是选择了额尔古纳河右岸的森林，作为自己部落的永生之地。

使鹿鄂温克人在这数万平方公里的林地中游猎，饲养驯鹿。他们融入大自然的怀抱，不仅成为自然生物链中平衡生态的关键一环，更成为这片森林的主人。

公元 1908 年（光绪三十四年），呼伦贝尔珠尔干河总卡伦总卡官赵春芳，奉命调查卡伦边务。他在额尔古纳河右岸多次接触使鹿鄂温克人，对其风俗习惯、生活特点进行了概要性描述，并以日志形式附录在他撰写的《珠尔干总卡伦边务报告书》中。这是第一部以亲历者的身份正面描述使鹿鄂温克人的中文著述。此次赵春芳边务调查，拟定了鄂温克人与俄商贸易的暂行条例，从某种程度上抑制了俄商对使鹿部的盘剥，稳定了人心，为使鹿鄂温克人在中国境内长居久安提供了保障。

1915 年至 1917 年间，俄国人类学家史禄国深入使鹿部开展社会调查 ①。这位人类学家将额尔古纳河右岸的使鹿鄂温克人，纳入整个通古斯族群（俄国人称鄂温克人为通古斯）系列中进行描述。史禄国认真了考察了大兴安岭北麓的自然环境，记述他们的活动区域、精神文化、其内部氏族和职能、物质财产和协作关系等等。史禄国的人类学调查系统而完整，在实地考察中他惊奇地发现：

> 通古斯人非常正直、有礼、有魅力、殷勤周到，极少粗鲁和粗野，令人生厌的也很罕见；他们永不贪心、永不怯懦、永不背叛……他们性格的这些特点产生于固定的正义观念和公平的概念，高度发展的个性意识，有时骄傲，但决非无礼的傲慢。因此当一个通古斯认为自己正确的时候，不管有多大的压力，他将坚持自己的想法。他们对压迫者，在不得已时也会屈服，但心里是不服的。

史禄国这部厚重的人类学专著，直至 1985 年才转译成中文。

1929 年 6 月，英国剑桥大学年轻学者琳达格林女士与其丈夫奥斯卡·玛门，抵达了额尔古纳河右岸的使鹿鄂温克部落。在三年左右的时间里，这对年轻的夫妇请达斡尔人郭布勒·海山担当向导，多次深入鄂温克人营地开展人类学调查，直至 1932 年 6 月才离开那里。琳达格林

---

① [俄] 史禄国：《北方通古斯的社会组织》，吴有刚、赵复兴、孟克译，内蒙古人民出版社 1985 年版。

女士离开呼伦贝尔时，日本人的铁蹄踢开了中国东北的大门。据说这位富有正义感的学者，为了不使入侵者利用她的社会调查资料，回国后一直没有发表自己的研究成果，而是潜心于教学活动，直至告别人世。

如今，在英国剑桥大学考古学和人类学博物馆里，保存着琳达格林考察时拍摄的资料。在她的 20 多部影集中可以找到 2700 多张在中国拍摄的图片，其中包括一定数量的使鹿鄂温克人生活场景的照片，还有一部用英文撰写的《驯鹿通古斯笔记》。

1933 年 12 月，几个持枪的日本兵出现在奇乾村。

奇乾村坐落在额尔古纳河岸边，与俄罗斯隔河相望，地理位置十分重要。日本人以经商的名义与鄂温克猎民接触，收购猎人的松鼠皮、鹿鞭、鹿尾、犴角等猎产品。鄂温克人从日本人手中以 1 张松鼠皮换回一包火柴；3 张松鼠皮换回一个弹壳；4 张松鼠皮换回一尺更生布；7 张松鼠皮换回一瓶白酒；13 张松鼠皮换回一袋面粉……进行不公平的易货贸易。

1935 年 3 月，300 多名日本军人进驻奇乾村。日本人刚站稳脚跟，就以奇乾为据点进山收缴了猎民的枪支。他们不分男女老幼把鄂温克人赶下山来，用半个多月的时间逼迫他们接受指定的头领。

1938 年，日本人在奇乾村成立了满洲畜产株式会社，对鄂温克猎民的猎产品进行强制性垄断经营。

1940 年，日本人在离奇乾 30 公里的阿巴河边设立营房，营区建有 4 栋木刻楞房，驻守 30 多名日本兵。这个神秘的营址不准外人靠近，被称为"东大营"。同年 7 月，日本兵胁迫鄂温克猎人下山，将他们囚禁在"东大营"，进行强制性训练。在被囚禁训练的 80 多名鄂温克人中，年龄最大的 70 岁，最小的只有 14 岁。日本人强迫鄂温克人从事繁重的体力劳动，并进行军事训练，在训练过程中稍有怠慢，就被拳打脚踢。年轻猎民大拉非（27 岁），以不出操、不给日本人干活的具体行动，来反抗侵略者的欺压，被日本兵用棍棒和皮鞭打得奄奄一息。几天后，大拉非跳下了悬崖，以死表达他永不屈服的意志。侵略者的暴行，在鄂温克猎民心中埋下了仇恨的种子。

从 1940 年 7 月开始，直至日本统治的垮台，日本人以满洲株式会社垄断和控制鄂温克人的生活必需品，胁迫鄂温克人进行不定期轮训，轮训期间收缴猎人的枪支，克扣其口粮。在日本统治的短短几年中，鄂温克人缺医少药，疾病得不到救治，造成53户猎民200多人死亡。

1945年8月15日，苏联红军对日本关东军发起全面进攻。鄂温克猎民按照事先对苏联红军的承诺，开始了在林中追剿日军的行动。15名鄂温克猎民在头领昆德伊万和伊万杰罗果夫的率领下，行动迅猛，于8月24日在艾牙苏克河追踪21名日本兵，经过一场伏击战，击毙13名日军，缴获8匹军马和不少枪支弹药。当残余的8名日军，逃到金河附近，也被鄂温克猎人一举全歼。另有一支猎民队伍也自发地行动起来，其中有老马嘎拉、小八月、阿力克山德、老八月等人。这些猎手们在孟贵河附近将从斯大辽克方向流窜来的6名日本兵，全部击毙。另有从漠河方向逃窜的9名日本兵，也在亚库斯克附近被猎民嘎年、谢力杰伊、嘎卡克、伊万索等人击毙。在追剿日本兵的过程中，鄂温克猎手无一人伤亡，他们表现出果敢、勇猛的战斗素质。

截至解放前，使鹿鄂温克人口总数降至160人。

新中国的建立给鄂温克人带来新生活的曙光。解放后，额尔古纳旗人民政府首先在奇乾设立了供销合作社，以保障鄂温克族猎民物资生活用品的供应，随后成立了奇乾鄂温克民族乡，由鄂温克人推选出自己的行使权力的代表。几年之后，奇乾乡民族初级小学校相继成立，鄂温克族子弟第一次走进了学堂。奇乾乡民族卫生所的成立也是一件大事，从那一天起，国家对使鹿鄂温克人施行免费医疗。到了1957年，已有几户鄂温克猎民在奇乾乡住进新房，开始尝试在奇乾村的定居生活。

1957年，秉承党中央的指示，东北内蒙古少数民族社会历史调查组鄂温克分组的郭布库、吕光天、乌云达赉等学者，深入鄂温克人驻地进行了40多天的社会科学考察。之后，调查组凭借第一手调查资料撰写了《额尔古纳旗使用驯鹿鄂温克人的调查报告》（以下简称《调查报告》）。这是一部翔实的民族学调查报告，《调查报告》浸透了调查者的辛勤汗水，体现了客观、真实、公允的治学精神。这一《调查报告》，成为具有重要历史资料价值的力作。

1960 年，秋浦先生在《调查报告》的基础上进行了改写，并于 1961 年正式出版个人署名的《鄂温克人的原始社会形态》一书，面向国内外公开发行。在这一著述中，秋浦先生使用了《调查报告》所提供的大量资料，他对使鹿鄂温克的理论判定是：

"……直到解放前为止，鄂温克人还处于原始社会末期的发展阶段。"

在这部专著中，作者似乎捕捉到了一些问题：

为什么人类社会到了二十世纪四十年代，鄂温克周围的其他民族和其他地区的鄂温克人早已进入了阶级社会，而额尔古纳河畔的这一部分鄂温克人却还停留在原始社会阶段？是什么原因迫使他们还保持这种异常落后的原始社会生活方式呢？

对此，秋浦先生的个人解答是：

在鄂温克人内部，没有生产的社会分工，没有城乡差别和体力劳动与脑力劳动之间的差别。生产力的这种低下水平，狩猎生产本身的不稳定性，当然不能引起他们长久以来所维持的原始的生产关系的根本变革。

显然，秋浦先生将使鹿鄂温克人视为铁桶般封闭的部落，而不是将其作为适应了自然环境而必然存在的一种生活方式，也不肯将这一生存方式看成是由于复杂的历史原因而形成的社会大系统的边缘部分。他还在《原始社会形态》一书中，套用了"原始社会""血族复仇""图腾崇拜"等词语，将早期人类学概念套在使鹿鄂温克人头上。在此，作者不仅表现出视觉上的偏差，还将残存的文化碎片想当然地视为完整的社会形态。而早期社会残存的某些文化碎片，实际上或多或少地存在于任何一种社会形态之中。尽管如此，在这位持有"社会进步阶梯论"观点的学者眼中，使鹿鄂温克人所有的一切均被视为特异与原始，因而将其祭奠在社会进步阶梯的最底层，称之为"活的社会化石"。

进入 20 世纪 60 年代，随着中苏关系的恶化，也给生活在界河岸边的人们带来紧张感和思想上的混乱，与此同时，阶级斗争观念充塞了公职人员的大脑。在这一大背景下，奇乾鄂温克民族乡突发的一起寻衅滋事事件，竟酿成公职人员内部的流血冲突，受到伤害的一方自然是弱势的鄂温克人。这起事件影响深远，为了平息事端，消解民怨，上级党组织派出工作组进行疏导和安抚工作，并作出将鄂温克民族乡整体搬迁的决定。

1965 年初，忠厚、宽容的使鹿鄂温克人告别额尔古纳河畔，赶着驯鹿群来到激流河上游的森林地带。与此同时，猎民新村的选址工作也在同步进行，在反复征询了鄂温克猎民们的意见后，几经磋商，猎民新村选在了一面临山、两面环水的敖鲁古雅河畔。

1965 年秋，敖鲁古雅猎民定居点建成，鄂温克猎人愉快地迁入新村，开始在激流河上游的密林中放牧驯鹿群。为了给鄂温克族猎民建造一个舒适的新村，国家投入大量的资金，克服了种种困难，在很短的时间里建起一个山庄型的村落，一排排木刻楞新房错落有致，掩映在苍松翠柏之中。几年后，落脚在满归的鄂温克民族乡政府，迁至敖鲁古雅猎民定居点。至此，敖鲁古雅鄂温克民族乡正式诞生。

20 世纪 60 年代中期，有一段短暂的平静岁月。在这几年中，上级政府和乡党委积极谋划鄂温克人的生活改观和未来的发展。在敖鲁古雅乡相继建立了结核病防治所、民族小学校，开展了鄂温克族年轻干部的培养和职业培训工作。与此同时，民族乡政府关注鄂温克猎民传统生产生活方式的延续，重视传统的狩猎生产和驯鹿饲养业的发展。为了使鄂温克人走上多种经营的经济发展之路，人民政府还在敖鲁古雅乡筹建了养鹿场。这个养鹿场以人工喂养的方式，圈养数十头梅花鹿、马鹿，包括几头驯鹿。负责这一项目的是一位具有钻研精神的畜牧工作者，当他发现在驯鹿的种群中雄鹿、雌鹿均长犄角，存在着发挥其遗传特性、通过杂交提高经济价值的可能性时，这位畜牧工作者大胆地提出了"驯鹿改良"的设想，并对圈养的马鹿实施人工采精，开始了马鹿与驯鹿杂交的试验。他的愿望是让马鹿头顶长出驯鹿的犄角，或者让驯鹿头顶长出马鹿的茸角。这一实验项目由于被当时的科技条件所制约，变成了屡试屡败的科学幻想。养鹿场坚持了数年，终因不堪异地运送饲料的重负，被迫关闭了。在之后的四十余年中，"驯鹿改良"的梦想并没有终结，它不仅成了几代人相继呼喊的口号，也成了敖鲁古雅乡级政府讲述不完的神话。

在那短暂的平静期内，鄂温克猎人表现出极大的生活热情和社会参与感。他们应邀加入了大兴安岭林区开发者的行列，牵着驯鹿驮队穿行在铁路勘察设计、公路勘察设计、森林资源普查队伍的前面，猎人们当了向导，驯鹿队在驮运物资，鄂温克人忙得不亦乐乎。猎手们放弃季节性狩猎生产，驯鹿群的管理也交给营地中的妇女们去操劳。伴随着鄂温克人驯鹿队在森林中穿梭的身影，一座又一座跨河大桥架了起来，一条又一条穿越沼泽的公路铺就了，鄂温克人为此付出了辛勤的汗水，连他们的驯鹿也获得了响当当的称号——"林海之舟"。

不应该忘记的是，鄂温克猎民在森林防火事业中创立的业绩。早在20世纪50年代，18岁以上的男性鄂温克族猎民被林业部门列入护林员行列，国家每月予以适当的津贴补助。鄂温克族猎民很快认识到，护林防火是保护家园、维护自身利益的神圣职责。他们将每年春秋两季的"猎民大会"，更名为"防火大会"，每个鄂温克人都以大兴安岭林区主人翁的意识，确立了"防火第一"的信念。鄂温克猎人成了大兴安岭北麓防火第一线的哨兵，一旦发现某处山岭出现雷击山火或自燃的火苗，猎人们日夜兼程地下山报告，紧随其后的是进山扑火的大军，而林中的向导自然是鄂温克猎人。鄂温克猎人老马嘎拉、杰士克、瓦尼、西苗等人，曾单独率领整团建制的扑火部队，一次又一次地迂回在密林中，他们常常走在大队人马的最前端。老马嘎拉和杰士克也因此在大兴安岭林区享有远近闻名的"活地图"的绰号。鄂温克猎人保护森林、维护家园的历史功绩，不可磨灭！

随之而来的，是"文化大革命"，使鹿鄂温克人又遭受到了摧残。那些昔日被日本兵囚禁拘役、饱受折磨的普通猎民们，那些昔日抗击日寇、追杀日本兵的鄂温克勇士，统统被"群专"关押起来，罪名是"日本特务""苏修特务"。猎民伊万杰罗果夫、阿力克山德、老马嘎拉、杰士克、大维格德等人，都被戴上了沉重的脚镣。民族代表人物尼格来副乡长，也在狱中含冤而死。

1987年，大兴安岭地区燃起的森林大火，蔓延至满归林业局施业区边缘。这场燃烧了半个月的大火，毁掉了大面积的林地，破坏了大兴安岭北段的生态平衡。一个意想不到的现象是，在火灾中幸存的野生动物向激流河上游地带迁徙，尾随而来的是，大批偷猎者向这一地区的渗透。短短几年间，这片区域的野生动物濒临灭绝，驼鹿、马鹿的踪迹难以寻觅，连小松鼠也变成了罕见之物。这一年份，成为迫使鄂温克族猎民转变生产生活方式的分水岭，驯鹿饲养成了鄂温克猎人生存的唯一依靠，割取驯鹿茸变成鄂温克人的基本经济来源。此时，鄂温克人驯鹿种群的头数已在700头上下徘徊。对驯鹿种群最大的威胁，不再是狼群，而是偷猎者在林中布下的大大小小的兽套。

2003年8月10日，遵照根河市政府的决定，敖鲁古雅鄂温克民族乡搬迁至根河市郊区。无疑，这对使鹿鄂温克人来说是一个重大的考验，鄂温克人的传统生活方式如何延续，独特的民族文化能否存留，孰是孰非，一切都处于不确定之中。这一天变成了特殊的日子，乡级村址的搬迁成了轰动一时的新闻事件。中央电视台应当地政府之邀对搬迁活动进行了现场直播，国内多家新闻媒体连续跟踪报道。其实，敖鲁古雅乡址迁移了260公里，仍处于大兴安岭林区北麓的中心，却成了吸引全国观众眼球的新闻事件。这一被善意炒作的事件，存在这样几点要素：其一，敖鲁古雅乡搬迁的事由是因"河水泛滥，水害频繁，猎民生命财产受到严重威胁"，因而被纳入生态移民的系列，以便"尽快遏制生态环境恶化的势头"。这是提出搬迁的理由，也是新闻的要点。在大兴安岭腹地生态最好的地区，一夜之间冒出生态问题，这不能不使人震惊、令人同情；其二，搬迁活动的决策者宣布，要将有史以来半野生饲养的驯鹿进行舍饲化喂养。这属于所谓的"科技创新"，也使国内外观众耳目一新；其三，新闻媒体频繁使用"中国最后的狩猎部落""最后的游猎民族""原始社会的生产方式""从原始社会直接进入社会主义""走出大山""下山定居"等刺激性词语。这几个因素综合起来，凑成了一起新闻事件。

从整体上说，2003年敖鲁古雅乡的搬迁活动，浮夸性自我褒奖过多，忽略了使用驯鹿鄂温克人的真实感受，使旁观者在是非问题上真伪难辨。

热闹的场面过去了，有必要对历史负起责任，更要有所反思。

值得记忆的是：敖鲁古雅乡旧址从未被河水浸泡，在未来若干年内也难以得出这样的结论。那一旧址所面临的问题，无非是村边的河堤年久失修，但绝非属于生态问题，更谈不上使用驯鹿的鄂温克人涉嫌造成了大兴安岭的生态恶化。至于驯鹿舍饲化喂养的举动，在搬迁活动中确实将驯鹿群赶入棚圈，喂养了数日，除了撇下几具驯鹿尸体外，实施者不得不屈从驯鹿的生物习性，将其重新放归山林，让它们在自然环境里自由地觅食。而新闻媒体频繁使用的"原始社会""下山定居"等概念和词语，实际上割裂了历史，将建国五十多年来，中国共产党和各级人民政府所付出的努力、几代人辛勤的劳动，轻松地抹掉。不容忽视的是，至今有人仍将使鹿鄂温克视为"石化的群体"，扣在他们头上的还是那顶"原始社会"的旧帽子。这些强硬的话语，难免带有符号暴力的色彩。

值得重视的，还是鄂温克人的真实感受。只有那些整日与驯鹿群相伴，每天挂念驯鹿头数的人们，他们发自内心的声音才具有真正的代表性。至于内地公众所关心的，如何在中华大地上维护文化的多样性，具体到如何保护这200多人的弱势群体，以及如何评价那些以主流价值观、从单一民族的视角去改造他者的行动，诸如此类的问题，都需要时间来反思。

在此，要记取的一点是，应当听从人类学家的告诫：不可将边缘群体当成社会的玩偶，哪怕出于百分之百的善意。

使鹿鄂温克人的传统生活

长期以来，狩猎是使鹿鄂温克人赖以生存的主要生产生活方式，是他们在严酷的自然环境制约之下，顺应自然的一个必然选择。

数百年来，使鹿鄂温克人在大兴安岭北麓拓展了广阔的活动区域。他们以激流河以北为中心，包括激流河、阿巴河、乌玛河、茂河、阿尔巴吉河、洛乔普河、古浪河、克波河、杜林河以及阿玛扎尔等河，在南北约410公里、东西约800公里的森林地带开辟了天然猎场。另一个狩猎中心在激流河以南，主要河流有金河、上乌利吉其河、特吉木坎河、色勒木坎河、功河、达乌鲁河、阿牙斯卡河、额鲁根河、他拉河、得尔布尔河、根河、甘河以及西卡铃河，这片区域南北约 190 公里，东西约 800 公里。使鹿鄂温克人为这里的山川河流逐一命名，诸如至今仍在使用的莫尔道嘎、乌玛、金河、牛尔河、阿龙山、满归、奥科里堆山等诸多名称，都是鄂温克语的汉文译写。

在大兴安岭北麓这片生长着环北极植物群落的泰加林中，野生动物的种群数量可观，主要经济类动物有马鹿、驼鹿、狍子、野猪、熊、獐、猞猁、水獭、紫貂、松鼠等，为使鹿鄂温克人的狩猎生活提供了充裕的资源。

按照传统习惯，鄂温克猎人称冬季为"打松鼠的季节"。

猎取松鼠与鄂温克人的经济收入有着密切的关系，也是冬季的一项重要生产活动。在鄂温克人的记忆中，早在数百年前，松鼠皮就成为皮货商青睐的猎产品了。在一段时间里，鄂温克猎人同俄国皮货商打交道，后来，同内地的商人以货易货。在猎产品的交易过程中，松鼠皮一度成为货币的代名词和一种独特的价值衡量标准。松鼠皮为猎人换回了粮食、盐、茶、酒、布匹等生活必需品，还有枪支和弹药。

整个冬季，猎人们为猎取松鼠而奔忙。他们牵着驯鹿从这一片林子搬到那一片林子，追逐着松鼠的印迹在森林里迁徙。一个猎手首先需要掌握的本领就是在雪地上跟踪松鼠的印迹，他需要准确地判断出松鼠在树梢上蹦跳着躲避的去向。受过特殊训练的猎犬，也成为一些猎人猎取松鼠时的帮手。一个猎人在整个冬季猎获的松鼠数量可观，猎手拉吉米曾在 20 世纪 70 年代的冬季，创下了一天猎获 70 多只松鼠的记录，那一年冬季结束时他猎获了 1000 多只松鼠。

鄂温克人猎取松鼠的生产活动，一直延续至 20 世纪 80 年代，随后偃旗息鼓了。这项特有的生产活动终止的根本原因，乃是大兴安岭林区的采伐进入了高峰期，大量的基础母树被砍伐殆尽，尤其是松树籽和偃松松果成为市场收购的对象，蜂拥而至的人群将一年一季的松果扫荡一空，导致的后果是松鼠踪迹悄然消失。

野生马鹿也是猎人的主要猎取对象。千百年来，马鹿成为鄂温克人的衣食之源，它为鄂温克人提供了高热量的肉食，其皮张被鄂温克人鞣制成御寒的服装。马鹿还以特殊的形象进入鄂温克人的生活之中，融入他们生活的方方面面。譬如，萨满在鄂温克人心目中占有特别重要的位置，而萨满的神帽上镶嵌的则是模拟马鹿的多叉犄角（铁制品），萨满神帽上犄角的枝杈越多表明萨满的法力越大；萨满的神鼓是用公鹿皮绷制的；萨满的法衣也是由鹿皮鞣制的。另外，鄂温克人越冬的帐篷，通常也用鹿皮来制作。细说起来，一个成熟猎手一年四季的着装是离不开鹿皮的。鹿皮具有柔软、耐磨、轻便的特性，与犴皮相比较有着明显的优势，所以为鄂温克猎手们所喜爱。总括起来说，千百年来，马鹿，也包括驼鹿，成为鄂温克人的衣食之源，并融入他们的精神世界，成为塑造其心灵的尊贵生物。

鄂温克猎人掌握了野鹿的生活习性，按照野鹿的习性创造了多种多样的猎取野鹿的方法。譬如，早春时节冬雪消融，山阳坡上的嫩草抢先返青泛绿，野鹿被嫩草的芳香吸引来此啃青，猎手趁机悄悄贴近将其猎获。猎手们还利用野鹿喜欢舔食碱地的习惯，潜伏在林中的碱地旁猎取野鹿。在秋季野鹿发情的时节，鄂温克猎人用鹿哨惟妙惟肖地模仿野鹿的鸣叫，被引诱的野鹿常常傻乎乎地闯到猎人眼前。这是鄂温克人智慧的体现。

大约在一百多年前，猎人们才认识到鹿茸是一件值钱的东西。从那时起，一年之中猎取鹿茸成为头等重要的狩猎活动。而猎取鹿胎的时间也不算太长，实际上这是一种与鄂温克人的传统文化相悖的狩猎活动，只不过猎人由于对生活必需品的物质渴求而屈从了内地市场的需要。作为常识，普通的读者都会知道，鹿茸、鹿胎，包括熊胆、麝香，乃是内地中医有史以来所渴求的贵重药材。这些药材通常是经过皮货商的手转换成商品的。进而可以得知，一个猎人的猎枪瞄准什么，实际上已被皮货商，或者说被内地市场所敲定。猎手与皮货商之间久已存在的商品关系早已冲破了所谓的"封闭社会"，其社会形态也难被称为"原始"了。猎手们最初使用火枪及枪弹的时间，无疑要早于人们的想象。

大兴安岭野生马鹿种群大幅度消失的年代，可以框定在 20 世纪 80 年代前后那一时段，那是一个令人忧伤的起始点。从那时起，林区的公路网建设基本完成，一条条公路成功地延伸到人迹罕至的边远之地，为砍伐林木提供了极大的便利。但是，由于社会管理能力的极端低下，这一便利的交通网同时为偷猎者所利用。他们猖獗一时，隐身在茫茫林海，来去无踪。偷猎者携带裹着盐沫的剧毒药丸，漫山遍野寻找野鹿的觅食点，将一群群野鹿药死，在山谷中撒下了堆堆白骨。

野生马鹿成了偷猎者滥杀的对象，他们盗猎鹿茸是为了在内地的中药市场卖个好价钱。从那时起，野鹿的踪迹难以寻觅了。

虽然说，鄂温克猎人的生产活动在某种程度上被内地市场所左右，但鄂温克人在森林中创造的传统文化仍发挥着主导作用。鄂温克人生活在大自然的怀抱中，确立了一种依附与顺从大自然的生存姿态。他们对大自然深怀敬畏，族群整体遵从一种俭朴的生活姿态，并以传统文化及习俗来约束猎手的行为，倡导保护母兽和幼崽，唾弃盲目滥杀野兽的冲动。由于千百年来形成的迁徙与游动的生活习惯，鄂温克人不愿为任何一种形式的物质所累，他们习惯于轻装简从，顺其自然成为鄂温克族文化价值观的核心。一句话，森林里的鄂温克人长期以来以一种最低需求的生存方式与大自然和谐共处，适应了森林里周而复始的自然节律。

在鄂温克猎人如何对待熊的态度上，能够分析出他们面对外在大自然所采取的虔诚、谦卑、真诚的态度。

猎人对熊怀有一种矛盾的心理。在鄂温克人心中熊是威猛的，他们因此而心怀敬畏。同时，为了生计又不得已而猎杀它。如何摆脱这一相互矛盾的心理状态，鄂温克人进行了多方面的尝试。

在鄂温克人中间流传着一个古老的传说。传说中称，过去熊也是人，同人一样也有拇指，它拿起棍子能打死人。上天知道了，不许熊害人，所以去掉了它的拇指，让它拿不了棍子。又传说，有一次上天让人和熊比力气，结果人拿不动的石头，熊不但能拿动，而且能扔到很远的地方，所以切断了它的拇指。这些传说很有意味，传说包含了两层意思：一是猎人从体能角度对熊怀有敬畏；二是将熊（包括其他野兽）视为与自身等同的生命体。这一古朴的自然观念为鄂温克人长久遵循。

从历史角度看，鄂温克人回避与熊的盲目冲突，而是在特定的季节有准备地集体猎杀熊。通常，猎人是在冬季发现熊蹲仓的地点后，组织几个猎手共同猎熊的。猎熊时，先用木棍交叉封住洞口，近距离将其击杀。其实，鄂温克人猎熊的目的是明确的，因为熊身上那层厚厚的脂肪是无可替代的越冬食品，足以让整个营地的人填饱肚子，在严冬中抵御酷寒。所以说，那是一项重要的狩猎活动，关系到整个营地的人能否熬过寒冬。

既然在精神层面赋予了熊与人对等的位置，鄂温克人又如何化解将其杀戮、食其肉、吮其脂的内心苦痛？

有关猎熊的习俗显然十分古老。猎人们猎到熊时，把割熊肉的猎刀不叫猎刀，而叫"刻尔根基"（什么也切不断的钝物）；打死熊的猎枪，不称其为枪，而叫"呼翁基"（打不死任何野兽的工具），是一件吹奏器；打死熊后，不说打死了熊，而是说"熊睡着了"，并且要说"不是鄂温克人打死了你，是俄国人打死了你！"另外，煮熟的熊肉一定要大家坐在一起吃，吃熊肉前还要学着乌鸦"嘎！嘎！"地叫。对于熊的遗骸也要认真地安葬。安葬方式与鄂温克人古老的葬俗相类同，就是将其遗骸悬挂在两棵大树之间进行风葬。

有些学者将鄂温克人对待熊的特殊态度及独特的习俗，视为一种图腾崇拜活动。其实，如果鄂温克人真将熊视为自己的祖先图腾，那是不可能将其猎杀的。

总括起来讲，鄂温克人将森林里的野兽视为自己的衣食之源，并在内心赋予其几乎与人等同的尊贵地位。与其相伴的是，那一随时随地显现的内在冲突（敬畏之心与恐惧感），实际上起到了自我限制的作用，以一种内生的力量克制猎手滥杀野兽的冲动，从而维护了自己的衣食之源，使其种群保持自然繁衍的平稳节律。

千百年来，鄂温克人就是在这样的基点上创造了自己的森林狩猎文化，以这样的行为方式保持了与外在自然的平衡与协调。只是在近二十年来，使鹿鄂温克人的森林狩猎文化传统，才被无法躲避的外力撕成了碎片。

鄂温克人传统生活的另一支撑点是驯鹿饲养业。

驯鹿是一种生活在环北极圈苔原地带的寒带动物。生活在大兴安岭北麓森林中的数百头驯鹿，是世界上地理位置分布最靠南的驯鹿种群。

从使鹿鄂温克人的历史传说中分析，鄂温克人是野生驯鹿的早期驯化人之一。鄂温克人把山林之中的野生驯鹿称为"索格召"。"索格召"的种群在西伯利亚勒拿河源头的森林及苔原冻土地带有所分布。传说中称，很早以前有 8 个猎手在林中打猎，捉住了 6 只"索格召"的崽儿，他们把这些鹿崽儿带回营地，搭起栏杆，用"恩靠"（苔藓）喂养，这些鹿崽儿就成了今天鄂温克人饲养的驯鹿。

鄂温克人究竟于何时开始驯养野生驯鹿，一直是个未解之谜。实际上，这一问题与鄂温克族群的早期历史及民族迁徙有着直接关系。鄂温克人抵达贝加尔湖及其周边地区的时间，大约在 1000 多年前，很可能从那时起，鄂温克人开始了与野生驯鹿的接触。如今，在使鹿鄂温克人的古老传说中，有关马的传说讲述得相对完整，那是遗存下来的使鹿鄂温克人驯养马匹的早期集体记忆。由此可以推知，使鹿鄂温克人在接触野生驯鹿之前，已掌握了驯养马匹的经验，只是为了适应新的生存环境而有所割舍，开始了野生驯鹿的驯化。

千百年来，驯鹿成了鄂温克人不可割舍的生存伙伴，成为他们生产生活的重要部分。驯化之后的驯鹿，是鄂温克人在森林中迁徙的唯一交通工具。鄂温克猎手牵着驯鹿在森林里游猎，猎获物要驮在驯鹿背上运回营地。而鄂温克人营地的迁徙，也要依靠链成一队的驯鹿来驮运。至于同皮货商兑换粮食等生活用品，更需要牵上驮满猎获物的驯鹿队远距离地跋涉了。当然，离不开驯鹿的还有营地里的老人和孩子们，每当营地搬迁之时，驯鹿是他们最好的坐骑。

驯鹿奶是鄂温克人的日常饮品，它是森林里的鄂温克人摄取维生素和蛋白质的主要来源。

从传统的观念来看，鄂温克人的财产观念十分淡薄。在他们眼中最为看中的应该说是猎枪和驯鹿了。如同鄂温克猎手所言："我们在山里游猎，除了靠猎枪，还靠驯鹿，缺了一个也不行。"所以说，驯鹿在鄂温克人心中占有特别重要的位置，两者之间建立了一种互为依存的生存关系。在鄂温克人的日常生活中，驯鹿的身影映照在方方面面，诸如在新人举行婚礼的过程中，驯鹿是最尊贵的聘礼。而在营地的萨满祭祖驱魔的活动中，驯鹿则是不可替代的祭品。如有畸形的驯鹿胎儿降生或仔鹿不幸夭折，猎人们则认为是驯鹿的祖先来看望它的子孙，因此要以特别的方式对待。他们会认真地收敛仔鹿的尸骨，在其四肢系上彩带，然后放置在特意搭建的木架上，使其头朝东方，静静地送它远行。

驯鹿常年以采食森林中的"石蕊"为主。"石蕊"是地衣类植物，也被称为"驯鹿苔藓"，鄂温克人称其为"恩靠"。"驯鹿苔藓"主要分布在森林中湿润、洁净的山谷及地势较高的河源地带。它具有生长周期长、分布面广的特点。驯鹿采食"石蕊"的习性，决定了其种群在森林中的游动性，种群的繁衍也需要相对广阔的空间。

鄂温克人饲养驯鹿的方式是以自然散放为主，完全遵从驯鹿的特有习性，任其自由自在地在林中觅食，只是在需要的时候不定期地将鹿群从林中撵回。驯鹿的主人在鹿崽儿降生之后，就将其拴在营地的木栅栏里，给它戴上笼头，佩戴铃铛，让它熟悉母亲的声音并记住它所传递的铃声，帮它有节制地吮吸母乳，同时熟悉主人的气味。鄂温克人与成年驯鹿亲近的方式是经常地给它们喂盐，每当主人给鹿群喂盐时，温顺的驯鹿噘着嘴巴，伸着舌头，发出浑厚的叫声，它们把主人围在中间，争相在她的身上吻来吻去。

如同蒙古牧人熟悉自己的马群，鄂温克人要为自己的每一头驯鹿命名。命名带有很大的随意性，充分表现了驯养者的想象力和鄂温克民族专用语言的丰富性。通常的命名是根据驯鹿的体态颜色、年龄特征、性格特点及特殊经历进行的。一名鄂温克妇女能轻松地辨认出鹿群中的每一头驯鹿。为了让鹿群躲避蚊虻的叮咬，每当夏秋季节，鄂温克族妇女最操心的一件事是为鹿群拢起一堆堆蚊烟。

在森林中，驯鹿的天敌是出没无常的狼群。为了减少野狼对鹿群的威胁，猎手采取各种古老的办法与狼斗智，只是到了 20 世纪 70 年代，才开始借用毒药的力量谨慎地猎杀靠近驯鹿的恶狼。这种情况直至 20 世纪 90 年代有了根本性转变，森林里出没无常的偷猎者漫山遍野撒下的套子，替代了狼群而一跃成为驯鹿群最大的威胁，也成为令鄂温克人最焦虑、最痛苦的心头之恨。

十多年前，鄂温克人饲养的驯鹿头数曾接近过 1000 只。目前，已在 700 只上下徘徊，驯鹿头数下降的颓势是无法掩饰的。尤其近两年中，发生的一些事情对鄂温克人传统生活的延续及驯鹿饲养乃是沉重的打击。

简而言之，狩猎是鄂温克人千百年来所依赖的生活方式，它是构筑在对大自然依附与顺从的前提之下的。当大自然失去往日的风采，当森林被砍伐得满目疮痍，当偷猎者的脚步踏遍每一片林地，鄂温克人的传统生活也就失去了基本的保障。势单力薄的使鹿鄂温克人无力抗拒严酷的现实，其生存最大的依赖只能转向他们所饲养的驯鹿。其实这一转变早在十多年前就已成定局。饲养驯鹿，就成为森林里鄂温克人生存的希望，成为慰藉他们心灵的良药，成为他们延续文化传统的唯一通道。

所以说，在 21 世纪之初，有人面向全国观众挥臂高喊："最后的狩猎部落"，他们"走出了大山，迁入了新居"如何如何，其实是在利用边缘群体的生存困境制造新闻效应。时至今日，不知这些新闻事件的制造者是否意识到，在全新的时间框架中，"最后的狩猎部落"这一词语早已失去夸示性、特异性内涵，已变为一把符号利器，其锋利的刀刃直插使鹿鄂温克人的胸口。那符号利器给某些人带来了快感，却在鄂温克人心中留下新的创伤。

写于 2005 年

有关鄂温克使鹿部的历史学定位

这是沉重的话题，缘起于一起被炒作的新闻事件。这一事件把鄂温克族的一个分支卷入媒体的涡流中。一时间，生活在大兴安岭森林中的驯鹿饲养人，成为媒体炮制视觉奇观的靶标。

2003 年 8 月 10 日，遵照当地机构的决定，位于激流河畔敖鲁古雅鄂温克民族乡搬迁了，其新址迁至根河市近郊。通常移民的搬迁必然存在一个无法回避的前提，这个前因或是修筑大型水坝，或是大面积的能源开发。毫无疑问，那是为遵从国家重大利益而采取的避让行动。而敖鲁古雅乡的搬迁找不出这样一个前提。令人百思不得其解的是，在中国北端大兴安岭密林中，也就是当下中国生态环境最好的核心区，一夜之间提出了"生态移民"问题，之后在晃动着的"大爱"招牌下，森林中的世居族群被迁离了家园。无论怎么说，这都是令人惊愕的事情。

将饲养驯鹿的敖鲁古雅鄂温克人以"生态移民"的身份搬迁，这一构思始创于 2002 年，方案的提出十分顺畅，逐级批复的手续一应俱全，从表面上看，其理由合理得无法更合理了。

在驯鹿群和饲养人抵达新址之日，当地决策者面对亿万电视观众郑重宣布：将鄂温克人千百年来以半野生散放饲养的驯鹿群，进行舍饲化喂养，实现跨越性的历史进步。

就在当日，近千头驯鹿被囚禁在笼舍中。短短四个昼夜后，原本以啃食林中冻土地苔藓（学名"石蕊"，属地衣类植物）为生的驯鹿，忍受不了笼舍的折磨，接连暴毙在由铁栅栏和红砖铺地的方寸之中。

驯鹿的主人们意识到危机降临，只有一条路可供他们选择：这就是打开铁栅栏的大门，把驯鹿群重新放归山林，任其凭借本性去林中觅食，以逃避种群灭绝的厄运。转捩点出现在搬迁后的数日，但这些画面不会录入电视直播的镜头，那是一定要剪裁掉的"细枝末节"。

在这耗费巨资的政绩工程中，放逐林地的驯鹿群一跑而了之，它们回归了山野。但其主人们却陷入窘境，他们那优美而恬静的家园——敖鲁古雅，已被拆得七零八落，并以令人惊叹的超低价格转让给了私人业主。毋庸置疑，这次搬迁活动，使饲养驯鹿的鄂温克人失掉了传统牧场，也远离了祖先牧养驯鹿的那片林地。使人担忧的是，那以狩猎和饲养驯鹿为根基的古老文化，面临着消解的危险。这时人们才意识到，某种东西浮云般笼罩在头顶，谁也说不清那到底是什么？

为营造搬迁的舆论氛围，多家媒体频繁使用了"原始社会的生产方式""从原始社会直接进入社会主义""中国最后的游猎民族走出大山""最后的游猎民族下山定居"等激越的词语。一句话，搬迁行动被描述为超越历史的宏大叙事。

一个隐而不显的话题浮出水面：长期以来，以狩猎和饲养驯鹿为生产生活方式的鄂温克人，在意识形态层面已被定性为"原始社会末期"的成员。因此，改变他们的生活方式，改变其固有的文化就成为迟早要发生的事情。这也就成为决策者显示业绩的行动，进而成为衡量一个地区"社会进步"并炫耀这一进步的标杆。

到底是谁、在何时、以何种方式构建了这一话语？究竟是哪位"库克船长"编造了这则针对世居族群的新神话？

顺藤摸瓜便不难发现，"使鹿鄂温克人停留在原始社会末期的历史阶段"这一话语，预设的时间并不太长，它形成于 20 世纪 60 年代，是在秋浦先生署名的《鄂温克人的原始社会形态》中破壳而出的。

秋浦先生是活跃于 20 世纪 50 年代的民族学家，其主要代表作有《鄂伦春人》《鄂温克人的原始社会形态》《当代人看原始文化》等著述。是他率先在鄂伦春、鄂温克族群中使用了"原始社会"这一历史学概念。

他认为在中国大陆的边缘地区存在着相当数量的"不同程度地保留着原始公社制"的族群。他的这一历史推断主要以鄂温克、鄂伦春人游猎生活为靶标，而使鹿鄂温克人的生活方式是其历史想象的主要来源。秋浦先生对游猎族群社会发展阶段的判定，一度影响了建国初期民族政策方针的制定和实施。

坦率地说，秋浦先生是在《额尔古纳使用驯鹿鄂温克人的调查报告》（以下简称《调查报告》）的基础上提出个人的历史见解。而他所依据的《调查报告》，则是由郭布库、吕光天、乌云达赍等人经过数月田野调查之后撰写的。那次田野调查的时间是 1957 年 5 月至 7 月，《调查报告》刊印的时间是 1960 年底，而秋浦先生《鄂温克人的原始社会形态》一书，则是在 1962 年出版发行的。毫无疑问，秋浦先生以《调查报告》为基本素材，在此基础上提炼、改写，最终命名成书。

在此提出的问题是，建国初期对少数民族的社会和历史进行调查研究，是一次大规模的国家行动，是为了在社会文化领域里，对少数民族有更为深入的了解和把握。那是一次重要的文化普查，其重心放在了人类学（亦称民族学）领域。一个隐含的问题是，在这项社会科学重点项目的实施过程中，个人的主观判断在多大程度上影响了全局？具体说来，一个鲜活的人类学研究项目，如何被化解为权力意志，并最终植根在线性社会发展史的话语框架中的？这是需要探究的一个课题。

原始社会是人类社会发展史上重要的历史阶段。通常，学者们往往将其同人类漫长的史前社会（旧石器时代、新石器时代）相等同。中国的原始社会，起自大约 170 万年前的元谋人，止于公元前 21 世纪夏王朝的建立，那是遥远而陌生的社会形态。从世界范围来看，文明社会与所谓原始社会接触的最早记载，要归结到大大小小哥伦布的名下，简而言之，他们将那初民社会描述为未开化的"野人"。后来，步其后尘而进的人类学家们，有的跳出了"前殖民者"思维怪圈的束缚，有的则局限于"文明思维"的半径，以貌似公允的态度对不同社会形态的文化进行"深度描写"。总括起来说，无论智慧的现代人怎样努力，还是没有真正摆脱人类固有的等级观念的思维模式，将所谓的原始社会祭奠在了人类进化的最底层。

人类文化的生成与发展丰富多彩，也同自然生态系统一样，那是共生的、多发的、充满差异性的。人们可以从澳大利亚的巴布亚、新几内亚和新赫布里底岛的吉米人、达尼人、阿斯特人，从埃塞俄比亚的莫西人、靠近赤道的努巴人，从亚马逊河流域的印第安人、秘鲁中部的坎姆巴人、巴西的克林－阿卡洛列人、克拉霍人（不同的文化群落难以尽数）那里，感觉到与现代社会截然不同的文化色彩。不可否认，在这个蓝色的星球上，人类所创造的文化形态历来就是同生共长，关键是人们如何相识、如何看待彼此、如何相处。

还是回到使鹿鄂温克人所面临的难题上。

中国境内的鄂温克民族（目前人口总数三万多人）的不同分支，之所以相互认同，从历史角度看，他们是相互关联的文化整体。秋浦先生将鄂温克民族中的使鹿分支（仅二百多人），单独抽取出来，采样分析，并以独创的概念将其定位在"原始社会的末期"。这一历史学及社会发展史意义上的判定是否合理？这是问题的关键所在。

纵观当代被视为与原始社会相关的文化形态，无一不具有下列外在的前提条件：一是在某一地域长期居住，其时间跨度往往超越了数千年；二是在其所居住的生存环境中，长久保持与外界的隔绝、封闭状态；三是其历史的脉络清晰，以其独有的方式创建与传承。这些前提条件是不容忽视的。

生活在大兴安岭北麓的使鹿鄂温克人，与生活在大兴安岭南麓的鄂温克人（被称为"索伦部"），两者相距仅仅数百公里，文化形态大致相同，相互间的影响并未中断，所不同的是后者除了从事狩猎生产外，接触了简单的农业耕种。为什么大兴安岭南麓的鄂温克人没有被划归为"原始社会的末期"成员，而偏偏使鹿鄂温克这一分支被选中？毫无疑问，秋浦先生并没有弄清楚使鹿鄂温克人的历史脉络。虽然他也注意到，使鹿鄂温克人自称是在三百多年前从勒拿河上游迁徙而来的，但他并不知晓这支鄂温克部落的先人何时迁往西伯利亚泰加林中的，在此之前他们生活于何处，又是以怎样的一种状态生存？对此，秋浦先生未做深入研究，便假定使鹿部是长期生活在密林中的一个封闭群体。这一前提本身就出现了偏差。实际上在这数百年间，使鹿鄂温克人频繁迁徙、不间断地与外界接触。仅以三百多年这一时段为例，他们在西伯利亚勒拿河源头地带与雅库特族群遭遇，并接受了不同程度的文化影响；其后，16 世纪末、17 世纪初，在俄罗斯哥萨克探险队和大量俄罗斯移民涌入时，使鹿鄂温克人不得不与其打交道，以至于在婚丧嫁娶等文化习俗方面受其熏染。之后，使鹿鄂温克人迁徙至额尔古纳河畔游猎，而这一期间他们与外界的接触也从未中断过。

当俄罗斯人类学家谢尔盖·米哈伊洛维奇·希罗科戈罗夫（史禄国）于 1912 年启程，花费数年时间考察西伯利亚鄂温克人及中国境内额尔古纳河畔的使鹿鄂温克人时，这位博学之士并未急于在人类社会发展的阶梯上，为鄂温克族群定位。史禄国探究鄂温克族群的历史渊源、早期迁徙路线，分析鄂温克人对自然环境的适应及其社会内部组织。这位学者所感兴趣的是，鄂温克民族文化在民族志意义上的复合及其变化过程，并从民族志复合的视角，审视和把握对象的运动与平衡。史禄国视野开阔、思维缜密、言辞谨慎，在其近六十万字的《北方通古斯的社会组织》①专著中，从未使用"原始的""原始社会的"等粗鄙的语句，他以惊人的直觉做出预言性告诫：

> 由于民族单位中发生的过程性质，我将尽可能避免使用那些可能引导单位向"劣等"和"优等"状态变化概念的词语，因为这些词语中，包含着某种程度的主观判断因素。因此，在可能时我将不使用像"进步""发展"，甚至往往招致误解的"进化"等词。事实上，直到变化过程完结以前，我们不能预言它是否有利于那个单位（即维持那个单位的存在）还是导致那个单位的灭亡。②

---

① ［俄］史禄国：《北方通古斯的社会组织》，吴有刚、赵复兴、孟克译，内蒙古人民出版社 1985 年版。史禄国研究的"通古斯"，主要是指俄罗斯西伯利亚境内的鄂温克人和生活在中国内蒙古呼伦贝尔市境内的鄂温克人。在书中，他也将鄂伦春民族一并称为通古斯。"通古斯"，最初为西伯利亚境内鄂温克族群某分支的自称。

② ［俄］史禄国：《北方通古斯的社会组织》，吴有刚、赵复兴、孟克译，内蒙古人民出版社 1985 年版，第 12 页。

这位令人崇敬的学者，对主观性话语的负面作用早已有所警惕。他认为主观判断的因素易于招致误解，极有可能造成研究对象的灭亡。

那么，秋浦先生究竟依据了什么，给使鹿鄂温克人以历史学和社会发展史意义上的双重判定？

秋浦先生认为，使鹿鄂温克人的原始社会形态得以延续的原因是：

> 而额尔古纳河畔的鄂温克人，一直到解放时为止，却仍然主要从事着这种丰歉无定的极其不稳定的狩猎生产。尽管他们的狩猎工具在逐渐改进，但生产对象——野兽却没有因此而增多，相反，由于长期的无计划的捕获而逐渐地减少。狩猎生产除了满足最低限度的生活资料外，没有可积累的财富，不能进行扩大再生产。猎获物随着生产，随着也就消费尽了。他们为了追逐野兽，成年累月地在深山密林中过着游动的生活，在这种条件下，他们的物质生活是极其简单的，兽肉、兽皮是衣食的主要来源，居住的是随时可以拆卸的"仙人柱"，室内几乎没有什么陈设。由于经常游动和狩猎生产本身（尤其使用枪支以后）排斥大的集团在一起活动，就是鄂温克人内部也是很少来往。为了生存的需要，他们几乎每个人都整年地参加狩猎活动，也都同时的进行家庭手工业和其他一些生产。每个猎民都没有识字机会，几乎都是文盲，不能献身于智力劳动。总之，在鄂温克人内部，没有生产的社会分工，没有城乡差别和体力劳动与脑力劳动之间的差别。生产力的这种低下水平，狩猎生产本身的不稳定性，当然不能引起他们长久以来所维持的原始的生产关系的根本变革。[1]

看来，秋浦先生对狩猎生产早已怀有固定的成见。虽然，他在这不足八万字篇幅的书稿中，解析了使鹿鄂温克人的生产方式、社会组织、精神文化，但他仅仅以生产力的高低来掂量一个文化单元的分量。作者对"在很早的时候，鄂温克人对金属的使用还全然不知，打野兽的箭和札枪的头，都是骨制或石制的"这一类传说表现出浓厚兴趣。这位民族学家使用了"氏族""氏族长和氏族会议""血族复仇""家庭公社""图

---

[1] 秋浦：《鄂温克人的原始社会形态》，中华书局1962年版，第109—110页。

腾崇拜"等概念，来作为分析和把握"鄂温克人原始社会形态"的基本
要素。秋浦先生手中的这些语言工具，无疑是从路易斯·亨利·摩尔根
那里借用的。早在 1877 年，摩尔根出版了《古代社会》一书，那是严
格意义上的考古人类学著作。秋浦先生是从那里横移概念、套用术语，
来为生活在 20 世纪 60 年代的鄂温克人进行历史学定位。这就难免不出
现张冠李戴的问题。譬如，他将"氏族长和氏族会议""收养养子""血
族复仇"等特指性概念，扣在一个（仅仅几百人）共同迁徙、同处一地、
彼此通婚的族群头上，这显然离题太远了。另外，他将鄂温克民族熊崇
拜的习俗，定性为"图腾崇拜"，而不是侧重研究鄂温克人与自然环境
相协调的关系，直接从异地"空降"概念。

与此相反的是，史禄国却将鄂温克族群视为文化整体，他的态度极
为明朗：

> 他们主要以狩猎为生，如为当地生活条件所限，他们也采用其
> 他生活方式。他们是驯鹿饲养者和猎人，在不能饲养驯鹿的地区，
> 他们很容易学会养牛、养马或养狗，也可以改营捕鱼和农耕。通古
> 斯民族志复合如此纷繁多样，主要是由于地区、气候、地形、经纬
> 度和动植物区系的差异。这是分布在广袤地域的一切民族集团的共
> 同特征，他们能够使自己高度适应他们所遇到的自然环境。[①]

两位学者的不同之处表现了出来：秋浦将（使鹿）鄂温克人的文化
形态视为凝固的封闭体，即所谓的"活化石"；而史禄国将鄂温克人（整
体）的文化形态视为开放的、自动调节的文化复合。史禄国认为："他
们显示出具有非凡能力，能够在同其他民族集团的关系中找到一种适宜
的形式来维护自己的生存。通古斯人在精神上和心理上的这种弹性与他
们对自己复合的热爱相结合，是民族单位用来自我保存手段的一种非常
有意义的实例。"[②] 史禄国对俄罗斯早期考察者的观感了然于心，甚至默

---

① ［俄］史禄国：《北方通古斯的社会组织》，吴有刚、赵复兴、孟克译，内蒙古人民出版
社 1985 年版，第 3 页。

② ［俄］史禄国：《北方通古斯的社会组织》，吴有刚、赵复兴、孟克译，内蒙古人民出版
社 1985 年版，第 145 页。

认了他们的观点："比如近一个世纪以前，对通古斯人的特征下了一个简短的定义，说他们是'西伯利亚的贵族'。对这个一般的特征，当时的所有读者可能都是完全理解的，因为他们绝大多数都具有与贵族同样的社会地位和文化复合。"① 史禄国坚持认为，鄂温克民族（饲养驯鹿的鄂温克人）"是一个具有高尚精神力量的民族"，这位人类学家以足够的耐心，并以崇敬的姿态，描述了他们的品格：

> 对知识的热爱，好钻研以及好奇心是通古斯人的一般特征。不论男女，这些品质都是他们必须具备的，这是因为他们所有的人都生活在同等的生存竞争的条件下，不得不尽力了解自己周围环境。但是，他们并不只是关心同自己和同自己利害有直接关系的事物。通古斯人并不考虑知识的实用价值，而喜欢积极吸收一切各种各样的知识。因此，通古斯人是一个心胸开阔的民族，并不将自己的知识和兴趣局限于某一方面。通古斯人智力的这种特点被认为是自然的，对每个人都是必需的，通古斯人认为缺乏这一特点的人智力低下。通古斯人的这种精神上的特征，使得他们成为有耐心的、准确的观察者。一个通古斯人，不论是成人或儿童，可以用几个小时去观察他们所要猎取的动物的生活。他们不仅观察所要猎取动物的习性，对于不是他们狩猎对象的昆虫和植物等，他们也照样细心观察，即使这种观察毫无意义。而且他们并不将这种观察，仅仅停留在事实的搜集上，而是要做出结论和归纳。这些特点，使通古斯人超过了那些文化高度发达的民族集团的平均水平。②

史禄国将鄂温克人视为一个整体，习惯性地统称为"通古斯人"。他甚至认定："通古斯人的个人平均水平要比许多其他民族集团为高"。当然，这些溢美之词属于其个人见解，读者并不会十分在意。问题的关键是，两位学者面对同一个研究对象，为何产生截然相反的判断？

---

① [俄] 史禄国：《北方通古斯的社会组织》，吴有刚、赵复兴、孟克译，内蒙古人民出版社 1985 年版，第 482 页。

② [俄] 史禄国：《北方通古斯的社会组织》，吴有刚、赵复兴、孟克译，内蒙古人民出版社 1985 年版，第 484 页。

看来，秋浦的思维及学术修养，打下了 20 世纪 50 年代的烙印，其历史想象为那一时代所局限。简而言之，秋浦自觉或不自觉地为社会管理机构构建了一套话语，实际上，他在"帮助确立并维持社会等级"。①当其学术判断带有这一浓厚的主观因素时，难免不落入等级性的话语窠臼，同时隐含着否决的因素。"原始社会的末期"这一话语符号潜在的负面影响是：将生活在边远地区的族群，一股脑地排除在现代文明的序列之外，将其视为他者，视为文化上的异类。从而，在这一他者与主流文化之间开掘了一条鸿沟。

"原始社会"这一历史学判定，实际上是权力话语的体现，是在研究对象懵然无知的状况下发出的隐形诅咒。

为何直至今日，才将那一度使人津津乐道的话语，称为——隐形诅咒？视为类似斯芬克斯的死亡之谜？因为，在人们惯常的思维定式中，在大众所能理解的社会进化模式里，从未给予所谓的"原始社会"预留自行发展的空间。其实，那份死亡的文化判决单，早已由一只看不见的手悄然填写。

这样就便于理解了，为何自耕农对土地的权益要求可以保护，游牧民对牧场的权益关系给予了法律保障，而林中世居族群与森林的权属关系就全然不在此列，连短期的林地租赁权也与他们无缘。这其中的缘由，就在于他们的文化形态早已被排除在现代文明的序列之外，已不存在进化与发展的可能。

所以说，森林中的使鹿鄂温克人成为事实上的被剥夺者。他们为了维护"国家利益"，在懵懵懂懂中被夺去了传统文化及生存意义上的自身发展权。

可以想见，当那些千百年来居住在森林中的世居族群，当他们从祖先命名的河流、山岭、林木、墓地遗址旁走过时，当这些昔日的森林主人发现自己两手空空，除了几头驯鹿外在林中无所依附时，心中会是怎样一种感受？眼前闪现的又会是什么光亮？

---

① [美] 戴维·斯沃茨：《文化与权力》，上海译文出版社，2006 年出版，第 1 页。

一位哲学家对类似的状况有所预言：

"若超出某一定点去评价历史研究，就会使生活受到残害和贬损。"

从维护公平正义的角度讲，谁有权对不同文化开出死亡罚单，发出那隐形的诅咒？没有！从理论上讲，任何人没有这样的权力。

写于 2007 年

后记

多年前，有朋友问我，你写作的目的是什么？我的回答是：为了表达内心的感受和思考。时至今日，我仍在坚持这样一种写作态度。

本书所收录的文章，大多是我的读书随笔，也属于表达内心感受和思考的那一类文字。就文章的主题而论，思考的焦点较为零散，这是因为现实中的感受十分复杂，犹如在激流中泅渡，双手要拨开扑面而来的每一朵浪花。

序言为李陀先生所作。他是我敬重的兄长，三十多年来，对我的写作影响至深。在文学领域，他作为优秀的评论家具有远见卓识的素养。

本书的出版，朱莽烈先生给予了帮助，对此我十分感谢。

内蒙古人民出版社提供了这次机会，使我的这些感受、思考和发现，能够与读者朋友一同来交流。

乌热尔图

2015 年 11 月 10 日